本书是河南省本科高校研究性教学改革研究与实践项目“新时代地方高校工商管理类专业研究性教学模式创新研究”、河南省哲学社会科学规划项目（2022BZZ002、2022BJJ021）、河南省高校科技创新团队支持计划（24IRTSTHN027）的阶段性研究成果。

U0820505

数智时代

新型消费发展调查研究

A SURVEY-BASED STUDY ON THE DEVELOPMENT OF NEW CONSUMPTION IN DIGINTELLIGENCE ERA

李志兰 著

经济管理出版社
ECONOMY & MANAGEMENT PUBLISHING HOUSE

图书在版编目（CIP）数据

数智时代新型消费发展调查研究/李志兰著 . —北京：经济管理出版社，2023. 12
ISBN 978-7-5096-9547-0

Ⅰ. ①数…　Ⅱ. ①李…　Ⅲ. ①消费市场—研究—中国　Ⅳ. ①F723. 58

中国国家版本馆 CIP 数据核字（2024）第 020369 号

组稿编辑：杨　雪
责任编辑：杨　雪
助理编辑：王　蕾
责任印制：许　艳
责任校对：张晓燕

出版发行：经济管理出版社
（北京市海淀区北蜂窝 8 号中雅大厦 A 座 11 层　100038）
网　　址：www. E-mp. com. cn
电　　话：（010）51915602
印　　刷：北京晨旭印刷厂
经　　销：新华书店
开　　本：720mm×1000mm/16
印　　张：14. 25
字　　数：272 千字
版　　次：2024 年 2 月第 1 版　　2024 年 2 月第 1 次印刷
书　　号：ISBN 978-7-5096-9547-0
定　　价：78. 00 元

· 版权所有　翻印必究 ·
凡购本社图书，如有印装错误，由本社发行部负责调换。
联系地址：北京市海淀区北蜂窝 8 号中雅大厦 11 层
电话：（010）68022974　　邮编：100038

前　言

数智时代的新型消费，是以消费者新需求为核心导向、以数智新技术为实现手段的商品与服务消费新内容、新形态和新模式，它随着互联网、大数据和云计算等新一代信息技术的不断创新、产业的进一步细分和行业的有机融合应运而生。从需求侧看，新型消费既是消费增长最具活力与潜力的领域，也是推动消费转型升级和提质扩容的关键路径；从供给侧看，新型消费是企业寻求新的经济增长点、创新价值和商业模式的重要驱动力；从社会发展看，新型消费发展与人民对美好生活的追求息息相关，是一个重要的民生问题。

当前，新型消费虽然涌现出很多现象级的内容和形态，但是相关理论研究还比较缺乏，并未形成成熟的分析框架。本书基于供给与需求相互依存的辩证视角，从消费端、供给端、管理端三个视角，尝试构建消费者、企业和政府等多元主体协同参与、共建共享的高质量新型消费发展系统。本书认为，新型消费理念和创新性技术是新型消费发展的关键驱动因素，高质量新型消费供给是推动新型消费发展的必由之路，政府高质量管理服务是新型消费发展的必要支撑。

第一，本书在对新型消费相关文献进行系统梳理的基础上，解析了数智时代新型消费的内涵、外延和主要特征，明确了本书研究的理论架构和思路；第二，本书基于消费者视角对新型消费市场状况进行调查研究，采用文案研究法、深度访谈法等收集了大量的一手数据，并借助 NVivo 11 软件对访谈文本资料进行编码分析，明晰了居民进行新型消费的行为特征、内容特征、重要发展领域、重要潜力人群，明晰了县域居民新型消费和老年人新型消费的主要特征、发展趋向和关键影响因素，呈现了新型消费领域人们关于消费的态度、行为、期望以及所面临的困难和痛点；第三，本书从企业这一新型消费供给的重要微观主体视角入手，基于对河南地区企业大量的走访调查资料及中高层管理者访谈资料，对新型消费供给发展的整体情况以及所存在的问题进行深入分析，厘清企业在新型消费供给过程中的关键环节、重点任务及努力方向；第四，本书基于政府这一新型消费市场管理者的视角，以河南为例，采用实地走访和小组座谈，对各地政府部门在新型消费促进和管理服务方面的工作进行摸底调查，归纳分析各地区推进新型消费的主要工作进展、成效、所面临的难题并提出相应的解决方案；第五，本书采用文案调查法和文献研究法，归纳分析我国其他地区在推动高质量新型消费供给、促进新型消费需求和提升新型消费管理服务能力方面的成功经验和先进实践，在此基础上分别从新型消费供给企业和政府管理者视角提出推动新型消费发展的对策与建议体系。

本书价值可概括为以下三点：一是突破了单一供给侧或消费侧研究范式，基于供给与需求相互依存的辩证关系，以解析新型消费市场发展特征和需求规律为基础、以提升新型消费供给结构对需求结构的适应性和灵活性为核心、以强化政府新型消费管理服务能力为保障和支撑，构建了推动新型消费高质量发展理论机制，在一定程度上能够为相关学术研究和创新实践提供新思路和新启发；二是打破已有研究囿于政府或企业单一视角下组织关系的局限，分别基于新型消费供给的企业视角和服务管理组织的政府视角，探索新型消费高质量发展的关键环节和干预路径；三是为推动新型消费发展提供建设思路和政策参考，助力各地区更好地把握经济发展新契机，抢占新消费制高点，尽快实现高质量新型消费供给和消费升级的良性互动，将巨大的新型消费潜力真正转化为经济健康、持续发展的动力，进而提升本区域全产业链核心竞争力。

本书在写作过程中，河南财经政法大学工商管理学院王昊罡和张亚涛同学参与了第 2 章、第 4 章和第 5 章的资料收集、分析等初稿辅助工作，孙敬然、吴佟尉和胡坤靖同学参与了第 3 章的资料收集工作，在此谨向他们表示诚挚的谢意。

目　录

第1部分　引言

第2部分　调查研究——新型消费市场

第5部分 政策建议

第1部分

引言

PART ONE

第1章　绪论

1.1　研究背景

移动互联网、大数据、云计算、区块链、物联网和人工智能等新技术的发展推动了数智时代的到来，也给消费者的消费生活和企业的经营活动带来了翻天覆地的变化。消费领域不断涌现出新产品、新服务、新业态和新场景，大大促进了消费水平的提升，也为经济复苏和发展提供了新的发展机遇和强劲动力。

1.1.1　数智时代与数智赋能

数智源于数据，它的基本生成路径遵循“数据→信息→知识→智慧”的信息链路径层层推进（王秉，2023）。数智时代是数字化和智能化相互融合的时代。

数字化主要以大数据分析与处理为基本特征（罗斌元、陈艳霞，2022），它能够针对不同的应用场景需求，通过数据分析挖掘来找到关键有用信息，获得科学、准确的预测与决策，提升管理和决策水平（王秉，2023）。当前，数据已经成为一种新的生产要素，并突破了资源稀缺这一传统限制，为企业实现快速增长、敏捷应对以及最大程度增强韧性组织创造了无限可能（单宇等，2021）；智能化以机器学习、人工智能等为核心要素（罗斌元、陈艳霞，2022），其逻辑是人机互融、虚实同构与算法主导（齐延平，2022），强调数据的智能化分析与处理，在数字化的基础上实现了决策自优化、执行自动化和自我学习提升，最终形成人机互融、智能协同与虚实同构的新生态（王秉，2023）。具体而言，智能化能够提高相关主体信息获取的便捷度和准确度，重构业务生态、价值创造方式和消费场景，提升资源配置效率，为相关经济主体实现高质量发展提供更多可能。因此，如何推动企业数智化转型并借此实现高质量增长，是社会共同关注的焦点问题。然而，我国企业数智化转型目前尚处于初级成长阶段，清华全球产业研究院在《中国企业数字化转型研究报告（2021）》中指出，仅16%的转型领军企业具有成功样本，而超过八成的企业都未取得明显效果。如何通过数智赋能来构筑企业竞争优势，寻求新的增长点和生命力，仍是一个有待于探究的重要问题。

数智赋能是新时代企业实现转型发展的重要驱力。它是一个持续性过程，是企业基于数智化手段向内寻求增长点和生命力，主动进行变革与自我革命，以便更好适应外部动态环境的快速变化进而取得竞争优势的过程（梁玲玲等，2022）。从资源基础视角看，数智赋能是指通过数智技术与企业资源深度融合，提高资源的数据化编码程度和数字化网络水平，并寻求更大范围的资源与能力聚合，实现连接与共生，重构企业资源整合效率和管理模式；从业务流程视角看，数智赋能可以实现企业业务流程数字化，驱动经营管理场景变革与重塑，增加灵活性和敏捷性，增强组织韧性，在有效提升内部效率和控制成本的同时，更好把握市场机会和促进创新活动（单宇等，2021）。当前，数智化能力成为企业发展壮大的一种必需性关键能力，“数智企业”已经成为数字经济时代企业发展的新范式。

数智企业的重要特征包括客户导向、实时感知、数据驱动和智能运营等（王文京，2022）。其中，客户导向强调企业经营从厂商导向（B2C）到客户导向（C2B）的转变，真正建立以客户为中心的商业模式和流程；实时感知强调通过连接和数据采集、处理，实时反馈和洞察消费者生态、员工状态等；数据驱动强调企业经营从流程驱动到数据驱动，实现数据驱动的业务流程、决策及管理行动等；智能运营强调企业从业务流程信息化转向全面自动化、智能化。从中可以看出，数智时代企业的发展，关键在于以顾客运营为核心，赋能全渠道、全链路和全场景数智化。而精准描绘消费者画像，深入洞察消费者的心理和行为特征，挖掘消费偏好特征和发展趋势，就成为企业的重要任务。

有研究指出，通过数智化转型，企业能够打造一个类似于“智慧中枢”的业务中台，将不同业务单元的关键数据进行沉淀与整合，形成稳定、精准的数据集。一方面，可以为企业提供全域的数据监控，使企业可以快速掌握各业务部门的状况并适时进行调整；另一方面，让企业对汇聚的数据资产进行切分、建模和结构化处理，助推其将人、货、场等传统的商业要素进行重构，从而能够围绕顾客的实时动态来对所提供的价值体系进行及时调整。最为重要的是，数智技术能够对海量消费数据进行结构化分析，并基于多种算法和数学建模构建全域消费画像，快速识别、精准触达与企业匹配的顾客群体，帮助企业增强存量顾客的品牌黏性，提高开发增量顾客的准确性和效率，并为企业产品与服务的配置与投放提供重要参考（单宇等，2021）。郭咏琳和周延风（2021）的研究也表明，数智化技术一方面可以帮助企业触达终端消费者，增加与顾客的互动交流，降低需求理解偏差，洞察市场发展趋势以更好地服务于顾客需求；另一方面，基于数智化技术所获取的大量数据能够反哺设计与技艺创新环节，从而提供消费者所预期的创新性产品与服务。

1.1.2 消费数智化

数智赋能不仅体现在赋能企业变革方面，事实上，对于消费者而言，生活数字化、智能化的升级，也是一种典型的技术赋能。这种赋能拓展了消费空间，给消费者带来更加丰富多元的生活体验，也重构了其消费生活的版图，赋予了他们更多的就业机会和更高的消费品质，提高了其消费升级的能力。

可以说，信息技术和互联网的创造性应用彻底颠覆了传统的生活与社会，“数智化”生存逐渐成为人们生活新常态，也驱动“新消费时代”的到来：消费对象呈现数字化、智能化和个性化特征，消费模式具有在线化、平台化和集成式特点，消费体验强调基于数智技术的互动特性和场景沉浸感（陈剑、刘运辉，2021；韩文龙，2020）。当前，由于大数据、虚拟技术、物联网和人工智能等技术的日趋成熟，大大推动了线下消费场景向线上消费场景的完整迁移。线上消费已经成为独立的消费空间，形成了创新性的消费模式，而不再作为线下消费的补充。在未来一段时间内，人、货、场将会进一步实现线上与线下的深度融合，形成同质供应、共生发展的态势。与此相适应，新的消费业态和消费模式也不断涌现，“互联网+”消费生态体系不断发展与完善，“智能+”和“智慧”产品与服务创新、线上线下相互引流、沉浸式消费场景互动重构、供应链体系智能高效等特征日益明显。

从需求侧看，消费数智化是引领消费新趋势、实现消费转型升级和扩大消费需求的重要抓手；从供给侧看，消费数智化是企业改善和提升消费体验、创新价值和商业模式的重要驱力（陈剑、刘运辉，2021）。尤其是，在消费数智化新时代，每个消费者都有表达和传递文化认同、精神主张和个性意识的权利和条件，他们在数字空间里留下的行为轨迹会凝结为一种信息化和数据化的社会文化“新共识”（蒋德嵩，2021），为企业发展提供了新创意和新可能。企业核心竞争力必将更多地依赖于复杂的数智化连接，消费者在数字空间留下的行为轨迹“数据”，已被视为熊彼特创新生产函数中的新要素（蒋德嵩，2021）。国际欧亚科学院中国科学中心常务副主席、中国科技体制改革研究会理事长张景安在“2023中国消费创新发展沙龙”上指出，要坚定不移地用消费数智化服务来促进、倒逼产业数智化，推动数字中国建设的共同发展（王郁彪，2023）。

消费数智化给人们的生活带来了系统性、根本性的变革，它打破了原有消费空间的边界，提高了人们进行消费升级的能力，使生活变得更加多元、丰富和精彩。

1.2 研究对象的内涵、外延及特征

新型消费领域虽然涌现了很多现象级的内容和形态，但至今为止，其内涵和外延尚未得到清晰界定。本书认为，新型消费是相对于传统消费而言的，就字面而言，代表了一种新的消费类型，具有典型的时代特征，其内涵和外延也会随着时代发展而不断演进变化。

1.2.1 数智时代新型消费的内涵

数智时代的新型消费，是指以消费者新需求为核心导向、以数智新技术为实现手段的商品与服务消费新内容、新形态和新模式，它随着互联网、大数据和云计算等新一代信息技术的不断创新、产业的进一步细分和行业的有机融合应运而生。本书中的新型消费是新型消费形态的统称，它不是单一的消费模式或业态，也不是一个已经发展成熟或已经定型的消费形态。新型消费的两个基本属性是数字化和智能化，既包括在传统消费基础上形成的新消费内容与模式，比如智能电视、智能手机、在线购物、在线支付，它们已经日渐成熟；也包括基于时代发展而创新的新消费内容与模式，比如智能穿戴设备、车联网、智能家电、新能源汽车、云消费、共享消费等，它们正处于“时新”和“新兴”的生长与发展状态。不同类型的新型消费并非同质的，其内部差异是显而易见的。随着时代和新数智技术的发展，未来可能还会出现更多的新型消费业态和消费模式。

新型消费发展顺应了当前社会消费升级的发展趋势，具有释放消费潜力、连

接需求链与供应链产业链创新链、畅通国民经济循环的重要功能，也是全面促进消费、推动形成新发展格局的重要力量。新型消费需求的提升，孕育着巨大的消费增长潜力，能够引导和激励企业加强数智技术的创新和应用，提升产品和服务的附加值，进而促进形成需求牵引供给、供给创造需求的更高水平动态平衡，也有助于引领新兴产业和新兴消费市场发展壮大。2020 年 10 月，党的十九届五中全会通过《中共中央关于制定国民经济和社会发展第十四个五年规划和二〇三五年远景目标的建议》，将“培育新型消费”“鼓励消费新模式新业态发展”作为形成强大国内市场、构建新发展格局的重要内容。

1.2.2　数智时代新型消费的外延

当前，关于新型消费外延的界定并不明晰。任保平等（2022）讨论了数字经济背景下的中国消费新变化，提到了线上线下有机融合，绿色健康消费、服务消费等业态；杨芸和彭千芮（2021）介绍了“中国百年消费变迁与美好生活”消费经济专题论坛的主要内容，提到了电商经济、直播带货等新消费形态，同时指出绿色消费、健康消费和家庭教育会成为未来新的经济增长点；柳思维和陈薇（2021）指出，新一轮科技革命与产业变革过程中的绿色消费、信息消费和服务消费等新型消费，已经迅速崛起并成为新时代的消费主流，“名、优、特、新”消费产品与服务逐渐占据主导地位；李小玉等（2020）提到了网络消费、旅游消费、智能家居、绿色消费、直播带货、社交电商、微商直销、线上拼团、门店到家等诸多消费新模式。由此可以看出，学者们关于新型消费业态的观点比较分散，涉及消费生活的方方面面，没有形成一个完整的体系。林晓珊（2022）将新型消费概括为四类新业态或新模式，即“互联网+服务”新业态（如在线教育、互联网健康医疗、在线文化娱乐、智慧休闲旅游、智慧广播电视、智能体育运动、在线健身等）、各种类型的共享经济和平台经济等新业态（如网约车、共享单车、共享住宿、外卖配送等）、无接触式的消费模式（如智慧餐厅、智慧超市等）、线上线下融合的消费模式（如直播带货和社交营销等）。整体来看，林晓珊（2022）关于新型消费的界定相对比较系统，但是也不够全面，尤其是缺乏对绿色共享消费、个性时尚类消费的关注。

与新型消费相关的概念，在政府官方文件首次被提及，要追溯到 2015 年《国务院关于积极发挥新消费引领作用加快培育形成新供给新动力的指导意见》，其中提到新型消费的主要内容是“传统消费提质升级、新兴消费蓬勃兴起”，具体涉及动漫游戏、创意设计、网络文化、数字内容、绿色消费、时尚消费、可穿戴设备、智能家居、机器人等新兴消费产品与服务，以及互联网等产业的跨界融合新业态。自此之后，我国又陆续出台了与新型消费相关的系列利好政策与战略（见表1-1）。其中，《国务院办公厅关于以新业态新模式引领新型消费加快发展的意见》提到，"我国以网络购物、移动支付、线上线下融合等新业态新模式为特征的新型消费迅速发展……建立健全'互联网+服务'……加快社会服务在线对接、线上线下深度融合……有序发展在线教育……积极发展互联网健康医疗服务……鼓励发展智慧旅游……大力发展智能体育……引导实体企业更多开发数字化产品和服务……鼓励企业依托新型消费拓展国际市场……加快研发可穿戴设备、移动智能终端、智能家居、超高清及高新视频终端、智能教学助手、智能学伴、医疗电子、医疗机器人等智能化产品"。而在2021年，国家发展和改革委员会等28个部门又发布了《加快培育新型消费实施方案》的文件，其中提到"培育壮大零售新业态……拓展无接触式消费体验……布局建设智慧超市、智慧商店、智慧餐厅、智慧驿站、智慧书店……积极发展'互联网+医疗健康'……深入发展数字文化和旅游……积极发展演播、数字艺术、沉浸式体验等新业态……有序发展在线教育……大力发展智能体育……协同发展智慧城市与智能网联汽车……适应新能源汽车和寄递物流配送车辆需求……支持相关企业持续提升智能家居、移动智能终端和可穿戴设备开发能力……推动车联网和充电桩（站）布局应用"。

表1-1 我国政府关于新型消费相关政策内容

时间	发文机关与发文字号	发文名称	关于新型消费范围的论述
2015年11月	国务院 国发〔2015〕66号	《国务院关于积极发挥新消费引领作用加快培育形成新供给新动力的指导意见》	动漫游戏、创意设计、网络文化、数字内容等新兴文化产业及传统文化消费升级……互联网与协同制造、机器人、汽车、商业零售、交通运输、农业、教育、医疗、旅游、文化、娱乐等产业跨界融合……绿色消费从生态有机食品向空气净化器、净水器、节能节水器具、绿色家电、绿色建材等有利于节约资源、改善环境的商品和服务拓展……个性化多样化消费渐成主流，特别是年轻一代更加偏好体现个性特征的时尚品牌商品和服务，将推动与消费者体验、个性化设计、柔性制造等相关的产业加速发展……培育壮大节能环保、新一代信息技术、新能源汽车等战略性新兴产业。推动三维（3D）打印、机器人、基因工程等产业加快发展，开拓消费新领域。支持可穿戴设备、智能家居、数字媒体等市场前景广阔的新兴消费品发展

续表

时间	发文机关与发文字号	发文名称	关于新型消费范围的论述
2016 年 7 月	国家发展改革委 发改规划〔2016〕1553 号	《关于推动积极发挥新消费引领作用加快培育形成新供给新动力重点任务落实的分工方案》	促进以消费新热点、消费新模式为主要内容的消费升级……适应消费结构、消费模式和消费形态变化，加快新一代信息基础设施网络建设，提升互联网协议第 6 版（IPv6）用户普及率和网络接入覆盖率，加快网络提速……支持可穿戴设备、智能家居、数字媒体等市场前景广阔的新兴消费品发展……在城市社区和村镇布局建设共同配送末端网点，提高“最后一公里”的物流配送效率……大力发展智能交通……完善农产品冷链物流设施……培育壮大节能环保、新一代信息技术、新能源汽车等战略性新兴产业。推动三维（3D）打印、机器人、基因工程等产业加快发展，开拓消费新领域。支持可穿戴设备、智能家居、数字媒体等市场前景广阔的新兴消费品发展
2016 年 10 月	商务部、民政部等五个部门 商建发〔2016〕255 号	《关于推进电子商务进社区促进居民便利消费的意见》	以居民生活需求为导向，构建线上与线下互动融合、虚拟与实体互相补充的社区商业综合服务体系……鼓励发展社区购物和服务应用软件，搭建云端平台，整合社区商业资源，打通电子商务、社区网点和配送平台信息链，提供现场体验、线上下单、便捷支付、网订店取、配送到家、服务上门的“一站式”服务……鼓励销售绿色产品和开展二手商品在线交易……鼓励发展社区共同配送和智能配送
2017 年 8 月	国务院 国发〔2017〕40 号	《国务院关于进一步扩大和升级信息消费 持续释放内需潜力的指导意见》	重点发展面向社区生活的线上线下融合服务、面向文化娱乐的数字创意内容和服务……重点发展面向居家护理的智慧健康服务、面向便捷就医的在线医疗服务、面向学习培训的在线教育服务、面向利企便民的“互联网+政务服务”……重点发展面向消费升级的中高端移动通信终端、可穿戴设备、数字家庭产品等新型信息产品，以及虚拟现实、增强现实、智能网联汽车、智能服务机器人等前沿信息产品……推广智能电视、智能音响、智能安防等新型数字家庭产品……支持可穿戴设备、消费级无人机、智能服务机器人等产品创新和产业化升级……推动智能网联汽车与智能交通示范区建设……丰富数字创意内容和服务……拓展数字影音、动漫游戏、网络文学等数字文化内容……壮大在线教育和健康医疗……鼓励企业利用互联网平台深化用户在产品设计、应用场景定制、内容提供等方面的协同参与，提高消费者满意度。支持企业加快线上线下体验中心建设，积极运用虚拟现实、增强现实、交互娱乐等技术丰富消费体验，培养消费者信息消费习惯

续表

时间	发文机关与发文字号	发文名称	关于新型消费范围的论述
2020 年 7 月	国家发展改革委、中央网信办等 13 个部门 发改高技〔2020〕1157 号	《关于支持新业态新模式健康发展 激活消费市场带动扩大就业的意见》	大力发展融合化在线教育。构建线上线下教育常态化融合发展机制……积极发展互联网医疗……拓展共享生活新空间……鼓励共享出行、餐饮外卖、团购、在线购药、共享住宿、文化旅游等领域产品智能化升级和商业模式创新，发展生活消费新方式，培育线上高端品牌。推动旅游景区建设数字化体验产品，丰富游客体验内容
2020 年 9 月	国务院办公厅 国办发〔2020〕32 号	《国务院办公厅关于以新业态新模式引领新型消费加快发展的意见》	建立健全“互联网+服务”……有序发展在线教育……积极发展互联网健康医疗服务……深入发展在线文娱……支持互联网企业打造数字精品内容创作和新兴数字资源传播平台。鼓励发展智慧旅游……大力发展智能体育，培育在线健身等体育消费新业态。进一步支持依托互联网的外卖配送、网约车、即时递送、住宿共享等新业态发展。加快智慧广电生态体系建设……创新无接触式消费模式，探索发展智慧超市、智慧商店、智慧餐厅等新零售业态……推动线上线下融合消费双向提速……发展个性化定制、柔性化生产……鼓励实体商业通过直播电子商务、社交营销开启“云逛街”等新模式。加快推广农产品“生鲜电子商务+冷链宅配”“中央厨房+食材冷链配送”等服务新模式……鼓励企业依托新型消费拓展国际市场……充分依托新型消费带动传统商品市场拓展对外贸易……积极开展消费服务领域人工智能应用，丰富 5G 技术应用场景，加快研发可穿戴设备、移动智能终端、智能家居、超高清及高新视频终端、智能教学助手、智能学伴、医疗电子、医疗机器人等智能化产品
2021 年 3 月	国家发展改革委等 28 个部门 发改就业〔2021〕396 号	关于印发《加快培育新型消费实施方案》的通知	培育壮大零售新业态。拓展无接触式消费体验，鼓励办公楼宇、住宅小区、商业街区、旅游景区布局建设智慧超市、智慧商店、智慧餐厅、智慧驿站、智慧书店……积极发展“互联网+医疗健康”……深入发展数字文化和旅游。加快文化产业和旅游产业数字化转型，积极发展演播、数字艺术、沉浸式体验等新业态……有序发展在线教育。加快智能技术应用，推动各类综合性的新型教育教学模式发展……大力发展智能体育……加强商品供应链服务创新……建立从供应链首站到消费需求终端的进口食品冷链物流追溯系统……支持相关企业持续提升智能家居、移动智能终端和可穿戴设备开发能力……有序推动无人配送、无人驾驶在产业园区等特殊场景落地和示范……加快发展超高清视频、虚拟现实等新型信息产品……推动车联网和充电桩（站）布局应用……提升新型消费网络节点布局建设水平……积极发展“智慧街区”“智慧商圈”，升级改造农贸市场等零售网点，完善社区便民消费服务圈

续表

时间	发文机关与发文字号	发文名称	关于新型消费范围的论述
2022 年 4 月	国务院办公厅 国办发〔2022〕9 号	《国务院办公厅关于进一步释放消费潜力促进消费持续恢复的意见》	促进新型消费，加快线上线下消费有机融合，扩大升级信息消费，培育壮大智慧产品和智慧零售、智慧旅游、智慧广电、智慧养老、智慧家政、数字文化、智能体育、“互联网+医疗健康”、“互联网+托育”、“互联网+家装”等消费新业态。加强商业、文化、旅游、体育、健康、交通等消费跨界融合，积极拓展沉浸式、体验式、互动式消费新场景。有序引导网络直播等规范发展。深入开展国家电子商务示范基地和示范企业创建。深化服务领域东西协作，大力实施消费帮扶，助力中西部地区特别是欠发达地区提升发展能力和消费水平……实施智慧助老行动，加快推进适老化改造和智能化产品开发……大力发展绿色消费……推广绿色有机食品、农产品……支持新能源汽车加快发展……鼓励消费者更换或新购绿色节能家电、环保家具等家居产品

注：笔者根据互联网公开资料整理。

各省市地区政府也积极响应国家政策和号召，陆续发布了与新型消费相关的系列利好政策文件，以便加快培育新型消费发展进程，推动消费结构优化升级。例如，2021 年 5 月《河南省人民政府办公厅关于进一步扩大消费的若干意见》提出的新型消费涉及线上销售、直播经济、网红经济、宅经济、网上菜场、网上餐厅、网上超市、网上家政、网上商场、网上培训、农村电商等；2021 年 6 月，河南省发展和改革委员会、河南省商务厅发布了《关于印发〈关于以新业态新模式引领新型消费加快发展的实施意见〉的通知》，认为“新业态新模式消费对保障消费需求、加快消费市场恢复发挥了重要作用”，提出要加强数字商务企业培育，发展互联网医疗服务，丰富线上教育资源，构建智慧城市服务体系、推进“5G+高新视频”应用场景示范应用，推动线上线下消费融合双向提速、鼓励企业依托新型消费拓展国际市场，也涉及了居民日常网上消费全生态链、跨境电商以及线上线下消费融合的“互联网+”网上消费；2022 年 3 月，《河南省人民政府关于明确政府工作报告提出的 2022 年重点工作责任单位的通知》中，指出要“着力释放消费需求”，壮大新型消费，培育时尚消费，发展直播电商、社交电商、首店经济、夜经济。

由此可见，培育新型消费业态和构建消费新生态体系已成为国家和河南省经济发展的重要任务。但从国家及地方政府相关文件内容来看，关于新型消费的描述还是比较多的，但是也比较散，各个文件表述并不完全一致。

基于既有文献和相关文件关于新型消费的论述，本书将新型消费分为“互联网+”消费、科技新物种消费、绿色共享消费、集中消费、跨境消费、个性/时尚消费，如图 1-1 所示。

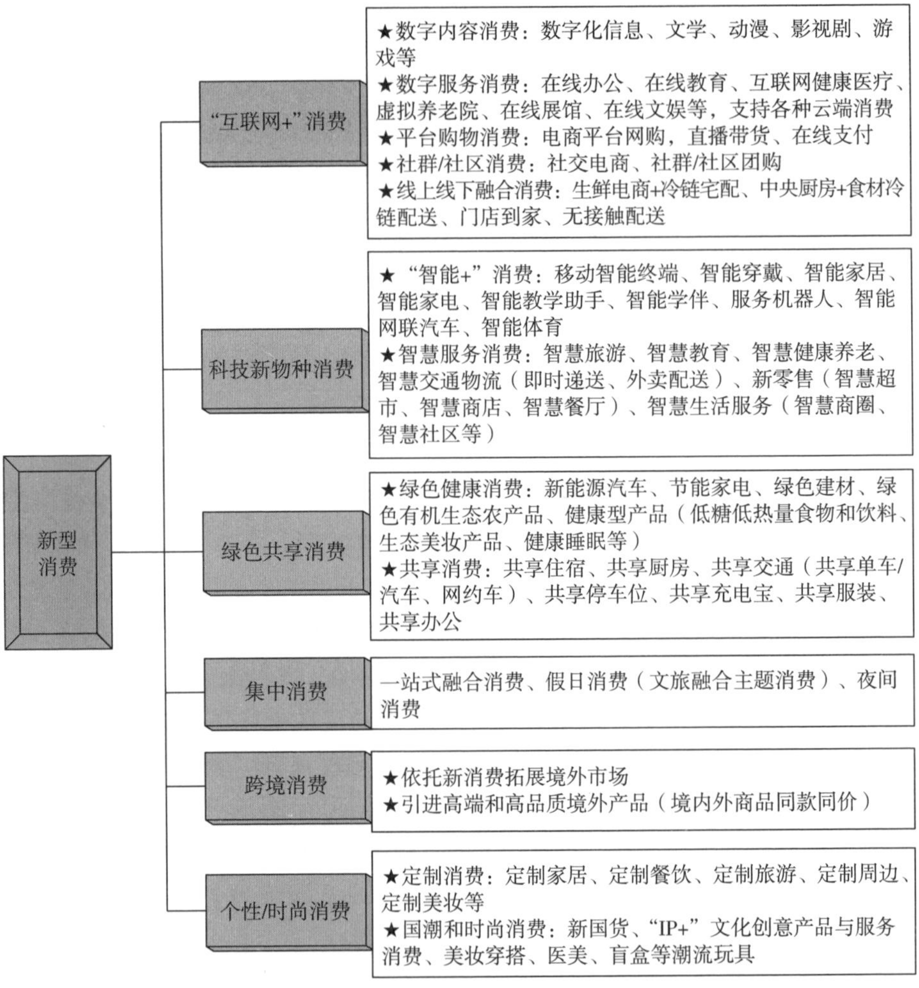

图 1-1　新型消费的外延

“互联网+”消费，从消费内容视角看，包括数字内容消费、数字服务消费等；从消费形式看，包括平台购物消费、社群/社区消费、线上线下融合消费等。所涉及的内容、产品和服务都呈现数字化形态，可以通过互联网络传输给消费者。

科技新物种消费强调基于创新性技术的出现（比如云计算、大数据、物联网、人工智能、虚拟现实和增强现实）而带来的新产品、新服务或新生活方式，具体可分为“智能+”消费和智慧服务消费。前者侧重于针对某一个方面的具体应用，后者强调提供一种综合解决方案。

绿色共享消费，包括绿色健康消费和共享消费。其中，绿色健康消费既包括绿色环保的消费内容，也包括健康型产品和服务。

集中消费，强调在一个时间段或一个地点集中地进行消费活动，包括一站式融合消费、假日消费和夜间消费。

跨境消费，强调依托新消费去拓展境外市场，或者引进高端和高品质的境外品牌产品。

个性/时尚消费，包括定制消费、国潮和时尚消费。定制消费的内容非常多，涉及定制家具、家居用品、美妆产品、旅游及餐饮等；国潮和时尚消费涉及新国货消费、新文创产品和服务消费，穿搭、医美和盲盒等潮流玩具。

1.2.3 数智时代新型消费的主要特征

数智时代的消费者行为模式发生了显著的变化。互联网技术的发展消除了消费时空限制，商品与服务选择范围不再拘囿于地理位置临近的少数商家，消费者可以与居住在不同地域的消费者进行在线实时交流，从各种渠道快速获取所需的消费信息，实现注意、兴趣、搜索、挑选、购买、结算、分享等行为，消费需求呈现从“模仿型、排浪式”向“个性化、多样化”转变，从低层次的生存型消费向发展型、享受型等高层次消费升级（毛中根、谢迟，2019）。自主式消费、沉浸式消费、共享式消费、绿色消费和定制消费等新兴消费方式不断涌现，并随着互联网、大数据、物联网等科技因素不断进行革新。可以说，在这个新的时代，消费主体、消费内容、消费场景、消费环境等都发生了巨大变化，呈现出了新的特征。

1.2.3.1 新的消费主体

依托互联网与数智化技术而兴起的新型消费，引发了人们日常生活系统性、根本性变革，也塑造了新的消费主体。这一新的消费主体成为典型的线上数字消费者，具有更大的消费自主性和更多的权利，在当代经济生活中扮演着更为积极的角色。整体而言，新型消费的快速发展，得益于三大新消费主体。

一是处于职场新锐阶段的都市新青年和小镇青年群体。这一群体年龄阶段一般在22~35岁，是新消费的基础客群。这一群体对传统消费模式没有依赖性，在线消费、线上支付和送货到家等便捷的新消费模式备受这一群体的青睐。按照其工作与生活状态又可以划分为都市新白领、都市新蓝领和小镇青年三个子群体。①都市新白领工作繁忙，生活节奏比较快。一方面，他们追求效率办公，注重业余提升和碎片化学习；另一方面，他们偏好“朋克”式养生，“用最贵的眼霜熬最长的夜，一边吃最油腻的夜宵，一边进行养生、节食与健身，往啤酒里泡枸杞，在可乐里加党参”等是他们的真实写照。各种电子产品、智能家居产品、办公应用、运动健身产品与服务、轻奢产品、电商与社交应用，以及“零食”式的养生保健品都是连接他们的触点。②都市新蓝领工作与生活节奏紧绷，职业流动性较高。他们学历不差，也是高技能劳动者，借助互联网等数字平台，以新型服务行业为主要从业形式，具体职业包括餐饮、销售、房产经纪人、保安、美容美发师、快递员、摆摊人等。他们在消费时追求高性价比，对价格敏感，游戏娱乐、社交应用、汽车应用、短视频和直播，以及提供便捷生活的各种产品与服务都是连接他们的触点。③小镇青年是生活在三四线及以下小城镇、年龄在 18~35 岁的青年（刘胜枝、安紫薇，2019）。他们的生活相对稳定，拥有较多业余时间，收入虽然不高，但和所在地域的房价及消费水平相比，经济上还是较为宽松的。他们在消费时喜欢国货和性价比高的产品与服务，注重人情往来社交，是直播、短视频、网游娱乐的主力军。

二是处于学生阶段的青少年 Z 时代消费群体。这一群体年龄大多在 24 岁以下，他们自带互联网原住民基因，一出生就与网络信息时代无缝对接，受数字信息技术、即时通信设备、智能手机产品等影响比较大，又被称为“互联网世代”“二次元世代”“数媒土著”等（敖成兵，2021）。Z 时代消费群体是新型消费的敏感群体，他们会主动寻求消费升级，具备前卫、新潮、追求新鲜感的消费意识，追求新颖与时尚，强调个性与自我，乐于尝试，注重兴趣与社交，总是站在时代前列，领导着消费新潮流。电子产品、动漫、游戏、短视频、仿真模拟、智能穿戴设备、智能家居产品、社交应用、定制化产品、国货和 IP 周边等都是能够连接他们的触点。

三是日益壮大的中等收入群体。中等收入群体是社会中收入相对较高的群体，“白领”中具有一定专业技术或者管理权限的收入较高的人群是其典型代表（李培林、朱迪，2015）。从职业范围上看，中等收入群体涵盖了国家机关、党群组织和企事业单位负责人、专业技术人员、办事人员和商业服务业人员等（林晓珊，2022）。这一群体具有较强的消费能力和较为旺盛的消费需求，消费升级特点突出，是新型消费的中坚力量。一方面，由于受教育程度和收入水平比较高，他们的数字化生存能力较强，关于新型消费的知识技能、适应性及接受度都比较高；另一方面，这一群体的职业特征往往与互联网、数字化技术的应用有着更为紧密的联系，因此新型消费常常成为其日常工作和生活中不可分割的一部分。

1.2.3.2 新的消费内容和场景

互联网、数智化技术的快速发展提高了全要素生产率和社会产出水平，助力人们不断升级的消费需求，孕育出了各种新型消费资料。以网上超市、社交电商、直播电商、外卖配送等新业态新模式为主的“网络购物”，以数字出版、数字音视频、动漫游戏、网络文学等为主的“内容消费”，以移动智能终端、智能穿戴、智能家电、智能机器人、智能网联汽车为主的“智能+”消费，以移动支付、智慧超市、智慧餐厅等新型零售业态为主的无接触式消费模式，以网约车、地铁扫码、实时公交和数字地图等为主的“数字出行”，以“互联网+”健康咨询、医疗护理、药事及智慧健康养老应用等为主的“数字健康”，以数字文化馆、数字图书馆和景区数智化为主的“智慧文旅”，以新能源汽车、绿色家居、绿色食品等为主的绿色生态消费，以网约车、共享充电宝、共享单车、共享住宿等为主的共享消费业态等，迅速融入人们的日常生活之中，并带动了各行业领域的进一步细分，如定制化消费、体验式消费、个性时尚消费等，与消费者生活更为贴近，能够更好地适应消费者的实际需要。

数智化生活是由一系列新型消费中的新数字技术应用场景构成的。“消费场景”是消费方式的容器，其核心元素是以消费为导向的舒适性设施、服务和活动等（吴军、叶裕民，2020），反映了“在哪里消费”和“消费什么”及其两者之间的关系，折射出人们对消费的个性化、体验化、美学化和情感化的诉求。不同的消费场景吸引、聚集了不同的消费群体，通过“场景蜂鸣效应”，能够释放不同的场景动能。随着经济社会和时代发展，人们对美好生活空间品质的需求越来越明显，消费场景营造变得越来越重要。

新消费场景是互联网、人工智能、5G、大数据等多项高新技术综合运用的产物，具有数字化、智能化、便捷化、个性化、体验化等特征。根据孔旭红（2022）的观点，新消费场景是指在数字化、智能化背景下，在消费升级的过程中，为满足特定人群的生活方式和消费需求，提供的以满足其更深层次精神、情感、共鸣需求为主，以获取商品实体为辅的，集设施、产品、活动、服务、符号等为一体的现代商业消费场景。新型消费常常需要搭建数字化、智能化、线上线下融合等消费场景，新消费场景是新型消费的孵化器。随着数智化技术的迅猛发展，不断创新的消费场景和应用场景给人们带来了全新的消费体验。数字人虚拟直播消费场景、元宇宙消费场景、线上线下融合消费场景、互动式消费场景、充满体验感的一站式商圈场景、沉浸式游玩场景、各种特色街区和主题街区场景、历史风貌及文化场景等新消费场景，吸引了越来越多的消费者，成为新型消费发展和高品质生活创造的重要推动力。

1.2.3.3　新的消费环境

当前，新型消费成为激发消费潜力、释放市场需求和提升消费增长的重要渠道，发展态势良好。根据国家统计局数据，2022 年网上零售额 137853 亿元，比上年增长 4.0%；电子商务交易额 438299 亿元，比上年增长 3.5%；蜂窝物联网终端用户 18.45 亿户，增加 4.47 亿户。根据中国互联网络信息中心于 2023 年发布的第 51 次《中国互联网络发展状况统计报告》，截至 2022 年 12 月，我国网民规模达 10.67 亿，较 2021 年 12 月增长 3549 万，互联网普及率达 75.6%；移动网络的终端连接总数已达 35.28 亿户，移动物联网连接数达到 18.45 亿户；短视频、网络支付、网络购物、网络新闻、网络直播、在线旅行预订、互联网医疗的用户规模较 2021 年 12 月分别增长 7770 万、781 万、319 万、1216 万、4728 万、2562 万、6466 万，增长率分别为 8.3%、0.9%、0.4%、1.6%、6.7%、6.5%、21.7%（见表 1-2）。[①] 这些新型消费的快速发展，离不开良好的消费环境。其中，国家政策的利好、科技的重大突破等良好的外部环境，为新型消费发展起到重要的促进作用。

表 1-2　“互联网+”类消费应用用户规模和网民使用率

应用	2021 年 12 月		2022 年 12 月		增长率（%）
	用户规模（万人）	网民使用率（%）	用户规模（万人）	网民使用率（%）	
即时通信	100666	97.5	103807	97.2	3.1
网络视频（含短视频）	97471	94.5	103057	96.5	5.7
短视频	93415	90.5	101185	94.8	8.3
网络支付	90363	87.6	91144	85.4	0.9
网络购物	84210	81.6	84529	79.2	0.4

① 中国互联网络信息中心．第 51 次中国互联网络发展状况统计报告［EB/OL］．［2023-03-02］．https：//www.cnnic.net.cn/NMediaFile/2023/0322/MAIN16794576367190GBA2HA1KQ.pdf.

续表

应用	2021 年 12 月		2022 年 12 月		增长率（%）
	用户规模（万人）	网民使用率（%）	用户规模（万人）	网民使用率（%）	
网络新闻	77109	74.7	78325	73.4	1.6
网络直播	70337	68.2	75065	70.3	6.7
在线旅行预订	39710	38.5	42272	39.6	6.5
互联网医疗	29788	28.9	36254	34.0	21.7

资料来源：中国互联网络信息中心．第 51 次中国互联网络发展状况统计报告［EB/OL］．［2023-03-02］．https：//www.cnnic.net.cn/NMediaFile/2023/0322/MAIN16794576367190GBA2HA1KQ.pdf.

此外，由于新的消费关系、新的消费业态等的复杂性，新型消费对消费环境提出了更多的要求，然而当前的法律法规、政策规范等却跟不上新型消费的发展进程，导致目前新型消费环境中存在很多亟待解决的问题，最为重要的一个问题就是新型消费的维权纠纷。根据国家市场监管总局发布的数据，2022 年网购价格诉求 10.67 万件，同比增长 99.03%，主要包括实时变化交易条件、大数据杀熟、“标低高结”、隐瞒优惠门槛条件、非会员优惠大于会员等问题。直播带货诉求 22.09 万件，同比增长 1.15 倍，较 2020 年增长 5.01 倍，以次充好、虚假宣传、“三无”产品等问题不断。对于比较流行的“盲盒”，消费者诉求高达 4.14 万件，同比增长 61.72%；对于常常掀起抢购狂潮的 IP 跨界联名产品，相关诉求 3.81 万件，同比增长 66.96%。数字藏品（NFT）等新模式问题抬头，监管难度加大，相关诉求 5.97 万件（上一年仅 198 件），主要集中在恶意哄抬价格、收取高额手续费、不发货、不退款、随意封禁消费者账号等。① 并且，我国还缺乏便利的网络购物纠纷最终裁决机制，消费者和商家、平台若无法协商达成一致，消费者上诉至市场监管部门，也面临取证难、条例不清晰、权责难判断等问题。尤其是，当出现维权纠纷时，消费者只能在电商平台自有售后部门内部解决，但平台对商家的约束力有限，想通过交易保障措施兑现应有权益很难（毛中根等，2020）。因此，商家信用度不透明、网络卖家受约束程度相对较低、网购商品质量难以保障、线上购物的维权难等现象仍然难以避免。

① 方彬楠，袁泽睿．新消费带来维权新难题，如何监管侵权新花样［N/OL］．北京商报，［2023-03-14］．https：//baijiahao.baidu.com/s？id=1760357970722619856&wfr=spider&for=pc.

法律法规的漏洞和相关标准的缺失也是新型消费环境建设中亟待解决的问题。消费者个人信息在支付交易、会员注册等过程中被泄露甚至被贩卖的情况仍然时有发生，类似垃圾短信、骚扰电话、伪基站等信息污染问题仍然存在。对于新型消费的监管标准，各地的政策存在不一致的地方，新型消费平台型企业需要投入大量的人力、物力和财力满足不同属地的合规要求。除此之外，新型消费的相关配套设施建设存在滞后性和地区不平衡，比如5G网络、物联网、工业互联网、智慧城市等新型基础设施建设仍然存在很大缺口；而在县域和农村地区，还存在互联网设施覆盖不足、物流网络布局不合理和“最后一公里”配送等难题。

如上所述，新型消费虽然得到快速发展，但由于新型消费中生产者、互联网平台、消费者之间的关系更加复杂，因此也带来了很多新的问题和矛盾，消费的公平和正义仍然是一个具有挑战性的议题。新型消费环境整体上仍然比较复杂和模糊，利好的一面和问题的一面相交织。相关的制度法规、运营规则、服务标准、权责边界、消费信用体系、监管机制等都存在不完善的地方，需要逐步明晰，治理难度比较大。总体上，在一个与数智化时代相适应的新型消费制度体系建构完善之前，不可避免地会不断涌现各种新问题和新矛盾。

1.3 研究架构及研究价值、创新点

1.3.1 新型消费发展的理论架构

新型消费是消费增长最具活力与潜力的领域，也是繁荣消费市场、促进消费升级和提质扩容的重要抓手。新型消费发展的关键驱动因素，在于新型消费理念的萌发和创新性技术的应用。新型消费发展过程中的重要主体，包括企业、消费者和政府。推动新型消费发展是一项复杂的工程，需要在政府有序引导和统筹管理下，提升企业和消费者的情感共鸣、支持意向及深度参与力度，同时需要媒体、居民、银行与金融机构、中介服务组织等多元主体的共同参与和紧密配合。新型消费发展的理论架构如图1-2所示。

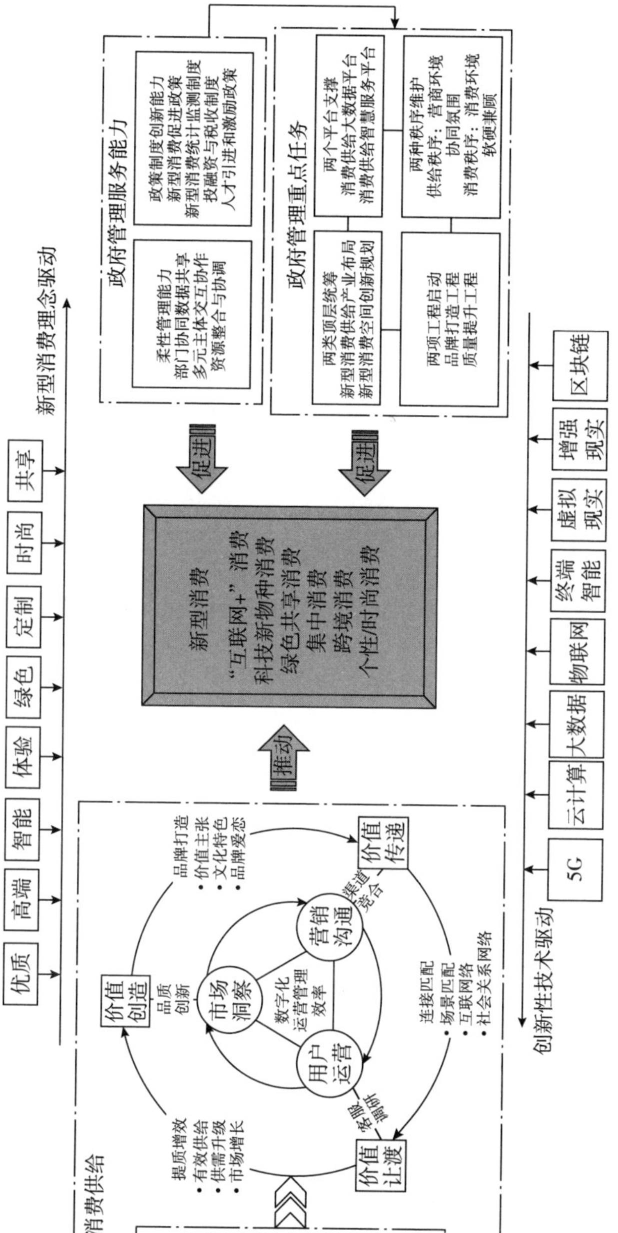

图 1-2　新型消费发展的理论架构

1.3.1.1 新型消费理念和创新性技术是新型消费发展的关键驱动因素

新兴技术涉及5G、云计算、大数据、物联网、智能终端、虚拟现实与增强现实、区块链等，这些创新性技术是新型消费业态培育的必要条件。国家互联网信息办公室发布的《数字中国发展报告（2022年）》显示，我国数字技术创新能力持续提升。2022年，我国信息领域相关PCT国际专利申请近3.2万件，全球占比达37%，数字经济核心产业发明专利授权量达33.5万件，同比增长17.5%。关键数字技术研发应用取得积极进展。我国5G实现了技术、产业、网络、应用的全面领先，6G加快研发布局。我国在集成电路、人工智能、高性能计算、EDA、数据库、操作系统等方面取得重要进展。技术的发展为新型消费培育提供了坚实的基础。在供给端，智能制造全面提升了新消费品牌产品的制造水平和制造效率，基于科技的产品创新创造了新的消费需求；在渠道端，各类新媒体技术使品牌、产品信息传播效率和效果大大提升，而物流仓储自动化技术和智慧运输技术提升了新消费产品的购买效率；在消费端，科技进步给消费者带来了全新的产品与服务、充满沉浸和互动感的消费场景，以及前所未有的消费体验，带动了新型消费的蓬勃发展。

消费理念是人们对消费方式、消费水准、消费模态、消费取向、消费价值等所持有的一种观点和看法，它会随社会演进而演进，随时代变迁而变迁（敖成兵，2021）。当代新兴技术的发展，颠覆了人类的生活方式，创造了一种新的消费语境，为人们提供了崭新的消费平台和消费方式，也催生了以品质/高端消费、高效便捷、绿色健康、共享消费、个性时尚消费和体验消费等为核心消费诉求的新兴理念。这些新兴的消费理念，折射了人们消费生活方式的转变，即从以商品为中心转变为以人为中心，从基础型和生存型消费转向发展型和享受型消费。消费者不再为“买而活着”，而是为“活着而买”；不再买最贵的，而是买自己喜欢的（任增吉，2020）；不再强调占有，而是重视此刻拥有；不再是单调朴实，而是多元化的“美丽”与“科技”。他们更为注重消费提供物的内在价值和品质，充分考虑其使用性价值、便捷性价值、环保性价值以及个性、时尚等精神性价值等，也更加乐于分享。消费理念改变消费行为，新的消费理念带来了新型消费需求。比如，在绿色消费理念下，“零添加”的绿色有机食品成为消费者期望的产品，除菌、除尘、加湿、增加氧气含量等健康型以及节能减排的环保型空调产品成为消费者关注的重点；在高效便捷的消费理念下，以“在线商超”“社交电商”“直播购物”“在线支付”等新业态新模式为主的网络购物与支付方式成为人们消费生活的常态，以“数字音频视频”“网络文学”“动漫游戏”等为主的在线内容消费成为不可或缺的生活构成，以网约车、地铁扫码、实时公交和数字地图以及“一键叫车、全网比价”的“数字出行”方式成为人们的出行习惯……

1.3.1.2　高质量新型消费供给是推动新型消费发展的必由之路

新型消费供给能力决定了新型消费发展的质量。2022 年中央经济工作会议强调，要更好统筹供给侧结构性改革和扩大内需，通过高质量供给创造有效需求。新型消费供给与新型消费需求的相适配，既是实现消费升级和人民美好生活的内在要求，也是经济高质量发展的题中之义。当新型消费供给与新型消费需求相匹配时，新型消费需求就是有效的，它能为经济增长做贡献；否则，新型消费供给满足不了需求，新型消费需求无法实现，此时它就是不能贡献经济增长的无效需求。因此，对于新型消费发展，新型消费供给能力的提升变得至关重要。

作为新型消费供给的重要微观主体，企业的新型消费供给能力对新型消费高质量发展起到决定性作用。而就企业进行高质量新型供给的动力机制而言，必须将创新和人才两个要素放置于战略高度。一方面，通过科技赋能创新或文化赋能创新，提升新型消费供给的品质和层次；另一方面，要发挥以企业家群体为主的认知型人才的引领作用，在前沿技术和消费需求趋势的正确认知方向下，提升技术型和创意型等研发型人才的定向研发努力（周密等，2018），增强新型消费供给对不断升级的消费需求的适配性。

就企业提升新型消费供给能力而言，必须重视对消费需求的研究，重视数字化运营，提升管理效率，在优质、高端、智能、体验、绿色、定制、时尚和共享八大消费新理念牵引下，认真解析“价值创造—价值传递—价值让渡”供给链中的关键环节：在价值创造环节，基于市场洞察解析目标市场需求和增长机会，全力提升品质，并通过持续创新来满足升级的新需求，其中尤其要注重强势品牌打造；在价值传递环节，注重高效的营销沟通，在渠道畅通和协同上下功夫，准确把握市场竞合关系；在价值让渡环节，要建立真正以消费者为中心的运营理念，基于便捷化、智能化、体验化的场景搭建，通过互联网络和社会关系网络，精准连接消费者，做好顾客服务和市场调研。这样，企业就构建了新型消费的优质供给生态，促进了新型消费供给和需求的动态平衡，从而达到提质增效的良好效果。

1.3.1.3　政府高质量管理服务是新型消费发展的必要支撑

新型消费发展是一项复杂的系统工程，涉及政府、企业、消费者、当地社区和居民、银行与金融机构、中介服务组织等多元主体的协同。而政府作为优质的统筹管理者，其管理服务水平是影响新型消费发展的关键变量。其中，政府柔性管理能力和政策制度创新能力是其管理服务水平的决定因素。柔性管理能力包括使多部门协同与数据共享能力、多元主体交互协作能力、资源整合与协调能力，有利于适应复杂的市场需求和动态变化的外部环境，也更能激发其他新型消费主体的创造性、支持态度和参与意愿；政策制度创新能力涉及新型消费促进政策创新能力、新型消费统计监测制度创新能力、投融资与税收制度创新能力、人才引进和激励政策创新能力等，能够给新型消费发展提供科学引导、坚实支撑与保障。

就政府在新型消费供给管理体系中的主导性角色而言，必须提升柔性管理能力和政策制度创新能力，结合本地实际情况进行灵活资源配置和服务要素供给，发挥统筹管理职能。尤其要做好新型消费供给产业布局和新型消费空间创新规划两类顶层统筹，启动新型消费品牌打造工程和质量提升工程，推动新型消费供给大数据平台和智慧服务平台两个重要平台的建设，并保证良好的供给秩序和新型消费秩序。

1.3.2 本书的研究框架

本书一共分为 5 个部分 7 个章节。第 1 章绪论，明确了本书研究的基本架构，对后续新型消费发展研究的开展起到统领全局作用；第 2 章、第 3 章和第 4 章是基于居民消费者视角，去探索新型消费市场发展的基本特征和趋势，呈现新型消费领域人们关于消费的态度、行为、期望以及所面临的困难和痛点；第 5 章是基于新型消费供给的重要微观主体——企业的视角，调查企业进行新型消费供给的整体状况及其所面临的挑战，厘清企业在新型消费供给过程中的关键环节和重点任务；第 6 章是基于政府这一新型消费市场管理者的视角，调查河南各地政府在新型消费促进工作中的真实情况；第 7 章是在归纳中国其他地区关于新型消费发展先进实践和经验基础上，分别从企业、政府等视角出发，构建新型消费发展的对策与建议体系。具体如图 1-3 所示。

第 1 章是绪论，对新型消费相关研究文献进行系统梳理，明晰消费数智化的时代特征，解析数智时代新型消费的内涵、外延和主要特征，在此基础上提出本书研究的基本理论架构，确定整体研究思路，明晰研究方法和研究重点。

第 2 章是关于新型消费市场状况的调查研究，采用个人深度访谈法来收集数据，并借助 NVivo 11 软件对访谈文本资料进行编码分析，目的是明晰新型消费市场发展的基本概况，包括居民进行新型消费的行为特征、内容特征、重要发展领域、重要潜力人群，厘清新型消费市场发展过程中的重点领域和难点问题。

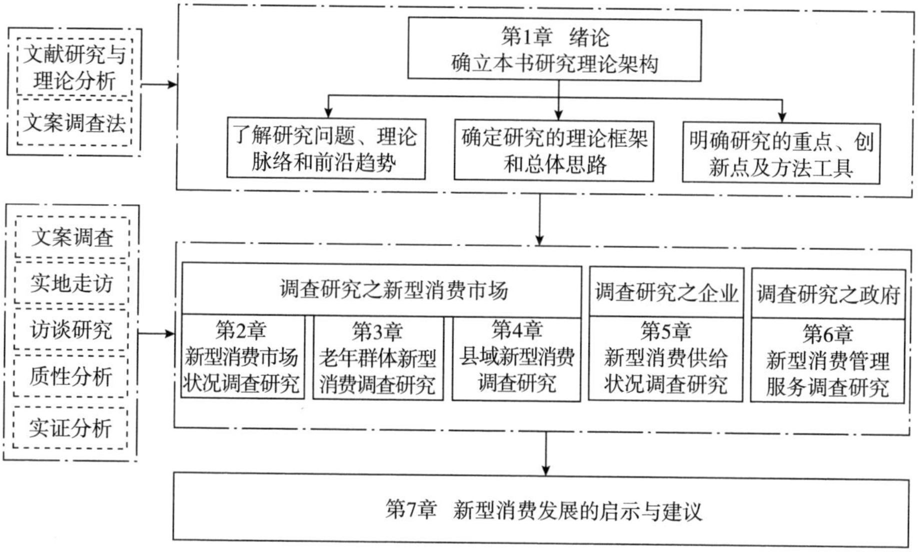

图 1-3　本书的研究框架

第 3 章是关于老年群体新型消费的调查研究，对 30 多位有新型消费经历的老年人进行个人深访，并基于访谈文本进行扎根研究，目的是描绘全景式老年人新型消费画像，解析老年人进行新型消费的行为特征、内容特征以及重要影响因素。

第 4 章是关于县域新型消费的调查研究，采用文案研究法和归纳法来解析县域新型消费的主要行为特征与发展趋势，明确制约县域新型消费发展的短板和薄弱环节。

第 5 章是关于新型消费供给状况的调查研究，对典型企业中高端管理者进行深入访谈，并结合文案研究法，对新型消费供给发展的整体情况以及所存在的问题进行深入分析，明确促进新型消费供给高质量发展的关键环节和重点任务。

第 6 章是关于新型消费管理服务的调查研究，采用实地走访和焦点小组访谈法，对河南各地政府部门在新型消费促进和管理服务方面的工作进行摸底调查，目的是明确各地区推进新型消费的主要工作进展、成效及所面临的难题，为政府促进新型消费发展提供有针对性的对策与思路。

第 7 章是关于新型消费发展的启示与建议。首先，采用文案调查法和文献研究法，归纳分析我国其他地区在推动高质量新型消费供给、促进新型消费需求和提升新型消费管理服务能力方面的成功经验和先进实践；其次，聚焦于企业这一重要的新型消费供给主体，围绕高质量消费供给机制的形成机理、关键环节和操作性路径，为企业提升新型消费供给能力提供有针对性的对策与建议；最后，基于政府为主导的优质供给管理者视角，通过政府柔性管理能力和政策制度创新能力的提升，围绕新型消费发展的关键支撑工作和重点任务提出有针对性的对策与建议。

1.3.3 本书的研究特色和创新点

本书的研究特色体现在两个方面：一是基于供给与需求相互依存的辩证关系，而非单纯从供给侧或消费侧等单一的视角，来构建新型消费发展的理论研究框架；二是尝试构建消费者、企业和政府等多元主体协同参与、共建共享的高质量新型消费发展系统，明晰不同主体在新型消费发展过程中的角色和关键作用机制。

本书的创新点体现在：一是界定了新型消费的内涵与外延，构建了推动新型消费发展的理论机制，为相关学术研究和创新实践提供新思路和新启发。关于新型消费，虽然当前涌现了很多现象级的内容和形态，但是相关理论研究还比较缺乏，并未形成成熟的分析框架。本书从新型消费理念驱动和技术创新驱动着手，基于新型消费供给端、消费端、管理端三个视角，全面解析了新型消费发展的理论机制框架。二是从个体消费者视角，对新型消费的内容特征、行为特征、发展趋势以及面临的问题进行了全景式解析。尤其是还对县域新型消费和银发人群新型消费进行了专题研究，这为全面发掘新型消费的新动能提供了数据与经验支持。三是打破企业内部新型消费供给实践的"黑箱"，按照"价值创造—价值传递—价值让渡"的理论逻辑，解析企业高质量新型消费供给能力提升的关键环节和具体路径。四是构建以政府为主导的高质量新型消费供给管理服务体系和保障机制，为推动新型消费发展提供建设思路和政策参考。

1.3.4 本书的学术价值和应用价值

本书的学术价值体现在以下三点：一是突破单一供给侧或消费侧研究范式，基于供给与需求相互依存的辩证关系，以解析新型消费市场发展特征和需求规律为基础，以提升新型消费供给结构对需求结构的适应性和灵活性为核心，以强化政府新型消费管理服务能力为保障和支撑，尝试构建需求牵引供给、供给创造需求的新型消费高质量发展理论体系。二是基于企业这一重要微观主体的视角，按照"价值创造—价值传递—价值让渡"的理论逻辑，解析高质量新型消费供给能力提升的干预路径，为打破企业内部生产与供给实践的“黑箱”（Syverson，2011）提供新的经验证据。三是打破已有研究囿于政府或企业单一视角下组织关系的局限，基于政府为主导的优质供给管理者视角，综合考虑新型消费高质量发展过程中的多元关系及互动逻辑，丰富制度理论中关于组织关系的研究。

本书的应用价值体现在：为推动新型消费发展提供建设思路和政策参考，尽快实现高质量新型消费供给和消费升级的良性互动，化解供需矛盾，将巨大的新型消费潜力真正转化为经济健康、持续发展的动力，大力提升本区域全产业链核心竞争力。具体而言：一是深入探索河南居民在新型消费情境下的真实生活经历与感受，明晰其消费行为规律和内容特征，及时分析和响应居民消费升级的新需求，厘清新型消费市场发展的重点领域和关键难题，促进消费结构优化，增进居民福祉；二是推动企业对高质量新型消费供给水平的自我洞察和识别，帮助企业解析高质量新型消费供给体系打造的内在机理和关键环节，大力提升其新型消费供给能力；三是助推本地政府构建柔性管理体制，提升政策制度创新能力，更好发挥统筹管理职能，通过系列重点任务实施，形成多元主体共建共享的新型消费高质量发展的“共治”机制和良好氛围，并对相关制度和环境建设提出有价值的信息参考和策略建议；四是从宏观上看，新型消费蕴含了经济高质量发展的新生机，通过新技术应用和新消费模式的创新发展，有助于更好把握经济发展新契机，占领新消费制高点，带动战略性新兴产业发展和产业结构升级，进而促进经济快速健康发展。

第2部分

调查研究——新型消费市场

PART TWO

第2章　新型消费市场状况调查研究

数智时代的新型消费是以消费者新需求为核心导向、以数智新技术为实现手段的商品与服务消费新内容、新形态和新模式。其具体包括数字内容与服务消费、电商平台购物、直播带货、社群消费、科技新物种消费（“智能+”消费、智慧服务消费）、绿色共享消费和个性/时尚消费等，每一种新型消费业态涉及的产品与服务品类众多，几乎涵盖了人们生活的各个方面。培育新型消费市场和构建消费新生态体系是双循环新格局下消费促进和消费升级的重要内容。本章内容主要是从普通消费者视角入手，基于河南省调查数据，以微观层次的个体亲身经历与感受为基础来研究新型消费市场发展的基本概况，包括居民从事新型消费的行为特征、内容特征、重要发展领域、重要潜力人群，以期厘清新型消费市场发展的重点领域和难点问题，指出新型消费市场高质量发展的任务目标和关键环节。

2.1　研究设计

为了探索人们在新型消费情境下的真实生活经历与感受，明晰其心理和行为规律，本书对从事过新型消费的河南居民进行半结构化访谈。半结构化访谈提升了访谈者和被访者之间的交流效率，能够提供更多灵活且具有深度的信息。在访谈中，被访者讲述了：①最近3个月的新型消费行为及其内容；②印象深刻的新型消费经历；③进行新型消费的原因；④从事新型消费的体验感受；⑤促进新型消费的方法策略；⑥人口统计特征，如年龄、性别、居住区域、受教育程度。

在2021年10~12月，本书对近3个月有过新型消费经历的河南居民进行了访谈。一共获得242份访谈资料，经过筛选，剔除了29份内容不符合要求或资料不够翔实的访谈，整理得到213份有效访谈文本共21万字文字材料。

在NVivo 11软件的帮助下，本书对访谈文本资料进行了编码分析，编码的基本规则为：被访者姓氏+性别（先生/女士）+年龄+人数编号（姓氏、性别和年龄一样的多个被访者，设置此编号）。例如，杨女士21-2，是指21岁杨女士2号的访谈文本。

2.2 描述性统计分析

213个受访者中，年龄最大的为72岁，年龄最小的为16岁。具体而言，男女比例大约为2∶5，城镇居民占到总人数的88.26%，本科及以上学历消费者占比为71.36%，25岁及以下消费者占比为73.24%。这基本符合新型消费市场特征，即城市中新型消费发展更快更好，新型消费的主力人群为“95后”的年轻人，他们一般学历较高。被访者基本信息情况如表2-1所示。

表2-1　被访者基本信息一览

人口特征		人数	百分比（%）
性别	男	81	38.03
	女	132	61.97
学历	本科以下	61	28.64
	本科及以上	152	71.36

人口特征		人数	百分比（%）
居住地	城镇	188	88.26
	农村	25	11.74
年龄	25岁及以下	156	73.24
	26~45岁	36	16.90
	45岁及以上	21	9.86

注：受访者213人。

被访者最常提到的新型消费平台或App为淘宝、抖音、拼多多、美团、京东、微信、小红书、B站、支付宝和快手（见图2-1）。

被访者最常提到的新型消费类型依次为线上购物、数字内容与服务消费、绿色共享消费、科技新物种消费、个性时尚消费和直播带货消费（见图2-2）。

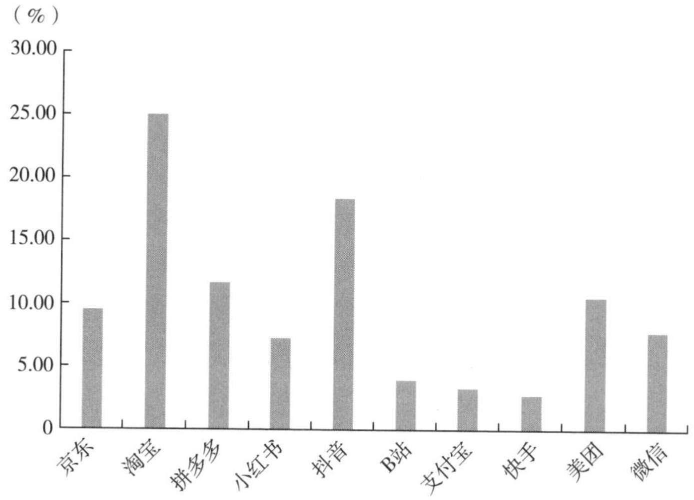

图 2-1　被访者最常提到的电商平台或 App

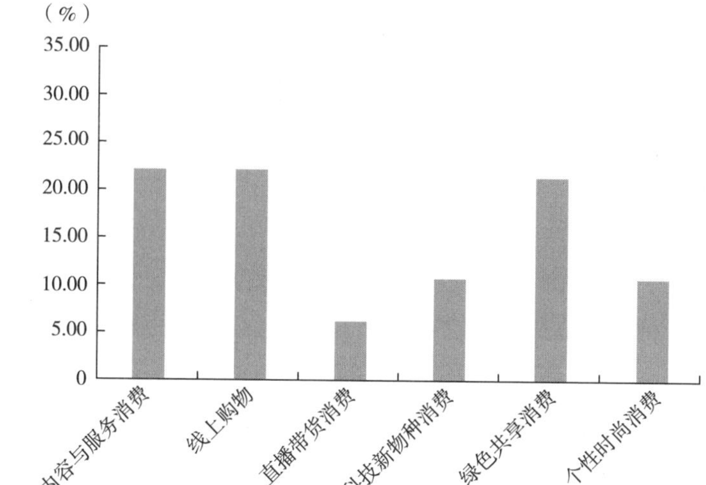

图 2-2　被访者提到的新型消费主要类型

驱动被访者进行新型消费的影响因素主要有：便捷高效、价格便宜、氛围好且满足了休闲娱乐的需要、种类齐全且选择性大等（见图 2-3）。

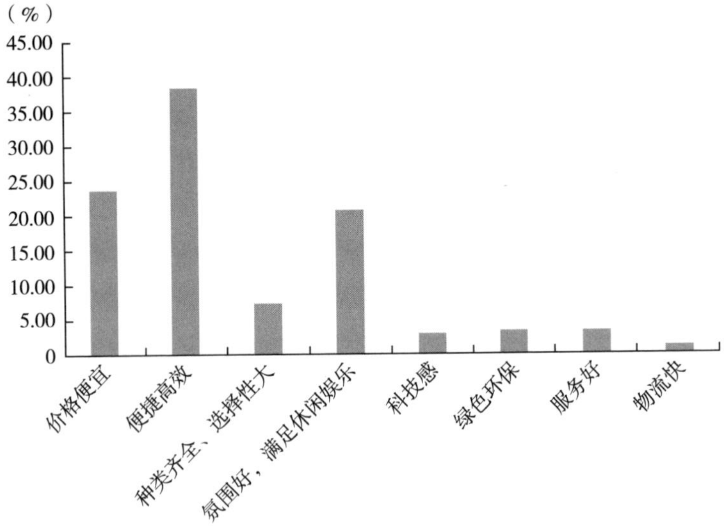

图 2-3 被访者提到的新型消费动因

2.3 新型消费重要人群及其动机剖析

由于互联网和数智新技术的加持，新型消费赋予人们更大的选择权和自由度，使生活更为便捷、多彩、舒适和高效，因此受到以“95 后”和“00 后”为核心的年青一代欢迎。不管是城市还是县域的年轻人，都将新型消费视为其消费生活中不可或缺的一部分。不仅如此，即使是中老年人群，也对新型消费表现出了较大的兴趣。而那些思想观念开放和学习能力强的中老年消费者，早已经体验到新型消费给生活带来的便捷、高效，“互联网+”等新型消费亦成为他们日常消费生活的一个重要组成部分。

2.3.1 年轻人是新型消费市场的生力军

年青的一代是新型消费舞台上的主角，是网络购物、数字内容消费、平台消费、“智能+”产品消费、智慧服务消费、共享消费、个性与时尚消费等各种新型消费的核心消费主体。年轻人对新型消费的青睐，在很大程度上可以归结为新型消费的“方便、高性价比、多样化选择、提升生活品质、契合情绪需求、便于自我提升”等特性。

新型消费方便了我们的生活，数字内容消费满足了我们内心的欢喜，虽然是虚拟经济，但它使我们的生活变得多姿多彩……共享消费绿色环保，省钱方便，还锻炼身体（周女士 18-2）。

我很喜欢进行网购，曾经我只是通过京东、拼多多等 App 单一地购买某件物品，不知道什么时候网购模式开始多姿多彩起来，我又接触到了电商网购、社区线上团购等新型消费，从学习到逐渐接受并适应，转变消费理念，最后自然而然把电商网购、社区线上团购等新型消费作为自己的消费模式（孙女士 19）。

现在好的内容、好的创作者也是层出不穷，通过他们的视频音乐等也会让我对一些事物获得更深刻的认识……即使不出家门，也能不断接受新事物，不断提升自己，我非常喜欢这样的方式（孙女士 18）。

我在网上进行线上配音课程的学习，然后还有一个 PS 课程的学习……它很自然地成为我学习的一种方式，可能这很符合我的“胃口”吧（李女士 19）。

新型消费基于数字化、智能化、线上线下融合的发展，有效突破了经济交易的时空阻力，使其受众呈现县乡村下沉的趋势。从 2016 年开始，国务院及各部委密集出台了关于农村电商的重磅文件，一直强调要加大县乡村物流基础设施建设，健全农村电商服务体系，支持涉农电商载体和新模式发展。这也大大推动了新型消费渠道下沉。本书调查表明，农村居民尤其是年轻人，与城镇居民一样，对新型消费具有强烈的兴趣和消费动机，也是新型消费市场的重要生力军。

现在网购这些东西都已经在农村很普及了嘛，就是你每天都可以看到那些快递站嘛，很多人都在排着队。嗯，网购这些服务已经很好地落实到我们的生活中，就是大家都很习以为常吧，就没有什么特殊的感受，就觉得这是我们生活的一部分（赵女士 23）。

就我们村的那个小卖铺，老板和老板娘也差不多有六十岁了吧，我前段时间去买调料，怕不能微信支付特意带了零钱，结果去了结账时一看人家那儿就放了微信支付的二维码，也不用找零钱了，多方便（武女士 21）。

我发现现在像我这样的农村年轻媳妇接触抖音快手这种平台比较多，如果商家在这上边多搞搞直播宣传，找找靠谱的网红直播带货，让大家都能接受，也想去尝试，这样就能让我们多消费了。还有就是，我自己就农村说一点，其实农村市场挺大的，很多东西都没普及到农村，但现在互联网太发达了，农村也在慢慢开始有很多的新型消费，所以商家们可以多多注意农村市场的开拓（张女士 23）。

因此，农村新型消费潜力还是比较大的，是非常值得开拓的市场。根据中国互联网络信息中心（CNNIC）发布的第 51 次《中国互联网络发展状况统计报告》，农村互联网应用普及加快，截至 2022 年 12 月，我国农村网民规模为 3.08 亿，占网民整体的 28.9%，全国农村宽带用户总数达 1.76 亿户。并且，农村地区信息沟通及视频娱乐类应用普及率与城市网民基本持平，农村网民群体短视频使用率已超过城镇网民 0.3 个百分点，即时通信使用率与城镇网民差距仅为 2.5 个百分点。由此可见，我国县域和乡村地区新型消费发展前景看好。

2.3.2 有闲有钱的中老年人是新型消费市场值得开发的潜力人群

除了年轻人群，有闲有钱的中老年消费群体也是新型消费市场的关键潜力人群。本书调查表明，很多中老年消费者，对于新型消费也有很大的兴趣。其中，部分思想观念开放和学习能力强的中老年消费者，已经成为“互联网+”等新型消费的受益者和支持者，他们被新型消费的便捷、高性价比、多样性、高效率等特性所深深吸引。

上当当网还有阿里巴巴和京东都买过啊，这是经常性的……已经融入家庭生活、社会生活了，我经常接触，都能使用……频率很高，比较方便……比如说新能源汽车，前些年我就购买了一辆新能源汽车，用了三四年，还有共享单车一类的，像哈啰出行也使用过（夏先生 53）。

这些书在一个书店很难买齐，要跑到好几个书店去买，但是在网上就可以一下子买齐，不用来回跑着找了……像我们平时去买公路相关的专业书籍，就很不好买，可能到书店人家还没现货，你得订了以后人家再配，而且有可能还得跑很多家书店才能买齐，在网上就不用，省了我多少时间和路费啊（王女士 49）。

在快手上买东西……那都是我刷快手时，看那个羊毛裤子很好，也比街上便宜得多，就叫俺孙子在上面给我买个……我在家天天也没事，俺孙子就教我看这个快手，有时候看广告，看人家东西挺好，还比咱这便宜，就问俺孙子该不该在上面买……那东西人家都拍了视频说得可清楚了，也比外面便宜（李先生 66）。

网购应该是最频繁的吧，自从俺妮儿教会我跟她爸用手机买东西之后，俺俩经常在网络上进行购物……就是有啥想买的，就从淘宝上找一找，而且我特别喜欢拼多多，拼多多我感觉让我给摸透了，他们还有那种返现券，是挺划算的，就是有时候质量不好，嗯……京东稍微更靠谱一点儿。还有那个共享单车、电车啥的也确实不孬，挺方便……而且有的东西，你花同样的钱，都能在网上买两倍多的东西，你说哪个划算嘛！那我肯定选网购（王女士 52）。

未来 10 年间，我国会面临史上最大的“退休潮”，“60 后”群体持续进入退休生活。与固有印象中的“传统老人”不同，这些已经和即将退休的“60 后”被称为“新老人”，他们成长于改革开放时期，受教育程度相对较高，收入和消费水平也比较高，具有很强的学习能力和适应能力，积极拥抱变化，紧跟时代步伐和社会潮流。因此，他们对网络的接受度比较高，相当一部分人能熟练掌握在网上冲浪、网络购物、在线支付等多项新型消费技能。

这种智能化科技已经在社会上普及了，已经融入社会生活了……已经在生活里很多的细节上，躲不开也磨不掉啊，这就是一种新的生活方式……我们必然要接触这些新消费方式，慢慢适应慢慢接触……开始购买的时候，也是感觉不会用这个平台，但是也是一步步按照提示，尝试着在别人帮助下逐步学会，尝试这种新消费……开始也不敢消费，也会嫌麻烦，哎，后来看到很普遍，整个城市都有这种，到处都有，也感觉比较方便，确实在生活中，嗯，不错，很好……我们只能是慢慢地去适应这个社会，作为这个年龄段，只能去适应这种消费方式，不断改变，逐步适应、逐步学习，让自己不至于被淘汰，落到这个社会潮流后边儿（夏先生 53）。

而且网购能看到更多的种类，新鲜的东西多了，很多都是没有见过的东西，看到就想买来体验一下子，也确实不错，也算是丰富了生活……反正我是这样想的，我们也得跟着社会快快地走呗！（王女士 52）。

不过，尽管很多老年人对新型消费很感兴趣、跃跃欲试，但也面临诸多担忧和困难。首先，有的老年人不会使用智能手机或者对电子产品使用不熟练，这限制了他们的在线消费；其次，有的老年人对在线购物操作流程不熟练，比如不知道如何打开各种 App，不知道怎么付款怎么选数量，不能辨别商品信息真伪，也不知道如何退货和如何维权，因此会有一定的畏惧和畏难心理；再次，“互联网+”消费无法进行面对面交易，部分老年人觉得这种消费方式很“虚”，认为钱在手机里放着是很不安全、很不可信的，手机丢了钱就丢了，总感觉钱不在手里看不见、摸不着，没有安全感，因此不愿意用手机支付，不愿意接受这种消费方式；最后，相当一部分老年人害怕上当受骗，再加上很多诈骗类新闻，让他们心有余悸，不敢消费。因此，要开拓老年人市场，这些问题都亟待解决。

像我们这老一辈的人，有了智能手机也不大会用，也没人教，学不会，看见东西都不敢买，不知道是不是坑人的（张女士 45）。

人老了，跟不上了。那手机搁他们年轻人说的，那想怎么弄就怎么弄，到咱们这儿都不听使唤了啊……有一点，就是俺买东西，也一般都带小孩帮忙买，俺自己买，怕点错了，买到不需要的，把钱给花掉了（徐女士 49）。

从整体看，很多中老年人对新型消费还是持开放心态的，他们也喜欢便宜的好产品，如果学会使用智能手机，对网上购物流程逐渐熟练起来，那么他们一定会很开心：终于可以买到自己想要的并且更便宜的东西啦！

2.4 新型消费市场发展的主流领域和潜力领域

2.4.1 数字内容消费是新型消费市场发展的主流领域

作为互联网原住民，“互联网+”消费，尤其是数字内容消费，对年轻人意义重大，成为其生活的一种意义寄托，占据了其文化精神生活的重要部分。网络文学、网络游戏、电子书、有声书、广播剧、动漫、影视剧等数字内容消费，能够满足消费者对于精神愉悦、情感满足和自我提升等高层次需要，具有较大的“情绪价值”，因此受到了人们的喜爱，成为娱乐新生活的重要内容。

网络游戏作为一种日常娱乐模式，我是一直有在玩的，我想，玩游戏也成为大多数人的放松日常，它是低成本、耗时少，并能带来精神快乐、放松……我玩游戏也不是一时兴起玩玩就删了，我是长期一直在玩的，它对我蛮有吸引力的……（夏先生20）。

比如我买哔哩哔哩的会员吧……买了会员感觉自己无所不能，因为有些我喜欢的视频他是要会员的，我按捺不住自己想看视频的心就会去充值会员，然后就随时随地看自己想看的，还可以下载，清晰度也会提高……就一些著名UP主的视频是得到很多人好评的，也是一种学习资源吧……总之我是很认同也很支持这种新型消费的（魏先生20）。

听广播剧和有声书让我的生活得到了适当的放松，也可以增长知识。先说有声书吧，刘慈欣的《三体》，还有《百家讲坛》《道德经》等，闲暇的时候，听一听这些东西，既可以得到放松，又可以增长知识。还有广播剧，它主要是由后期和干音两部分组成，可以给人一种身临其境的感觉，还有一些主题比较深邃的，可以教会我一些道理（陈女士19）。

2.4.2 直播购物是新型消费领域的大热门

直播消费模式，全景式呈现人、场、货，能够营造沉浸式消费体验氛围，通过替代体验表演让人获得消费临场感，更容易引发人们的信赖感。越来越多的消费者通过直播获取消费信息、知识、技巧、建议以及购买心仪物品的同时，还能体验到娱乐和放松。

有些东西，没有亲自用，但是通过这视频能看到它好用，瞧见使用的感受……抖音上鱼竿儿有钓鱼的短视频，就在河边儿，实际场景……视频里能看到，在实际操作、实际使用中看着挺结实嘞（周先生 43）。

在直播间里买东西会比在官网旗舰店便宜很多，对于我们这些学生来说，本来钱就不多，能薅到羊毛肯定要薅啊，生活费就那么一点，想买的东西太多了，化妆品、衣服、零食，这些在直播间买就很划算（罗先生 19）。

看了当时华为的发布会，听到他们的详细介绍后，再结合自身的确切需求，又通过科技区的博主们的分析最终决定买相关产品（王先生 30）。

从直播间买过很多东西……像我买的那个睡衣，主要是模特有展示，我想让她给我看几号，直播的时候就直接留言，然后模特就穿着衣服给我展示，你就可以根据模特的身高体重啥的，看看自己买哪一号合适，不用试穿了，也不用怕买回来不合适。……（翟女士 45）。

2.4.3 “智能+”等创新性产品和服务成为新型消费动力源

本书调查发现，那些“智能+”“智慧+”产品和服务更容易激活消费动机，给消费者带来美好的体验。智能餐厅、无人超市、智能穿戴产品、智能机器人服务、智能家电等产品和服务发展前景非常好。根据中国互联网络信息中心发布的《中国互联网络发展状况统计报告》，2016~2021 年，我国智能家居市场规模由 2600 亿元增长至 5800 亿元，年均增长率近 20%；2022 年京东“双十一”期间，共推出近 2000 万款新品，成交额环比翻 1.57 倍，其中 1000 万款新品成交额环比增长超 200%，智能家居产品中超 20 个智能品类成交额同比增长超 5 倍；最近半年在网上购买过智能家居、家电、可穿戴设备等智能产品的用户占网络购物用户总体的 30.6%。其中，25~34 岁、35~44 岁用户最近半年网购过智能产品的比例最高，分别达到 40.2%和 34.4%。2023 年“6・18”期间，一些电商平台的智能门锁、智能卫浴等智能家居产品销售增长了 1 倍以上[①]。根据京东消费及产业发展研究院发布的数据，2020 年以来，京东新品销售额占比达 62%，愿意马上尝试“不熟悉的新品类”商品的消费者达 25%，2021 年新品销售占比（新品销

① 张怀水．如何释放农村家居消费潜力？商务部答每经：优化县域流通网络和渠道，鼓励对绿色建材消费给予适当补贴［EB/OL］．每经网，［2023-07-18］．https：//www.nbd.com.cn/articles/2023-07-18/2922000.html.

售额/全品销售额）比2020年提高2~5倍[①]。对于消费者而言，购买新品代表着第一时间享受到新技术、新设计、新功能和消费升级的新体验。

无人超市，门上就贴有人脸识别，实名认证的标识，科技感十足（陈女士22）。

住的酒店刚好有机器人送外卖、送东西的服务……机器人在那个电梯里被碰到的话，会跟你说一些话，就特别简单的交流，而且有一点自恋，哈哈，就比如它碰到你了，然后它会说，“哎呀，你怎么这么好看”（杨女士20）。

就那些个智能产品，比如可以连手机、连Wi-Fi的那种空调还有洗衣机，那可是忒方便了，自从俺家安了那些智能一点的东西，每天也可以偷偷懒，很快捷，也不用我管，反正弄好了自己也有提醒，那可是省力了（王女士52）。

上个月买了一个智能扫地机器人，也挺便宜的，花了一千多元……每次回家家里都很整洁，地面的灰尘都打扫干净了……它还可以把垃圾打包，省去了我们不少的时间。并且也不怕它碰到我家孩子，它有传感器，能灵活地避让障碍物，既迅速还很安全（王女士27）。

2.4.4 个性化、时尚化产品与服务定制引领新型消费潮流

本书调查表明，很多消费者开始走个性化路线，希望通过定制化产品和服务来更好地表达自我，盲盒、医美、周边、家具定制、美甲定制甚至是墙纸定制都成为一种新的潮流。而通过这些个性化、时尚化产品与服务定制，人们实现了“悦己”消费，能够更好地展现自我品位、情感、身份、专属感和独特性，获得精神愉悦。另外，定制使消费者在价格、材质、样式等方面还有了更大的选择权，更契合自己的需求。CNNIC第51次《中国互联网络发展状况统计报告》的数据显示，最近半年在网上购买过工厂直供、定制化产品的用户占网络购物总体用户的比例分别达41.9%和13.4%。阿里巴巴财报数据显示，2023年第二季度电商平台M2C（Manufacturers to Consumer）商品产生的支付商品交易总额同比增长超过60%。

种了个睫毛，花了快300块……现在美妆店那种人太多了：做美容的、做指甲的、种睫毛的、做发型的、化妆的。好不容易预约上了我就赶紧去了，那个店装修超级超级好看，还特别fashion（全女士20）。

最近又发现了一种玩偶的盲盒，我看还挺火，而且玩偶还挺好看，然后就忍

① 微笑的市场：2021线上新品消费报告［EB/OL］. 京东消费及产业发展研究院，［2021-06-16］. https：//research. jd. com/content/contentDetail/toDetail？contentCode=143.

不住又去抽了……主要还是因为觉得这种形式很好玩儿，比较新颖新奇，有一种未知的神秘感。主要还是忍不住，就是看着网上其他人抽的盲盒里面的玩偶都特别好看，然后就自己想去试试，买回来发现，嗯，还不错……我感觉既然选择了抽盲盒，就是要这种新奇的感觉，就算抽到了自己不想要的，也认吧。反正我自认为我的运气还可以，抽到了我喜欢的，蛮好，嗯，很好看，值了（梁女士 20）。

我是在网上找店家定制穿戴甲，就是美甲之类的……我在小红书上找到一家口碑还不错的做穿戴甲的店铺，主要是还能自己给图让他们做，也就相当于定制了。我在网上选了自己喜欢的图给他们，工期一般在 10~15 天。真心感觉定制穿戴甲还不错的……像那种可以定制的都是纯手工的，做完看起来不像那种机器打印的，还不会掉色，有质感。而且一般这种店铺都会细心地问你每个指甲的大小，要是自己不会量的话，还会教你咋量。还会问你要啥甲型，最主要的是在他们做完后会给你发照片，问你是不是满意，如果满意的话给你发货，不满意的话应该会重做，我感觉这点儿还是挺人性化的（张女士 19-2）。

房子需要装修嘛，需要定制家具，就打壁柜，定制背景墙嘛，想着比较结实，并且更符合自己家的户型、尺寸，颜色、板子、大小造型都可以自己选，可以按照自己的心意，空间也可以很大程度被利用，像那柜子直接可以和上面连着，咱买那柜子才多大啊，并且看起来也比较好看啊，就是风格啥的看起来比较一致（李女士 48）。

2.4.5 绿色环保类产品彰显新型消费发展新动向

在调查中发现，相当一部分消费者对美丽中国和美丽河南建设具有较深的使命感与责任感。在消费过程中，他们愿意力所能及地促进生态环境和社会利益。CNNIC 第 51 次《中国互联网络发展状况统计报告》指出，随着碳达峰、碳中和“双碳”目标的深入贯彻，消费者环保消费意识逐渐增强，绿色消费、循环消费等消费模式日益成为网购消费新潮流。2022 年下半年在网上参与过绿色消费的用户占网络购物用户总体的 22.3%，其中，购买过节能家电或参与以旧换新、购买二手商品的用户比例分别达 15.9%和 9.6%。而 2023 年上半年，新能源汽车销量达到 374.7 万辆，同比增长 44.1%，占新车销售比重达到 28.3%；网上年货节期间，重点电商平台部分绿色有机食品、保健品销售实现两位数增长①。

---

① 张怀水．如何释放农村家居消费潜力？商务部答每经：优化县域流通网络和渠道，鼓励对绿色建材消费给予适当补贴［EB/OL］. 每经网，［2023-07-18］. https://www.nbd.com.cn/articles/2023-07-18/2922000.html.

俺家前段时间刚买了一辆新能源汽车，是电动汽车……在网上查的资料，电动汽车对环境保护有好处，还能省油钱，而且国家还能给补助……最主要还是它比较环保吧，因为它不烧油，既能节约燃油能源且省点儿油钱，又对环境保护有好处，没有那么多污染，现在国家都向着环保方向发展了，能支持一下咱也支持（刘先生51）。

咱农家人，就喜欢绿色儿嘞……环保最重要，不单单是对我们这一代人，对哪类人都一样，环境好了，人的心情就会好，心情一好，不就带动消费增长了吗（李先生42）。

经常会有一些绿色的，没有包装的，吃外卖那种包装比较少的，哎，这方面还是比较注意的，其他的像购买那种可回收的，还是有这种习惯了（包先生25）。

最近我们家都在减肥，所以平时可能绿色消费比较多一点，吃的都是一些低糖低热量的食物和饮料（王先生30）。

有时自己做饭，到市场买到了绿色有机蔬菜，并买了零度可乐（吕先生24）。

2.4.6 在线教育市场发展潜力巨大

在线教育突破了时间、空间限制以及师资固定的限制，能够给予消费者以更大的学习自主性和选择权，并且相对成本较低，受到很多人的欢迎，甚至成为一些学习者获取知识和提升自我的主要方式。根据第48次和第51次《中国互联网络发展状况统计报告》，截至2021年6月，我国在线教育用户规模达3.25亿，占网民整体的32.1%。截至2022年12月，我国农村地区在线教育用户占农村网民整体的31.8%，较上年增长了2.7个百分点。因此，在线教育市场发展潜力还是很大的。

我觉得线上教育比线下授课有趣，那些平台的老师上课有趣，而且互动性很强，学生体验感也很好……自由的授课环境，我可以接触到很多不同的老师，我可以挑选出一些有趣的视频进行学习……已经成为我学习的一种方式，很符合我的“胃口”……自从我接触到它以后，我很自然地就把它当作我获取知识的一种途径……我觉得线上教育在以后肯定会发展得更好（李女士19）。

我觉得在线课程平台中的老师也是比较幽默的，能把复杂枯燥的东西讲得通俗易懂，一节课结束是满满的收获……倘若你在课程学习中遇到什么问题，随时向老师请教，都会有人为你答疑解惑……线上学习更为方便。线上学习的课程资料是可以保存的，遇到不会或遗忘的知识点，可以随时打开相关的课程进行学习，老师的直播课也都是有回放的，随时随地可以打开学习……线上学习会更加的高效，可以集中精力学习你还没有掌握牢固的课程……线上学习会激发我独立自主的学习意识，线上学习的环境较为安静，学习氛围较为宽松，在这种条件下更容易激发我们的独立思考能力，不迷信教师，能够批判性地学习（刘先生16）。

2.4.7　在线医疗备受人们期待

本书调查发现，很多消费者对在线医疗表示认可，对其未来发展产生很大期待。事实上，当前在线医疗行业发展迅速，前景非常可观。根据第 49 次《中国互联网络发展状况统计报告》，截至 2021 年 6 月，我国互联网医院总数已超 1600 家，其中仅 2021 年上半年新增的互联网医院就有 500 家；互联网企业医疗业务营收持续增长，京东健康 2021 年上半年总收入 136.4 亿元，同比增长 55.4%。平安健康 2021 年上半年收入 38.2 亿元，同比增长 39%。而根据第 51 次《中国互联网络发展状况统计报告》，截至 2022 年 12 月，我国在线医疗用户规模达 3.63 亿，较 2021 年 12 月增长 6466 万，占网民整体的 34.0%。

并且，近年来互联网诊疗和互联网药品监管也越来越完善，为在线医疗健康发展提供了良好的制度环境。2022 年 2 月，国家卫生健康委员会、国家中医药管理局联合发布《互联网诊疗监管细则（试行）》，规定了互联网诊疗全流程的质量和安全监管，明确了其在医药、医疗、技术等方面的监管要求，明确了互联网医疗的边界和发展方向。2022 年 8 月，国家市场监督管理总局发布《药品网络销售监督管理办法》，对药品网络销售管理、平台责任履行、监督检查措施及法律责任等做出了规定，这推动了网络售药有法可依、有章可循。可以预期，在线医疗行业也会保持一个好的发展势头。

在美团买药，要是买很多药还会有折扣！配送也只收个几块钱，不仅方便还省钱，简直太好了，而且还能提供很多送外卖的工作机会，所以我很喜欢这个功能（郑女士 19）。

就是特别方便。你要去药店的话，那药店不一定有，但是你去网上买的话，就一定能买到……前一段时间，我口腔溃疡，然后嘴很疼，我也不想出门儿，然后就网购呗，因为西瓜霜很好，我就在网上专门找这个药。找了好久，找那个西瓜霜喷剂的时候，系统推荐最多的都是那种粉末状的，那种水型的找了好久才找到，但是相比线下来说也已经很好了（赵女士 23）。

医疗方面，因为父母年龄也都比较大嘛，然后，有时候他们对于一些新鲜事物并不是那么的敏感，然后也不能很快上手，如果他们在网上买药比较方便，又很简单，不用来回奔波，就可以进行线上医疗，我对医疗这方面其实是有很大的期待的，我希望在这方面可以给年龄比较大的人带来更多的方便（孔女士 19）。

有时候没空去医院，去了医院还要拿号排队，很耽误时间，如果是小病的话，直接线上治疗，然后线上约个空闲时间去拿药之类的，会很方便（郭女士 20）。

2.5 消费者视角下的新型消费行为理论机制

基于本书调查数据分析，结合消费者购买决策模型 AISAS 理论，本书构建了消费者视角下的新型消费行为理论机制模型。AISAS 理论是由日本电通集团提出来的，认为互联网时代消费决策遵循 A（Attention，引起注意）→I（Interest，产生兴趣）→S（Search，搜索信息）→A（Action，采取行动）→S（Share，消费分享）的行为模式（卢泰宏、周懿瑾，2021）。本书分析结果表明，新型消费供给因素，包括品牌因素（品质与信誉）、文化因素（国风、联名和时尚 IP）、产品与服务的绿色环保性和定制化水平，会激发消费者对新型消费的兴趣；同时，他人影响（包括线下同侪影响和反向代际影响，线上的在线评论、博主推荐和消费测评）与感知成本（包括金钱、时间和精力成本）可能会增强或削弱供给因素对消费兴趣的影响作用；当消费者对新型消费产生兴趣后，会去搜索信息，此时，来自他人的信息和规范影响、新型消费的感知成本因素，以及消费者的隐私安全感知和知识版权意识都会影响消费者的行为决策；而新型消费行为发生后，物流体验（质量和速度）和购后体验（在线呈现信息真实性、售后服务和企业承诺兑现水平）的好坏，将会影响消费者之后的消费兴趣和行为决策。具体如图 2-4 所示。

2.5.1 新型消费供给因素及其对消费兴趣的诱发

2.5.1.1 新型消费品牌因素是消费兴趣的重要诱因

本书调查表明，消费者重视品牌品质，更青睐品牌信誉高的产品、服务和主

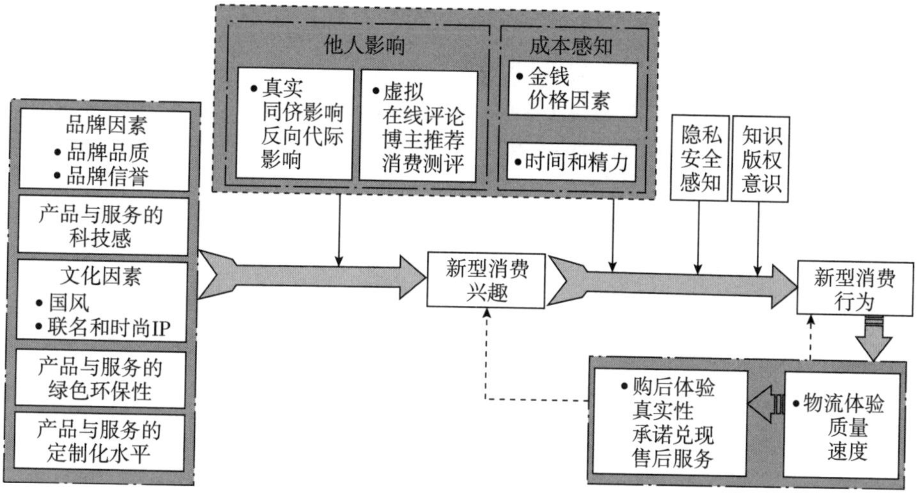

图 2-4　新型消费行为的理论机制——基于消费者视角

播。这是因为，很多新型消费都是基于“互联网+”场景，这意味着消费者常常只能通过图片、文字描述、他人评论信息和他人消费测评来了解商品和服务的信息。由于无法亲自感知，以及缺乏相关知识，他们常常倾向于在消费中启动“快思维”，利用品牌信誉来对商品和服务品质做出快速而感性的评判。因此，那些品质好、信誉高的品牌更容易赢得消费者的关注和认可。而那些信誉好、有品格的主播受到消费者的认可和欢迎，并逐渐建立起有影响力的个人品牌。

去淘宝试着搜了搜，对比了销量和评价之后在一家官方旗舰店买了，还是感觉旗舰店比较靠谱（张女士 23）。

因为也不太懂，所以就是更看重于品牌吧，以前用过的冰箱的品牌，家里人知道的品牌，然后问同事了解的品牌等……大物件的话，可能会更注重品牌……我很看中品牌信誉度（包先生 25）。

如果我买衣服这家店品牌好，质量很少翻车，我会更信赖它（高女士 20）。

很大的原因是冲着主播去的，感觉他们的信誉更好，而且他们的选品团队对产品质量肯定会严格把控，这让我没有后顾之忧，除此之外，主播们为了卖货进行各种夸张的表演，不管是演剧本还是和厂商讨价还价，让我们收获了快乐，最重要的是直播间很多人买大家都在买的东西一定是不错的产品（孙先生 21）。

2.5.1.2　新型消费“科技感”有助于唤醒消费兴趣

本书调查表明，“科技感”成为人们的新消费诉求。一方面，那些富有科技感的产品和服务更容易引发人们的关注和好奇心，能够满足其尝鲜和猎奇需求；

另一方面，具有科技感的产品和服务常常意味着高端、专业、智能、有品位，在体现消费者个人品位的同时，也能够带来更舒适、更温暖和更有效率的消费生活体验。除此之外，对“科技感”的推崇，也是消费者对高科技无所不能的憧憬、敬畏与向往，源自于不愿被时代抛弃的心理需求。“科技感”的魅力，本质在于它所体现的人文关怀，它不是生硬冷漠的，而是贴近生活、具有亲和力和人情味的，能够让生活变得更加愉悦、舒适、便利。

一开始是想找家餐厅吃饭，然后看这家是智能餐厅，就感觉很新奇，然后就想着去尝试尝试……吸引我们去这家店的最大的点并不是菜多好吃，主要是个智能餐厅，想去体验，整体下来感觉还不错，有新意，满满的都是科技感，机器人还蛮可爱的……年轻人喜欢有一点噱头的东西……加点不同的标签就会优先考虑。我感觉我们大学生都比较喜欢这些新奇的东西，新奇的东西大家兴致会高一点（李女士 21）。

住的酒店刚好有机器人送外卖送东西的服务……而且还会有一种科技感……更智能化一点，更能满足日常生活中大家的需求（杨女士 20）。

通过购买这种产品（智能手环），我感受到了科技的力量，可以做一些科学的锻炼，及时地了解自己身体的变化（王先生 30）。

华为 WATCH FIT，刚攒够钱入手的。智能运动手表真心好用，我以前觉得智能手表和手机功能差不多，结果打脸了。直接连接手机，你可以登录你常用的社交 App，然后选择运动模式直接开始。没有很复杂，功能没有手机那么全，但运动模式多……这种手表还是大屏，还可以播放健身课程，虽然课程不多，但很方便，而且检测着健康状态，测着心率、血氧，记录着时间，也挺不错，还能收到消息、听音乐、发微信，也不会错过什么。关键是颜值在线，戴着好看（赵先生 20）。

2.5.1.3 文化因素增强了消费者进行新型消费的兴趣和欲望

在调查中发现，很多消费者非常重视文化因素和精神诉求。这主要表现在以下两个方面：

一是很多人表现出极强的民族自信与民族认同感，对于中华文化的传承与发扬非常支持，“国潮”成为一股主流的消费热潮和风尚。尤其是，很多年轻人希望将这些文化精神和个性化表达融入自己的生活，他们不仅会主动购买嵌入国潮文化元素符号的产品，还会互相讨论和分享国潮文化。因此，那些包含中国精神和文化风格的品牌设计往往会受到新型消费者的喜爱。根据新华网联合得物 App 发布的 2022 年《国潮品牌年轻消费洞察报告》，2011~2021 年，“国潮”搜索热度涨幅超过5倍，78.5%的消费者更偏好选择中国品牌，相较国外品牌选择偏好度高72%。而在国潮消费中，“90后”“00后”成为绝对主力，贡献了74%的国潮消费，在得物App，这一比例更是高达87%。

要支持国货，国货已经崛起了，从这次水灾来说，国货从自己的利益中拿出来一部分进行捐赠，取之于民、用之于民，我购买国货，会给自己一种也在捐赠灾区的感觉。身为一个中国人，我支持中国的品牌……反正就是支持中国，营造社会正能量吧（卢先生35）。

随着新国货的崛起和人们的爱国之心，现在年轻人对国货少了些以往的偏见、多了些尝试的欲望，我也不例外，加之美妆博主的强推，比如最近爆火的“凌博士水乳”也让我无法拒绝对新国货、对美妆产品的消费（张女士19）。

二是品牌跨界联名和时尚IP打造使新型消费更有吸引力。多样化和创新化的品牌IP联名产品和服务打破了品牌自身及产品的固有壁垒，满足了消费者多元化的消费需求，其独特的设计、好玩有趣的风格契合了消费者的精神诉求，能够有效激发消费者尤其是年轻人的注意和兴趣。艾媒咨询发布的《2022年中国兴趣消费趋势洞察白皮书》指出，那些选购IP联名款产品的新青年消费者中，70.3%表示IP能为其带来归属感、满足感，59.3%表示深度定制和设计走心是打动他们的重要因素，44.4%表示被IP联名款的定制特别、与众不同所吸引。根据京东消费及产业发展研究院的《IP联名消费报告》，近年来，IP联名消费已逐渐兴起，消费群体和市场规模在不断拓展。2021年前三季度，购买IP联名产品的用户数和销售额的同比增速分别上升到65.7%和91.8%。动漫、卡通形象和企业品牌类的IP联名产品的销售额占比最高，分别达到32.5%、26.3%和12.4%。年轻群体是IP联名商品消费的主力，35岁及以下年轻群体购买了近七成的IP联名产品，其中26~35岁的消费者消费占比超过50%。

我买过一个泡泡玛特的公仔……它和一些产品进行联名，挺不错的，就比如和理肤泉品牌的联名，就是女孩子买一些护肤品，然后会送一些玩偶，并且这个公仔是比较好看的，而女孩子对于比较好看的东西本身就是没有抵抗力的，她就会去了解这个玩偶到底是什么玩偶？然后一看是泡泡玛特的……我会去网上查询，慢慢地了解了这个产品的文化，然后又了解了公司的品牌形象和品牌文化，慢慢喜欢上了这个公司做的产品（郭女士21）。

可以影视与音乐联合搞个会员，就是这个会员既可以看视频也可以听音乐，这样应该能吸引更多的人吧（周女士18-2）。

盲盒里的娃娃小小的很可爱，摆在桌面上看着心情就会变好。再加上我有收藏癖，喜欢买这些精致的小玩意儿。我家里面有好几十个呢，我还专门买了柜子去放我的娃娃们……和知名 IP 搞联名的话应该会好卖一些。而且抽盲盒还蛮烧钱的，上次我为了抽哈利·波特系列的那个隐藏款花了好几千呢。没点经济实力还真抽不起（刘女士 25）。

我这个人是个热衷于动漫游戏产品的人，对于一些游戏中的人物啊装扮啊什么的都比较好奇，在我看来那些东西虽然不是真实存在的但也会给我一些美的感受以及心灵的悸动，于是吧，我就会在游戏中充值一些虚拟货币去抽奖，想要获得我心仪的人物，而动漫什么的也是我最喜欢的，个人比较喜欢精灵宝可梦，于是会买它的毛绒玩具，比如皮卡丘啊喷火龙啊之类的，这些都是我的个人经历，身边也有人买游戏去支持或者去电影院观看其同 IP 的电影……IP 文化类的消费，每种带给我的感觉都不一样，但都体现了一个“新”字（程先生 19）。

我是很喜欢那个 Dimoo 圣诞系列的，当时也是刚发了工资，挺开心的，就下单了几个，我很多朋友都喜欢买成套的，不过我还是比较喜欢单个单个地买，更有意思点，过程放慢点，慢慢集才有感觉嘛。对，当时就贼喜欢这个系列里面那个圣诞老人和北极熊，还有那个姜饼屋，希望可以抽中，就买了三个，快两百块钱吧，结果只中了一个圣诞老人，另外两个是雪狐和圣诞树，有一点点失望，不过后来就越看越好看了（白女士 28）。

2.5.1.4　产品与服务的绿色环保性是新型消费兴趣的重要前置因素

在调查中发现，相当一部分消费者，对于美丽中国和美丽河南建设具有较深的使命感与责任感。在消费过程中，他们愿意力所能及地保护生态环境和社会利益，会主动地、自发地选择绿色环保产品，绿色、生态、环保、简约、健康的消费观念渗透到其日常生活中。

咱农家人，就喜欢绿色儿嘞……环保最重要，不单单是对我们这一代人，对哪类人都一样，环境好了，人的心情就会好，心情一好，不就带动消费增长了吗（李先生 42）。

俺家前段时间刚买了一辆新能源汽车，是电动汽车……在网上查的资料，电动汽车对环境保护有好处，还能省油钱，而且国家还给补助……最主要还是它比较环保吧，因为它不烧油，既能节约燃油能源且省点儿油钱，又对环境保护有好处，没有那么多污染，现在国家都向着环保方向发展了，能支持一下咱也支持（刘先生 51）。

我们家购买了一辆新能源汽车，就是新出的型号小迷你 EV……速度也非常快，而且还比燃油汽车更加方便清洁，停放、充电都很方便，大概四五个小时就能充满电（孙先生 19）。

我们家也算比较注重绿色健康，所以平时也会买一些，就是生态美妆的一些产品，再加上我也比较爱美，然后可能会着重地买一些绿色的健康的化妆品和美妆什么的（董女士 28）。

2.5.1.5　产品和服务的定制化是激发消费兴趣的新动能

产品和服务的定制化对许多人而言都有巨大的吸引力，“随心所想，就能实现”给消费者带来前所未有的美妙感觉，也反映出消费需求的个性化、多样化、品质化。当前，尤其是“90 后”和“00 后”的消费者，对定制化的产品和服务越来越青睐，大到房屋装修、旅游出行、婚礼设计，小到茶杯、袜子、睫毛、美甲，他们都喜欢根据自己的要求单独定制。定制化的产品和服务是消费者自主权的延伸，彰显了消费者对美好生活的向往，因此更能让消费者引起共鸣，产生兴趣。

朋友家有那个定制家具，这个是真的牛！不得不佩服定制家具的强大，谁都想独一无二，感觉有了一套自己心中的家具，而不是市场上买的那种大众款式的家具，会很有感觉，别人一到自己家里看就一直夸家具的漂亮啊啥啥的，这多让人高兴啊（魏先生 20）。

自己定制的肯定会不错啦，毕竟是为自己量身打造的一样，又合适又美观。价格上会相对偏贵一些但用的材质不一样，可以选择一般的，在自己能接受价格内量身打造。虽然价格上比给的样板高一些，但还在可以接受的范围内，而且自己定制的话也可以根据自己的消费水平啊，选择自己喜欢款式的材质，不同材质的话，价格方面的差距也比较大，不过大多数人选择的都是那种既不贵也不便宜，比较耐用的材质。反正款式自己挺喜欢的，买回来之后还可以做一些修饰啊，买一些装饰品啊之类的，这样又是自己喜欢的款式，质量也可以，整体效果也很好。总的来讲，我很倾向去定制家居这样的新型消费，让我的生活更舒服、更美好了（黄女士 28）。

我现在很喜欢一个爱豆，但是呢，这个爱豆周边也没有很喜欢的……个人定制的周边能够更好地满足我的需求，让我不用再去网上花费许多的时间和精力，甚至还有大量的金钱，因为许多粉丝做的周边的价格是远远高于它的实际价值的（孔女士 19）。

2.5.2　影响新型消费兴趣和行为的条件因素

除了供给因素，还有很多因素会对新型消费兴趣和行为产生促进或抑制作用，这涉及他人影响、成本感知、隐私安全感知和知识版权意识。

2.5.2.1　他人影响

本书调查表明，他人对消费者兴趣和行为决策的影响非常大，是消费者重要的信息来源。他人影响可以分为线下他人影响和线上他人影响。线下他人影响又分为同侪效应和反向代际影响；线上他人影响则包括在线评论、博主推荐和消费测评。

（1）线下他人影响。

本书调查发现，人们对新型消费的态度、观念和行为倾向受到周围“他人”的影响。这些“他人”包括家庭成员、同事、邻居和亲戚朋友。具体影响主要包括：①信息性影响，即从参照群体那里获得信息和建议；②规范性影响，即采取和周围他人一样的消费行为，可以得到别人的称赞、认可。按照是否有对等地位，线下他人影响又可分为同侪影响和反向代际影响。

同侪影响是指具有同等地位、身份的他人，包括同伴、同辈，是具有相似个体特征（如年龄）或心理特征（如兴趣）的具有平等关系的人，对于个体新型消费态度与行为的影响。

身边的同事都在买家具，家电都在网上买，我也尝试买了一台洗衣机（张女士 48）。

要给我买辆车，让我先挑，我开心却没啥想法，后来听我朋友说买个新能源的，好看还便宜，比那些烧油的使的时间长，我就突然感兴趣了（魏女士 25）。

俺在王者荣耀里充了不少钱，不过都是俺的压岁钱……俺班同学一直在俺面前炫耀，俺说实话，确实很羡慕，然后呢，俺自己的压岁钱也够，俺就想，这就当是奖励自己了吧，然后俺就充了钱……俺在俺同学面前也可以炫耀炫耀了（刘先生 17）。

那刚开始不都是大队超市老板建的群把俺们拉进去了，让俺们在群里买，说第二天送家里来，俺看那上面东西比超市还便宜，就用了（李先生 41）。

反向代际影响是指家庭中两代人之间关于消费价值观、信念、习惯和行为等的传递过程，在新型消费领域，专指子孙辈对于长辈的影响。本书研究表明，中老年人会不会对新型消费感兴趣、能不能实现新型消费，在很大程度上取决于子孙辈对他们提供的支持和帮助。

我在家天天也没事，俺孙子都教我看这个快手，有时候看广告，看人家东西挺好，比咱这还便宜，都问俺孙子该不该在上面买（李先生 66）。

像我这个年龄的，对这种用手机电脑的东西还是不太懂，比如一些退款什么的，就不会弄，幸好我儿子女儿平时会教我一些（陶女士 45）。

自从俺妮儿教会我跟她爸用手机买东西之后，俺俩经常在网络上进行购物。还有咱这新出的，嗯……哈啰共享电动车，我跟她爸爸也体验过一两次……就像这些东西，那也都是俺妮儿教了我们那才会用的，原来就算有，我们也不知道到底咋用，要是一开始设计的时候能考虑考虑我们年纪更大一些的人，让俺们也能用得简单方便，那可就太好了（王女士 52）。

（2）线上他人影响。

本书调查表明，新型消费过程中，人们普遍重视在线评论、博主推荐和相关消费测评中的信息，频繁通过 B 站、小红书、测评博主、网红直播等来获取诸如产品评价、价位比较、消费技巧等消费决策信息，进行详细的信息检索和比对。很多人都表示自己有喜欢和信任的博主。

一定要多看看该商家的评论。闲鱼相对于淘宝不同。淘宝很多评论都是一些商家采取几元红包返现刷的好评。而闲鱼不同，基本上大家买了东西，只要不出问题，一般不会评论或者默认好评，但只要他的商品有问题，他的评论区就必然会出现差评，碰见差评较多的不要进行购买就好（梁先生 19）。

开始蹲自己喜欢和信任的博主直播，看到价格合适的东西就会下单。体验感挺好的，我都是在大主播那里买东西，所以买的东西质量上都有保障，一般都是旗舰店直接发货，所以也不担心会买到假的东西，而且售后也挺好的，退款速度很快，后续服务也不错（赵女士 18）。

没事总想看看有没有好看的衣服，但我又没有具体的目标，所以我想看看别人的推荐……不是太了解，因为以前没买过，我也不知道买什么样的比较好，然后我就觉得买过的人的评论比较可信，而且在小红书上找推荐特别方便，有很多人分享自己购买的东西好不好，我能从中筛选……我最喜欢看评论，因为我能实实在在地知道这个东西好不好……比如，我看一些博主测评时会说到床垫有各种样式的，什么棕榈、乳胶、记忆棉、弹簧啥的，被罩有水洗棉、纯棉等，还会教大家如何分辨是不是百分之百纯棉的方法，总之感觉这个过程还是很愉悦的（李女士 18）。

2.5.2.2 消费者的成本感知

消费者的成本感知是影响其消费兴趣和消费行为的重要因素。本书调查发现，部分新型消费产品和服务价格偏高，让消费者无法接受。虽然有了科技和文化的加持，会让产品和服务变得非常引人注目，但是现代消费者越来越理性，大多数人并不一定愿意为此多付溢价。并且，有些企业将尖端科技概念和传统文化概念作为噱头，包装普通商品并售以高价，但其实并未带来卓越体验价值，就会引发消费者的不满。同时，如果消费者预期在新型消费过程中需要花费大量的时间和精力去进行甄别和挑选，也会对其消费兴趣和消费行为产生抑制作用。

事实上，即使是消费者偏好的产品和服务，如果感知成本非常高，那么大多数人也会望而却步、兴致缺缺。就算有一些人非常感兴趣，也无法产生实际购买行为，新型消费就必然会被限制在一个极小的数量中。因此，新型消费产品与服务的供给价格，应该与消费者可支配收入（本期收入扣除日常消费开支和未来必须支出的节余部分）相适应（刘地久，2001）；新型消费的过程则应尽量实现便捷化和高效化，以便降低消费者的时间成本与精力成本。

自从苹果的锚定理论得到推广后，其他智能厂家纷纷效仿。以前耳机这种东西可能 100 元都算贵的了，而现在 1000 多的也才只是入门级，不是有那样一句话嘛："耳机万元以下就听个响。"所以我认为在这个方面没有必要去促进大家的消费（张先生 19）。

我去的那个无人超市就没有商品的价格标签，不知道价格就不太想买，价格只有到付款的时候才能知道，而且比外面贵，我也很纳闷，为什么无人超市没有人工，价格却没有更便宜？可能是设备和技术的原因（陈女士 22）。

网购的话，如果你想选一个比旗舰店便宜的价格，你只能去其他的商户买，很多都是自称从免税店进货或者是海外进货的。但是作为一个消费者，我觉得是很难去辨别真假的，而且有很多商家挂羊头卖狗肉，就是回收正品的包装，但里面装的是假货，如果想辨别真假的话，可能需要去正规的第三方检测机构去检测，但这个花费的时间、精力还有金钱是很多的（张女士 31）。

另外，有的新型消费产品与服务实行二次收费，或者对于附加服务项目、周边产品和服务实行再次收费或较高价格，虽然消费者可能不会表现出明显抵制行为，但内心其实是很厌烦的，会让他们产生被薅羊毛的感觉。因此，他们在消费过程中会尽可能地规避这些付费，或者干脆转向其他可选择的消费项目，这对于新型消费发展是不利的。

我最近在网络平台 Steam（一个比较大的游戏平台）上面购买了一款游戏。这个平台和王者荣耀之类的游戏是不一样的，比如说我在王者荣耀里面充了皮肤，充点券买皮肤或者是道具之类的，一般就是属于多次性消费，而 Steam 上面的大部分游戏都是一次性消费，就是你买游戏的时候会把游戏的使用权就是版权给你，后面基本上就没有二次消费，所以与其他网络游戏的消费是不一样的（宋先生 19）。

现在不是有那种提前点播吗，也得充钱，它是那种充值完会员之后就还得再充值，很烦（刘女士 19-1）。

假日消费踩雷较多……希望景区能够降低食品以及周边产品的价格，提高游客们的游玩体验（袁女士 18）。

（云台山）节假日人太多了，这也是一个困扰，光排队就要排半天，还不如不玩儿。另外，很多项目它都另外收费（韩女士 40）。

2.5.2.3　消费者的隐私安全感知

随着互联网和数字媒介技术的发展，信息流通和反馈不再闭塞，消费者也不再是产品和服务信息的被动接受者，他们在信息获取、自由选择、自主评价方面获取了前所未有的权利，消费主权意识日益觉醒。在新型消费过程中，他们虽然喜爱其便捷、高效和精准，但也非常担忧隐私泄露、账号信息安全等，部分消费者会非常缺乏安全感。因此，如果人们感知到隐私安全问题的威胁，就会不敢去消费，或者有意地去抑制新型消费行为。

我是对这种东西有一点点抵制的。我感觉这些东西也不是说偶然，就是很多时候，我在购物网站，浏览器搜索过的关键词物品什么的，会很大概率地在其他的 App 里边也出现。这真的让我有了一种被人监视的感觉，是不是说大数据下，我们是在网络上裸奔。当然也不能否认吧，商家通过大数据精准地给你推送信息，是获得了很大的便利和好处的，但是不知道这样对于消费者、大众来讲是好是坏。我们的隐私有没有泄露（张先生 17）？

存在信息安全问题，现在大家几乎都是裸奔状态，你的手机号、家庭住址，包括身材方面的数据等都被记录下了，这样可能会有不安全的因素产生，有关部门应该加强管理（郭女士 20）。

像共享产品的话，我更注重信息的安全，如果他的隐私这方面信息保护做得很好的话，可能会更受信赖一些（包先生 25）。

暑期给我弟弟买了一个小学二年级的网课……暑期班已经结束了，还会一直推送一些广告啊，然后大量的广告轰炸让人觉得比较烦……让用户觉得很烦躁，就是不太想再次购买你的产品（刘女士 19-3）。

2.5.2.4　消费者的知识版权意识

本书调查表明，很多年轻人非常理解和尊重知识版权，接受知识付费程度比较高，这会为新型消费行为的发生提供坚实的支撑。“B 站”董事长兼 CEO 陈睿在《内容消费的新世代》演讲中提到，网生一代的 Z 世代，由于从小获得良好的教育并享有更为殷实的物质生活，催生出这代年轻人三个不同于年长者的特点——文化自信、道德自律和知识素养，反映到内容消费的选择方面也会有所不同。他们喜欢很多新的内容类型，比如说纪录片、动画片、原创音乐，而且他们尊重版权，愿意为优质内容付费①。

尤其是漫画小说，我挺能理解要会员和收费的，就算网站上有盗版的，我还是会选择花钱看正版，毕竟自己特别喜爱的作品是一定要支持正版的。而且网上的电子小说、漫画要比实体书便宜不少，都在手机里，随时看，随时收，非常方便，我还挺支持电子版书籍（杨女士 19）。

游戏嘛，我感觉要尊重版权的，虽然说盗版的游戏也可以玩，但是我感觉，正版的游戏你花钱了，作为那些创作者的资金来源，他们也会创作更好的游戏来回馈玩家。我感觉如果我们花钱支持他们，也算是一种对游戏的正向反馈，然后也会再给我们带来更好的体验和感受。如果大家都去玩盗版的游戏，那么游戏的开发者开发游戏没有了资金，就有可能会把某一些 IP 停掉或者直接就死掉，就没有继续的新型 IP 或者是新的版本可以让玩家去玩，这样的话对我们来说也是一种遗憾，所以花适当的钱去进行一些这样的消费，我感觉是比较合理的，只要不过分沉迷其中，嗯，就是一种非常好的生活体验（宋先生 19）。

我想要查找信息或者是一些音视频资料，有些是需要付费才能开放的，然后我就付费了……这种资源是共享的，可以无限复制拷贝的，但是我们也要尊重一下这些产权（郑先生 20）。

我持续在两个平台充值会员，每个月底也会续费下个月的会员……我获得了自己想要的内容，确实是物有所值……创作者通过努力获得了自己该有的回报；消费者既满足了自己的需求，也鼓励了创作者。这样的良性循环如果持续下去的话，对网络环境的清朗不也有很大帮助嘛（孙女士 18）。

2.5.3 新型消费行为发生后的关键体验环节

新型消费行为发生后，有两种重要的消费体验环节会影响消费者后续的消费兴趣和消费行为，即物流体验和购后体验。物流体验涉及物流的质量和速度；购后体验涉及消费者实际获得的商品与服务的真实性、厂商承诺兑现的程度和售后服务情况。如果这些关键环节出现问题，就会产生不利的消费评价和情绪态度，从而对之后的消费兴趣和消费行为产生不利影响。

---

① 林迪 . B 站陈睿：现在年轻人尊重版权，愿为优质内容付费［N/OL］. 环球网，［2019-04-26］. https：//tech. huanqiu. com/article/9CaKrnKk5cn.

2.5.3.1　物流体验

本书调查表明，新型消费的物流质量和速度还有待进一步提升，较差的物流体验会引发消费者的抱怨和不满。目前，尽管在一二线城市，物流非常便捷，但还会出现一些问题，比如暴力分拣、送错货物、货物损毁等。而在农村，物流问题更突出一些，很多地区快递收发还是不够便捷，不能实现到村入户，而周边城镇快递点有时候又距离较远。尤其是生鲜类产品和服务，冷链物流建设有待进一步完善，因此不容易送达。

还有就是这个送货得快点儿，有时候得等一两个星期，时候长了我都忘了（朱女士 53）。

就是在拿到货之前，老是担心东西会不会有破损，这个没有办法保证。没法立刻就拿到嘛，如果不行还要退换货，那就麻烦了（廖女士 19）。

物流的问题，有时候运输超慢，还有快递送错货的现象，这些都影响整个购物过程的体验（郝女士 18）。

家住农村，接收快递麻烦，只有百世能送到村口，因为在附近有仓库。其他的要去几里外的菜鸟驿站拿，农村快递物流不方便（高女士 20）。

快递不太给力，我的快递也遇到过延迟很长时间不发货或在运输途中给弄丢了的情况，还有就是暴力运输吧，就是快递纸盒都严重变形，甚至使买的东西变形（万先生 24）。

2.5.3.2　购后体验

良好的购后体验是消费者持续保持对新型消费的兴趣、驱动新型消费行为的决定性因素。否则，消费者就会对新型消费产生抵制和抗拒。本书调查发现，目前新型消费发展过程中，还存在以下三个影响购后体验的重要问题。

（1）在线商品与服务描述美化失真，与实际不符。

本书调查发现，很多消费者抱怨在线商品与服务的照片、描述、买家秀及评论美化过度，名不副实，缺乏真实性。有些商品的描述语言模棱两可，无法形成准确、有价值的信息参考，并容易使人对商品的认识产生歧义，以至于常常会买到不满意的产品。虽然有七天无理由退货，但很多时候，对于购买的那些小物品，消费者也懒得去退货，于是造成损失。为了避免受到欺骗，消费者不得不广泛地收集信息，多方比较和评估，这又增加了消费者的时间成本和精力成本，给消费者造成困扰和不便。

觉着生活方便了许多，在手机上点几下就能买到自己需要的东西，而且上面的东西也便宜，也省了一点钱。但是上面有些东西是骗人的，看着是那个样子，买回来的和图片差太多，而且买的菜还不能挑、不能退，被坑了也没办法。还是自己去买好一点，可以自己挑，就是网上买菜有时比自己去买菜便宜一些（张女士 45）。

我刚开始用拼多多的时候老是买到与图片不符的衣服和鞋子，气得我都再也不想用拼多多了……我当时严重怀疑网上物品的真实性，毕竟不像在实体店买个衣服可以穿上试试再决定要不要，买水果可以先尝一尝，买鞋子也可以试试合不合脚、穿着舒服不舒服……前段时间我老公在网上买的一件衣服，在手机上看着挺好看啊，看着料子也不错，结果拆开一看，那个布料是真的不好，感觉穿几天就会起球。果然，穿了没几天就起球了，因为这件事我还跟他吵了一架，让他不要随便在网上买衣服，一不小心就会踩雷（武女士 21）。

网上购物，好像取回来的东西，有时候差别有点儿大，不像实体店那儿可以看着更仔细。所以说网上购物往往都是十次里面要退个三四次，就是那个网购的与实物不符，最好是处理得更加真实，让人们一目了然，就像看到实物一样，那才能好（孙女士 52）。

我当时是在快手看我关注的那个人新发布的视频，当时正好是周六，我一进去发现今天有直播，他们在卖东西，本来想直接划走的，感觉不缺东西。但是，他们的互动又挺好笑的，我就接着看了，顺便听他们带货介绍东西，听着听着感觉挺有用的，功效都符合我想要的，他们还有活动价买一送一，禁不住就买了……买了以后我又在淘宝搜了一下价格，几乎一样，而且当时直播间介绍得那么好，但其实没什么实际效果，太坑了，我觉得以后不敢再乱买东西了（郝女士 19）。

（2）由于从业者的不严谨或道德问题引致的承诺失信。

本书调查发现，部分商家在完成线上订单过程中，员工在拣货或配货时把控不严谨，导致把超出保质期或腐烂变质的产品配送给顾客。尤其是对生鲜类产品或者保质期较短的产品，这个问题比较突出；也有些员工对商品属性的不熟悉，导致张冠李戴式错乱配货问题；还有一些从业者在经营中存在道德问题，比如以次充好、弄虚作假，失去了消费者的信任。

买菜还是得自己挑挑拣拣才放心，网上的看不到，我有一次买的菜都时间长了，不新鲜，最后都扔掉了（刘女士 49）。

有时候它是弄虚作假嘞。比如，你给我一个好评我给你五块钱，你给我一个好评我给你两块钱，它都这样儿……（周先生 43）。

希望主播不要昧着良心带货，能够实实在在地告诉我们东西好不好用，但是我感觉这点不太可能会实现，商家也不会允许……我们只是普通百姓，也没啥话语权，顶多就是提点建议了（罗先生 19）。

我感觉平台也得把好关吧，不能给人家弄些假东西吧，我也买过一些假的东西，心里真不是味儿（李女士 48）。

我在网购的时候看见那些刷单、刷好评非常烦，那样会误导我们消费者，也希望平台或者国家能出台政策什么的，管控得严一点，说什么就是什么，不能说给你发个红包非得让你给个好评啥的，非常不真实，我非常不希望看到这些（陈女士 41）。

也有一些问题，比如好多人刷单、刷评分，毕竟网络是虚拟的（郭女士 20）。

（3）新型消费售后服务质量槽点多，需要进一步提升。

本书调查发现，很多消费者会吐槽售后服务质量问题，比如以各种理由推诿和拒绝消费者合理退换货、对消费者询问不及时回复、服务态度欠佳、发货不及时或错误、退换货程序繁琐或速度较慢等。

就说那个焖烧杯，我到现在还没收到，商家也没有给我打电话。假如说你给我邮过来了，但你不给我打电话的话，我不知道在哪个快递，没有收着……我投诉他，然后他说在中通快递，但是我不知道在哪个中通快递，再说他停了十几天以后才给我回哟……我找不到跟那个卖东西的交流方式，没有，就是找不到。那个客服你给他说了以后，他不给你回，没有直接面对面的客服……没有人工客服，只有在线客服，在线客服就给你发一些智能回复……，太麻烦（申女士 41）。

化妆品还有衣服你不能试用试穿，所以很多时候询问客服想要的就是一个专业的回答，但是有的客服回答得就很慢，还有的回答得很“官方”。我觉得服务还是很重要的（张女士 31）。

（闲鱼）上商品售出之后无法售后或者说退换货是很艰难的。闲鱼商家出售商品基本都会标明非产品问题不退不换，没有七天无理由退货退款。所以尽量不要在闲鱼上购买昂贵的物品，比如手机、相机、电脑等（梁先生 19）。

从我多次点外卖的经验我觉得美团外卖也有很多不足，例如有一次，我点的包子，吃到最后发现里面有个橡胶的皮筋，我就联系店家，过了好久才得到回复，当时应该是饭点吧，比较忙，没有办法第一时间解决问题，后来店家解释说是包装上的，不小心装进去了，然而也没有说对不起（胡女士 19）。

很多东西，买了之后，那个售后服务就不太行，想退换货都找不到人，找客服又是那种智能客服，就有一种叫天天不应、叫地地不灵的感觉（罗先生 19）。

2.6 本章小结

本章从普通消费者视角入手，基于微观层次的个体消费者的亲身经历与感受，来研究新型消费市场的发展。基于描述性统计分析发现，被访者最常提到的新型消费平台或 App 为淘宝、抖音、拼多多、美团、京东、微信、小红书、B 站、支付宝和快手；被访者最常提到的新型消费类型依次为线上购物、数字内容与服务消费、绿色共享消费、科技新物种消费、个性时尚消费和直播带货消费；驱动被访者进行新型消费的影响因素主要有便捷高效、价格便宜、氛围好且满足了休闲娱乐的需要、种类齐全容易获取等。

基于 NVivo 11 软件的访谈文本分析表明，年轻人是新型消费市场的生力军，有闲有钱的中老年人是新型消费市场值得开发的潜力人群；数字内容消费是新型消费市场发展的主流领域，直播购物是新型消费的热门领域，“智能+”等创新性产品和服务是新型消费发展的动力源，个性化、时尚化产品与服务定制则引领了新型消费潮流，而绿色环保类消费诉求则彰显了新型消费发展的新动向。在线教育市场和在线医疗都是新型消费发展的潜力领域。

本章还在消费者购买决策 AISAS 理论基础上，构建了消费者视角下的新型消费行为理论机制模型。该模型表明，高质量新型消费供给因素激发了新型消费兴趣，进而驱动了新型消费行为。而新型消费供给因素主要包括五方面的内容，即品牌的品质和声誉、产品和服务的科技感、文化因素、产品和服务的绿色环保性及定制化水平。其中，文化因素主要涉及国潮文化的融入、跨界联名和时尚 IP 文化形象的塑造；在“新型消费供给→新型消费兴趣→新型消费行为”这一过程中，他人影响和感知成本因素也起到至关重要的作用，能够制约或促进新型消费兴趣和行为的产生。同时，消费者的隐私安全感知和知识版权意识也会在一定程度上影响新型消费行为决策。其中，他人影响可以分为线下他人影响（同侪影响和反向代际影响）和线上他人影响（在线评论、博主推荐和消费测评），感知成本包括金钱、时间和精力成本；该模型还表明，物流体验和购后体验是新型消费体验的关键环节，会对之后的消费兴趣和消费行为起到决定性作用。而物流体验主要涉及物流质量和速度，购后体验主要涉及所获得的产品和服务与在线描述的一致性，厂商承诺兑现程度和售后服务情况。本书调查表明，购后体验明显存在三个问题，即在线商品与服务描述美化失真、厂商承诺失信和售后服务质量槽点多。

本章研究为新型消费市场发展提供了一个全景式描绘，明晰了新型消费发展的基本特征和发展趋势，明确了影响新型消费兴趣和行为的关键因素和重要条件，揭示了消费者视角下新型消费发展面临的问题与挑战，能够为推动新型消费发展提供坚实的信息支持和理论支持。

第3章　老年群体新型消费调查研究

我国目前正面临人口老龄化的态势。尤其是1963~1970年，每年平均出生的2770万人将在未来10年内逐步进入老龄阶段，据预测，2020~2050年我国60岁及以上人口将从2.63亿增至5.22亿，占总人口的比重则从18.7%升至39.5%（葛延风等，2020）。这些已经退休和即将退休的“60后”“70后”“低龄老年人”，不同于以往的“传统老人”，他们中的很多人追求年轻态的身体和更有品质的生活，其消费方式也逐渐向数字化转型，消费层次不断提升。因此，聚焦老年人消费生活，推动老年群体新型消费发展，既是关爱老年群体、提高其生活品质的要求，也是实现经济社会高质量发展的重要内容。本章以近3个月内有新型消费经历的30名老年人访谈文本资料为基础，采用扎根理论研究方法，借助于NVivo 11质性分析软件，对数智化时代老年人进行新型消费的主要刺激因素和条件进行质性分析，并尝试对老年人的新型消费生活进行全景式的描绘。本章研究成果为老年人消费研究提供了新的经验证据，同时也为政府、企业等重要主体推动老年人新型消费发展提供了新的思路和理论支持。

3.1　老年群体与新型消费

3.1.1　老年群体的界定

在消费者行为研究中，针对老年人年龄的界定并没有形成公认的标准，常见的老年人阈值年龄（Catterall and Maclaran，2001）划分标准有55岁及以上、60岁及以上或者65岁及以上。这些标准之所以不同，是因为各个国家对于退休年龄划定存在差异。《中华人民共和国老年人权益保障法》（2018 年修正）中将老年人界定为 60 周岁以上的公民。中国当前的法定退休年龄标准是男性 60 周岁，女干部 55 周岁，女工人 50 周年（连续工龄满十年）；美国、日本等发达国家员工的退休年龄通常为 65 岁。

还有的学者认为心理年龄对老年人消费行为会产生较大影响，并根据心理年龄将人的生命周期分为三个时期：①未成熟期，即出生至 19 岁；②成熟期，即 20~59 岁；③衰老期，即 60 岁以上（Barak and Schiffman，1981）。因此，心理年龄 60 岁以上的人常被认为是老年人。但是很多老年消费者不愿被描述为一个不能有效自理、做出明智的消费决策的弱势群体（Mason and Smith，1977），往往老年人的平均心理年龄会低于生理年龄（应斌，2009）。

如上所述，本章结合中国国情，将老年人消费群体界定为年龄在 60 岁及以上的男性消费者和 55 岁以上的女性消费者。并且，在研究过程中，鉴于“低龄老年人”在当前和未来消费生活中的重要地位，将重点考察这一群体的新型消费生活。

3.1.2　老年群体消费行为研究

从 20 世纪 70 年代起，老年群体消费行为就一直是国外营销研究的主题（Mason and Smith，1974；Phillips and Sternthal，1977）。因为从那时起，许多国家人口老龄化问题凸显，老年群体消费量占比越来越大（Guido et al.，2021；Sudbury-Riley et al.，2015；Tootelian and Varshney，2010）。

随着年龄的增加，老年群体的信息处理速度和能力都有所下降，他们会比年轻人更少使用“深度处理”和搜索信息（Cole and Balasubramanian，1993；Cole and Houston，1987），更多依赖于启发式信息处理，倾向于比文本更好地记住图片和图片线索（Yoon et al.，2009）。同时，老年人在消费决策的过程中主要依赖内部知识即个人资源，也就是说老年群体消费决策受他人影响，包括家人和好友等（Altobello Nasco and Hale，2009；Dahl et al.，2013）。在中国传统的文化语境中，子女对老年人消费影响也比较大，老年人会因为想与子女保持更亲近的关系而购买子女使用过或者推荐的品牌（何佳讯等，2012）。

相对于年轻群体而言，老年群体消费行为表现出更强的成熟性和理智性（何纪周，2004），冲动消费的可能性较小（杨霞光，2008；周芳，2008），并且很多人养成了勤俭务实的价值观念（李旭东，2018）。老年群体之间的沟通分享相对而言更为广泛，他们乐于交换个人的购买信息，时常咨询其他人的意见，在购买过程中有群体效应（姚朔影、张德鹏，2003），常常结伴购买（冯丽云，2004）。有学者认为，这可能是老年人孤独感所造成的，孤独感驱动老年人进行结伴旅游消费（周奇美、张朝枝，2018）。

有学者研究了老年消费者的品牌选择行为，发现他们对于老品牌的选择意愿更高，容易对其产品品牌依恋（Lambert-Pandraud et al. ，2005；Lambert-Pandraud and Laurent，2010），并且女性老年消费者的品牌情感依恋水平更高（Jahn et al. ，2012）。这可能是因为老年群体消费心理具有较强的稳定性，消费行为具有较强的习惯性（张丽霞，2013；乐昕，2015），再加上其惯性思维的影响，使其消费价值观和消费观念趋向稳定（应斌，2005）。当然，也可能是应对老龄化和衰老的需要（Fowler et al. ，2015），老年消费者常常具有较强的怀旧心理，需要借助老品牌消费活动来寄托情感并改善情绪。然而，值得注意的是，也有研究表明，老年消费者购买老品牌的频率并不比购买年轻品牌的频率高（Phua et al. ，2020），老年人消费行为越来越呈现多样化的趋势（王菲，2015）。尤其是进入21世纪后，我国经济发展迅速，老年人的消费观念也悄悄地发生了变化，他们更加看重补偿性消费，消费需求的层次逐步提高，消费需求和心理更加个性化（应斌，2005；金晓彤、张晓路，2013），渴望通过多样化的品牌选择来获得精神层面的快乐与满足。

3.1.3 老年群体与新型消费研究

随着时代发展，老年人的消费观念也发生很大变化，他们不再一味节俭，也开始转向购买时尚和高质量商品（Phua et al. ，2020；苏成玮、张艳，2022）。事实上，越来越多的老年人体验到了互联网消费所带来的利益。比如，老年人积极参与并创造数字文化生活，可以帮助他们在数字时代的社会融合并减少孤独感（伍麟、张莉琴，2022）；老年人对互联网和智能手机等的使用能够增强其幸福感（蒋俏蕾、陈宗海，2021；丁雨桥、温勇，2022）。

不过，相较于年轻人广泛探索各种网络应用和功能的态势，老年人在选择和使用手机应用和平台时更为保守和限制，通常只使用3~7个固定的应用程序，如抖音、淘宝等（蒋俏蕾等，2021）。并且，老年人在进行“互联网+”消费选择时，常常更加谨慎，会仔细判断后选择满意的商品，减少冲动消费的情况（苏成玮、张艳，2022；周芳，2008）。

另外，老年人在进行新型消费时仍然面临很大挑战，其中一个重要的方面就是面对新技术时的焦虑和阻力（Gilly and Zeithaml，1985；Hough and Kobylanski，

2009；Meuter et al.，2003）。在某种程度上，不断迭代的技术会给老年人新型消费带来一定的负面影响（Nunan and Di Domenico，2019）。同时，面对复杂的互联网消费环境和杂乱纷扰的各种信息，老年群体也会产生较强的风险规避心理（Reisenwitz et al.，2007），从而不利于新型消费的发展。因此有学者认为，在相当一段时间内老年消费者都不太可能进行自助式新型消费（Park et al.，2021）。

3.1.4　文献研究述评

国内外关于老年人消费行为的研究成果还是比较丰硕的，学者们围绕老年群体消费决策过程中的信息处理特征、消费行为特征及品牌选择行为进行了研究，对于本章研究提供了有价值的启示，具有一定的借鉴意义。然而，这些启示和借鉴也是有限的，因为在新的时代，老年人进行新型消费的行为特征和规律必然会呈现不一样的一面。并且，现有研究也有矛盾的一面，比如关于老年人对新老品牌的选择就有完全相反的研究结论。因此，数智化时代老年群体的新型消费情况还远未得到明晰，有待进一步探索。

同时，现有关于老年群体的新型消费行为的研究是比较少的，也比较分散。学者们要么去论证新型消费能够给老年人带来的好处，比如减少孤独感，增加幸福感，但这些方面与老年人传统消费行为并没有太大差异，不能呈现老年人新型消费的特殊性；要么就是聚焦于老年人面对特定类型新型消费时所遇到的技术阻碍或社会因素，并不能揭示老年群体新型消费行为的本体特征。

综上所述，现有研究还不足以刻画老年群体新型消费行为的全景，无法明确老年人进行新型消费的关键行为特征、内容特征，也不能揭示影响老年群体新型消费的关键影响因素。有鉴于此，本章计划通过深入了解老年消费者进行新型消费的经历和感受，来深度剖析其进行新型消费的影响机制和行为规律，以便为更好地推动老年群体新型消费发展提供新的思路和对策。

3.2　基于扎根理论的研究设计和方法

3.2.1　访谈资料的收集

为了满足扎根理论在现实中根植、系统收集和分析数据的要求，本章对年龄在60岁以上、近3个月内有过新型消费经历的30位老年人进行了深度访谈。访谈内容包括最近3个月的新型消费行为、印象深刻的新型消费经历、进行新型消费的原因、体验感受等。考虑到访谈对象的特殊性，本章以线下面对面交流为主。访谈过程中，为保证资料的丰富性和全面性，访谈者会随时进行追问。

具体而言，本研究成立了一个以6名大学生为主的访谈小组，并在2023年4月，开展了第一轮访谈，完成了对20位老年人的访谈。但是在进一步的文本整理和分析中发现，还是缺乏高质量访谈文本，既有的一些访谈中存在资料不充分或者无关信息过多的情况。因此，我们对这些访谈文本进行筛选，最终保留了8份有效访谈文本。在此基础上，我们开展了访谈工作座谈会，对访谈小组的成员进行访谈培训，归纳访谈过程中的一些问题和困难，并逐一解析，最后提供解决问题的思路。

在此基础上，本研究于2023年6月开展了第二轮访谈。首先，筛选符合要求的老年人，并询问是否愿意接受访谈。在获得肯定回答后，按提纲内容进行访谈，并在对方同意的情况下进行录音。其次，对访谈录音进行逐字转录，完全按照录音内容进行，不添加任何主观理解或改动。最后，我们成功完成了对22位老年人的访谈。

两次访谈共获得约116800多字的文本资料。被访者中，有12名男性消费者，18名女性消费者；年龄最大的83岁，最小的58岁；21名居住在城市，9名居住在乡村。就受教育程度而言，有2名被访者具有小学学历，11名具有初中学历，9名具有高中学历，8名具有专科以上学历。就收入水平而言，月收入2000元以下者5人，2000~3000元者13人，3001~5000元者8人，6000元及以上者4人。被访者的基本情况如表3-1所示。

表3-1 被访者信息一览表

被访者	年龄	城乡	受教育程度	收入（元）
周女士	72	城市	初中	6000
苌女士	60	农村	高中	2000
陈先生	60	农村	高中	4000
党女士	60	农村	初中	6000
翟先生	61	农村	高中	2600
翟先生	62	城市	大专	3000
高女士	61	城市	初中	3000

续表

被访者	年龄	城乡	受教育程度	收入（元）
胡女士	62	城市	初中	1500
李先生	62	城市	小学	1200
李先生	61	城市	初中	2000
刘先生	64	城市	初中	2000
孟先生	60	城市	高中	3500
牛女士	60	城市	中专	5000
乔女士	60	城市	专科	3000
石先生	62	城市	专科	4000
宋女士	58	城市	初中	2700
宋女士	61	城市	本科	3400
孙女士	83	城市	大学	5000
万女士	64	农村	高中	2700
许先生	67	城市	初中	1000
杨女士	61	城市	高中	3500
赵女士	61	农村	小学	1000
李先生	66	农村	初中	2000
张先生	62	城市	大专	10000
张女士	58	城市	高中	2000
张女士	60	城市	初中	2000
张女士	62	农村	高中	2600
张先生	65	城市	大学	8000
赵女士	63	城市	高中	4000
周女士	66	农村	初中	1000

3.2.2　数据分析

在 NVivo 11 软件的帮助下，本研究对数据进行编码、分析数据结构并进行理论模型建构。数据分析具体流程如下：首先，对初始数据进行编码，挖掘一阶概念体系。要将原始访谈数据中的相关短语或段落进行比较、归类和贴标签，形成一阶概念，一阶概念体现的是被访者声音。一阶概念编码的索引规则为被访者姓氏+性别（先生/女士）+年龄+编码所在文本起始行号。例如，高女士 61-2，是指61岁高女士访谈文本的起始第2行内容的编码。其次，将一阶概念组织成二阶主题，这是以研究者为中心的概念、主题和维度。需要研究一阶概念之间的关系模式，并通过查阅相关文献，发现一阶概念和原有理论中概念的趋同性、差异性，在此基础上形成反映我们思考结果的二阶主题。再次，对二阶主题进行分析和比较，不断返回数据并及时查阅相关文献，进一步将二阶主题提炼成综合性的聚合构念，并将一阶概念、二阶主题和聚合构念呈现为结构化的数据体系。最后，系统地研究整个数据结构及其之间的内在逻辑关系，并与现有文献资料进行对话，最终形成严谨可信的理论模型。

3.3 老年群体新型消费的内容特征

3.3.1 平台消费成为老年人新型消费的主要方式

本章研究发现，很多老年人都会提到平台消费经历。其中，经常提到的前八大消费平台或App按频次从高到低依次为抖音、微信、拼多多、淘宝、支付宝、京东、爱奇艺和快手，具体如图3-1所示。

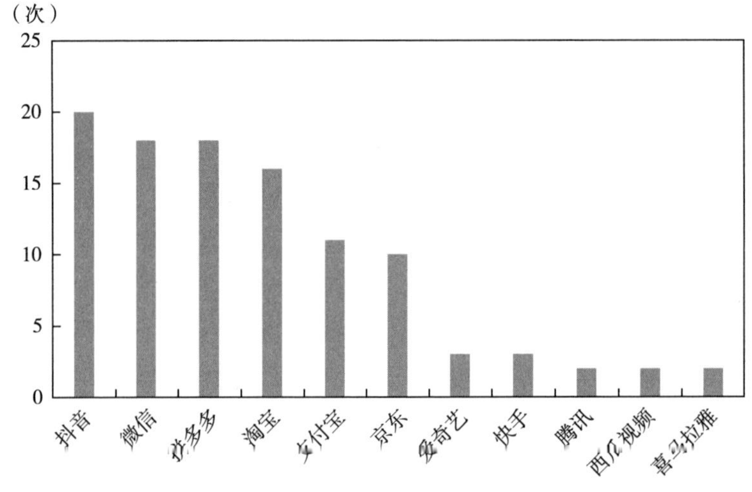

图3-1 老年群体经常提到的消费平台或App

3.3.1.1 基于抖音平台的消费

抖音平台以其直观流畅、互动性强、操作简易、内容丰富的特点而深受老年群体的喜爱。访谈文本显示，抖音直播购物成为老年人新型消费的重要方式，相似年龄、相似体型、相似风格的主播更能拉近与老年人的距离，更受老年人的青睐。同时，不少老年人通过抖音学习新的知识和技巧，观看娱乐视频，丰富自己的精神生活。

买衣服啊什么的我有时候尺码不一定拿得准，我都爱去抖音上看看，因为是直播嘛，我都发那些评论让他上身我想要的衣服，我看看不同尺码上身的效果，我还问他们直播的模特的身高体重，人家看到之后就回复我，这一对比我就知道该买哪个码了，买回来穿上挺舒服。我感觉这种购物体验非常好，他这种直播比以往的购物软件要好得多，让人看着更加直观，而且他这直播还能给我们聊聊天、说说话，挺有趣的，我经常看（孟先生60-57）。

俺孙女给我下载了一个抖音，我就每天没事了看抖音……内容非常广泛……我喜欢看的就是戏曲……像现在天热，下午我要是不出来转，基本上就是以这为内容（孙女士83-5）。

3.3.1.2 基于拼多多平台的消费

拼多多平台以其便宜的特性受到老年人的欢迎，当需要价值较低的日用品、菜品和小件商品时，拼多多平台是一个不错的选择。尤其值得一提的是，尽管有被访者提到拼多多产品质量存在问题，但是因为其良好的退换货机制和性价比，还是很容易得到认可的。

我一般只用拼多多，其他的购物软件手机上没有。拼多多我用惯了，这上面东西也便宜、实惠，拼多多东西质量我感觉也都不赖……买衣服、买菜比较多，主要还是给家里人买吧，看见合适的我会给他们买，贵的我就不看了，都是孩子们买的，我就买点小东西，有时候给小孩带点小玩具（杨女士61-6）。

一般在拼多多上买。感觉这软件用得比较多，其他都挺少的，没用过几次。我感觉拼多多上的东西挺便宜，而且种类也挺多的。身边很多人也都用拼多多（周女士66-13）。

我也在拼多多买过几次，但不太合适都退了，退货这点，拼多多还是很好的，很快很方便（乔女士60-13）。

3.3.1.3 基于淘宝和京东平台的消费

淘宝和京东也是被访者经常提到的平台，这两个平台的产品都被认为质量更好一些。相对而言，京东虽然物流服务比较好，但是由于被认为“贵一些”，因此并不如淘宝的接受度高。尤其有被访者提到淘宝是最早熟悉和使用的平台，因此使用淘宝会更多一些。

京东可以送货上门，而且买的东西到得也很快（刘先生64-40）。

我觉得他们这些大平台的产品质量有保证，不是像拼多多那些太便宜的，一般质量都不是太好，产品质量让人感到忧心。像京东一般买比较贵的东西，在产品质量方面还是比较信得过的，所以选择在这些有质量保障的平台购买（乔女士60-10）。

我平常买重要一点的东西，像家里的电器零件啥的，我会去淘宝、京东、拼多多都看看，选个性价比高点、质量好、耐用有保障的，货比三家（石先生62-51）。

一般就是淘宝上面看得多一点，京东上面买菜一类的，服装类的、鞋类的肯定在淘宝上看得要多一点。好像习惯性地用淘宝，因为是用得最早的，所以也就习惯在淘宝上面看，在淘宝上面购物。京东，因为它这个平台用得晚，一般也用，但是习惯性地先用淘宝（张女士60-7）。

3.3.1.4　在线支付行为

本章研究发现很多老年被访者，都已经习惯采用在线支付的方式。常见的在线支付平台包括微信和支付宝，消费者采用这种在线支付方式觉得方便、安全和省心。

我就觉得用手机上的钱去买东西，比拿现金好得多，那时候你装着钱，说实话也“不干净”……最起码不管是你打车还是干别的，我就觉得使用手机支付是比较方便的（苌女士60-49）。

微信、支付宝多些。基本上都是用手机支付，很少用现金了。也不用零钱什么的，也不用再找零，很方便（高女士61-70）。

现在微信、支付宝这么方便，现金都用得少了，现在去超市买个东西，网购啊用的都是微信或者支付宝，基本没有用到过现金了（石先生62-202）。

就用支付宝、微信之类方便呗。方便对吧，它也安全（赵女士63-40）。

3.3.1.5　平台消费内容

平台消费成为许多老年人新型消费的重要内容，老年人一般会在这些平台上购买日用品、衣服等价值不太大的小件物品，以消耗品居多，而对于比较贵重的大件耐用物品，仍然倾向于进行线下选购。

因为我自己是个体户，自己搞维修的，所以我一般是工程零件用得比较多，有时候我还在闲鱼上自己淘。然后日常在家的时候还是买的日常生活用品吧，日常的调料什么的我也习惯在网上买，还有衣服啊鞋子什么的，都是网上买的……平常也会买点零食啥的，孩子回来的时候想吃能吃，大部分还是买自己需要的（孟先生 60-25）。

我跟你说买的最多的是啥吧，都是小玩意儿，在拼多多上买小玩意儿，抖音就是逛时尚的，大件考虑一下线下（牛女士 60-201）。

太贵的我也不在网上买，我主要是点开看看店铺，我看着他店不错、评价好，我就买了（杨女士 61-21）。

这个大件东西出现质量问题了，退货麻烦些，肯定线下要买得多些（李先生 62-169）。

3.3.2　在线文娱消费是老年群体最为青睐的内容消费

在线文化娱乐消费成为老年群体生活方式中的重要内容，有 18 名被访者都提到了各种类型的在线文娱消费。本章研究表明，老年人愿意在空闲时间里看影视剧、小说、短视频，也会听音乐、听电子书，或者关注一些在线资讯、综艺节目和球赛活动，他们在获得休憩、消遣和打发时间的同时，也丰富自己的精神生活（见图 3-2）。并且，相当一部分老年人愿意为了这些内容去付费，甚至打赏。根据《中国老年文娱产业发展报告（2020）》，“银发经济”中老年文娱产业覆盖了 90%以上的老年群体，如此巨大的市场体量，使在线文娱消费成为银发经济的新风口。

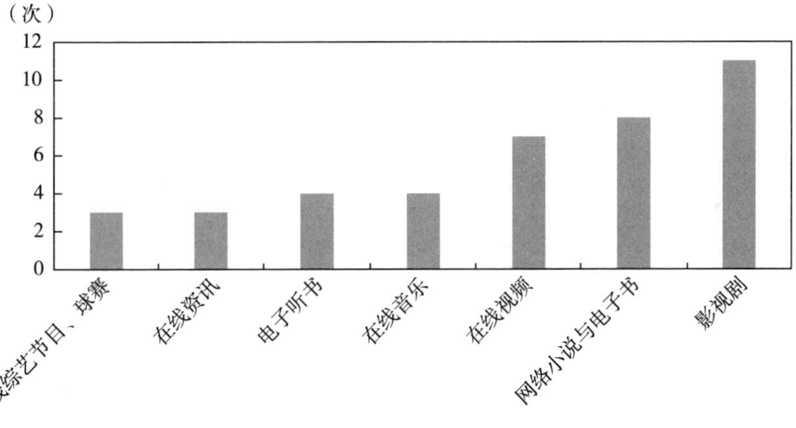

图 3-2　老年群体所提到的在线娱乐内容

我们这种老头子也经常在网上看书嘛，电子书……小孙子在深圳成天说，爷爷你一天天抱个手机干啥呢？我说我劳累了，你看我不像你一样玩网络游戏，我在看书……我现在看小说看得少，一般都关心时事政治，国家大事、国际环境、国际关系，天天倒腾这个事情。看谁给谁又开炮了、谁跟谁又打仗了，都这种的多……（网上听歌）听啊，有时候特别一两首歌听着特别舒服的、伤感的，或者是针对自己感受的，咦，听着挺好听的，有唱出自己心声了的感觉（陈先生60-108）。

我平常用抖音刷刷视频，看看剧啊，我还喜欢看球，NBA、CBA之类的我都看……我是腾讯视频的会员，还是腾讯体育的会员，有的时候我看之前的老剧、老电影都要钱，我开了个会员，腾讯体育看球也要钱，但是我喜欢看球所以我也加了会员，每个月让他自动扣费，开了之后就没咋操过心（孟先生60-187）。

我一天玩手机也算长的。这退了休天天在家闲着没有啥事儿干，孩子也大了，所以我现在每天都玩手机打发时间，听听新闻广播、刷刷视频、上上网啥的……我不是说我喜欢看视频听广播，我平常用喜马拉雅听电台，但是广告非常多，很多功能还要收费，因为我喜欢听，所以我都开了会员，自动续费的我也不用管他，开了之后广告都没了，还有很多好用的功能（石先生62-10）。

3.3.3 在线医疗是老年群体所看重的消费内容

本章研究中，有18位被访者提到了在线医疗消费。其中，老年群体涉及最多的在线医疗服务是网上预约挂号和在线购买医疗保健用品和药品，分别有11位被访者提到，但仅有3名被访者具有在线诊疗的经历。本章研究发现，一方面，很多老年人对在线医疗服务是有需求的，觉得可以解决线下大医院看病难、不方便的问题；另一方面，他们又担心在线医疗无法做检查，仅靠问诊来看病觉得没有保障，并且一些在线医疗问诊是按时间收费的，这会让问诊老年人感觉紧张。

之前有一段时间我头有点不舒服，感觉喘不上气来，胸闷，我微信上关注的有丁香医生，还有其他医疗公众号，花了二十块钱还是多少记不太清了，就是直接给专家打了个视频电话，给他说一下自己现在什么情况、哪里不舒服，然后医生说我可能是血压有点高，最近没休息好，后来我去医院一量，还就是有点高，但是我又感觉不需要吃降压药，我就又给这个医生联系，让他给我开点中药，我去抓点回来泡水喝，喝了一阵子再加上自己注意，这血压高还真没再犯过了……体验感觉挺好的，也没有啥大的问题，就是感觉随着网络的发展不出门在线上看病也挺方便，缺点就是比起传统的去医院，这线上看病有的时候感觉容易出错，不一定有线下医生面对面给你看得准确。我感觉有啥问题还是能先去医院就先去医院看吧（石先生62-108）。

在网上自己搜过的，自己看看，有的人症状跟我一样，他问过，那下面就好几个医生给了解决方案，我多看看自己会总结总结。但是跟医生见不了面，我感觉着你给他说自己有啥病的时候说也说不具体，他不做检查光说说，我感觉到没有保障（翟先生62-62）。

但是那个是按小时收费的，时间有点紧张，要的都是钱，就是说个大概，这个是以后发展的方向（周女士72-11）。

3.3.4 社群购物是老年人消费生活的一部分

在线社群团购给老年群体的生活带来了极大的便利，也成为很多老年人喜欢的消费方式。一般而言，老年人进行社群团购的物品大多聚焦于水果、菜类、肉类和其他日用品。社群团购的商品类型丰富、经济实惠、物美价廉，并且这种购物方式的互动性也比较好，可以实现在线询价和提出需求，已成为老年人生活的一大助力。

我们小区有那个购物群，也是小区里夫妻俩建的，平常在群里发进了什么东西，想要的在群里接龙就是……也挺好的，那些东西它都是好东西，基本上买的都挺实惠的，这等于是批发一类的。而且啥都有，一般都是吃的，菜啊、肉啊、水果啊，像前几天在那儿买的榴莲也都挺好。那这都是统一团购呀。哎哟，也免得出去转了，下班正好路过门口顺便一取货，也物美价廉。都是认识的一个院的。那也挺好，也挺方便（高女士61-53）。

多多买菜上他们发的那个微信推荐，通过那个多多买菜买那些东西确实也比较方便，比在那个抖音买菜方便。你今天买，他明天都给你送来，东西也可以说基本上很新鲜，里面的东西也很齐全，价格比实体店还优惠（李先生62-80）。

我老伴会在群里买。一般都是买一些水果、菜，还有纸、洗衣液这些东西，挺多的，过节的时候也买礼品（李先生64-69）。

3.3.5 绿色环保与共享消费是老年人最为关切的消费内容

绿色生活、绿色消费的理念在老年群体中比较深入人心。本章研究发现，很多老年人具有较强的绿色环保和食品安全意识，他们倾向于使用和购买绿色环保的产品，自觉采取绿色消费行为，如自带购物袋、采购绿色食品、选择节能环保电器、坐公交车或骑共享单车出行等，即便价格上贵一些也愿意接受。这不仅提升了他们的生活质量，节约了资源与能源，也对环境有益。值得注意的是，老年人会优先选择那些政府提供消费补贴的绿色环保类产品。

吃这个食品健康。绿色食品都是。那就是吃着好嘛，不含什么防腐剂呀那一类的，吃着放心……会贵点，现在人都注重营养了嘛，就是稍微贵一点也无所谓，只要它健康是吧？这特别是疫情过后，健康都放到第一了（杨女士 61-76）。

买过，就那些有机的、没啥添加剂的食品，那也贵不了多少，吃着放心就行，我感觉能接受（翟先生 62-82）。

我平常买菜的时候会拿着之前的大袋子，有的时候提个篮子去，买菜的时候我能不用塑料袋就不用，因为比较环保……买这个，就是感觉这绿色蔬菜肯定比普通的要好啊，质量好一点，没有啥农药，不加化肥什么的，吃着更放心。我买贵一点的有机水果，吃着确实比普通的要好吃……家里大件电器不论是俺买的还是孩子买的，基本上都是节能的，那是什么标志？好像都是一级节能吧，绿的标。节能省电啊，电费也便宜，啥样的电器都是用，买那种低耗能的多好，省电费了，还给国家节能减排做贡献了，一举两得（孟先生 60-170）。

但是，值得注意的是，一些老年人对于绿色食品产生了信任危机，他们尤其不相信所谓的“绿色食品”会不打农药。因此，如何真正供给高质量的绿色生态型产品，并赢得老年群体的认可，还面临着不小的挑战。

它是假的，就是假的。你看农村哪个不打农药，城市里面就算不打农药，哪个不放营养液啊，所有的有机蔬菜不要相信，这只是人家的一个卖点，是不是，人家是做广告的（张先生 65-76）。

这光说一些绿色的，我跟你说那都种不成，你不打药的话都得有虫子，你要说这不打药根本都没有，我都不相信。因为啥你搁家里，你看你弄个花盆，你搁到屋里头，那屋里可能没虫子吗？这个绿色东西我是不相信，我除了相信那老太太，带点虫眼的，她肯定不打那么多药（周女士 72-97）。

3.3.6 文旅消费是闲适自在老人钟爱的消费活动

文旅消费成为有闲有钱老年群体的追求。事实上，老年人一直都是旅游和酒店行业的重要目标群体，晚年旅游对于丰富老年人精神生活非常重要。本章研究表明，相当一部分低龄老年人的物质生活富足、精神生活丰富，他们紧跟时代发展，热爱文旅活动，过着闲适自在的生活。他们可以一个人自由自在、无拘无束地随心意闲逛，也可以和亲人朋友一起规划一场美妙的远游。并且，他们中相当一部分人能够灵活使用各种 App 来完成在线购票、景点预约、酒店预约等消费活动。

不过，尽管老年人比较喜欢文旅活动，但由于体力、精力以及身体状况的局限性，并不是所有的文旅活动都适合，因此相关文旅项目的适老化改造就成为推动老年人消费的关键环节。同时，尽管不少老年群体都有在文旅消费过程中“不操心”“不担心”的期望，但是除了那些收费较高的旅游机构，一般的旅游团并不能满足他们这一需求。现实中，一些旅游团“强制让游客买纪念品”“限制景点游览”“匆匆走马观花”等新闻让很多老年人对“跟团旅游”望而生畏，这就极大遏制了老年人对文旅消费的热情和欲望。

肯定是出去转转，旅游到处转转，看到有山有水的地方，在空气比较好的地方住一段时间，转转玩玩……近一点的话咱们自己去还是可以的，要是远的地方、自己找不到的地方还是跟着团。跟团方便，人家都给你安排好了，人家对景点啥的也都熟悉，不用自己操心了（高女士 61-141）。

我没有跟团，我是跟家人一起玩，买票的话，我们是在那个网上用 12306 买的这个车票，然后酒店也是用软件订的。我觉得，自己和家人一起出去的话，比跟团的情况下自由性相对来说更大一些，行程不那么紧张（乔女士 60-115）。

我没事儿就好跑着玩，出去游山玩水。我平时出去旅游就喜欢自己一个人，不跟亲戚子女一块，很自由、无拘无束，想去哪就去哪。我也不跟那旅游团，净是骗人的，现在不是有很多新闻吗，报团那么便宜，去了之后景点哪都不让去，还强制让游客买东西。我平时出去旅游都是提前规划好，之前有一次我去泰山玩，提前在 12306 网上把往返的车票都给订好，这样就不用操心车票的事了，一刷身份证就能进，不用取票还比较方便。酒店的话我习惯走到哪住到哪，因为我旅游一般不是趁着旺季，所以也不用担心找不到酒店。如果提前订好，我感觉又受约束了不是很自在（石先生 62-176）。

3.3.7　定制消费会吸引经济实力较强的老年人的兴趣

经济实力较强的老年消费者愿意付出稍贵的价格去定制符合自身个性化需求的产品和服务，以便让生活更为舒适、舒心和美好。本章研究发现，大多数老年人定制消费聚焦于衣服、家具、房屋装修。然而事实上，老年人感兴趣的定制消费并不局限于这些方面，比如健康饮食定制、文化旅游定制、健身产品与服务定制等，在质量和价格匹配的情况下，在“银发市场”上都有非常好的发展潜力。

买衣服吧，这算不算？我定制更符合我的想法的，都是按我要求来的，但是它肯定会贵一点，是吧，贵有贵的道理，穿着合身，人都显得精神对不对（翟先生 62-103）。

我们搬到这个小区。像装修这些都是定制的，刷的墙，还有这些窗帘、门，这些应该都是定制的……我觉得挺好的，除去稍微贵了一些，定制化的物品还是更符合自己家里的构造（刘先生 64-103）。

定制的话，我让人家给我量着做了套西服，按照我的意愿来设计颜色款式，穿上很好看。还有就是家居了，家里新房子下来了，装修的时候花钱请装修公司的人来给俺设计的，定制的不同的卧室风格、客厅效果，反正个性化定制的效果也还挺让人满意的（石先生 62-192）。

3.3.8 科技与时尚产品和服务受到“新潮”老年人的青睐

老年群体中也有新潮的消费者。本章研究表明，新潮的老年人的消费需求与年轻消费群体趋同，他们跨越数字鸿沟，对互联网接受度非常高，熟练使用各种电子类和智能化产品，偏好那些时尚新潮的服装与美妆产品，爱好广泛，追求精致生活和时代潮流。甚至一些新潮老年人还基于互联网用户生成内容（User Generated Content，UGC）来参与短视频、图文等文化娱乐内容的生产。根据央视网消息，老年人消费能力增长迅速，尤其在时尚消费领域，有数据显示 56 周岁以上的网购一族，夏季相关服装购买量同比增长超过了 10 倍。珍珠耳饰、吊坠等饰品的销量同比增长超过了 150%①。

屋里也有那种滚筒洗衣机还有那自动晾衣竿、扫地机器人、冰箱这些……挺智能的，也挺方便的（刘先生 64-123）。

（扫地机器人）那个用得太早了，其实我们刚搬过来就买了，一直在用，还是挺好用的，就一直在用。现在有时候不好用……要换，因为打扫卫生全是我的活，我肯定要用好的，我就准备换。我要换个最时尚又好看的……我现在最想买的是洗碗机，我觉得太方便了（牛女士 60-36）。

我这裤子也好几年了，穿着舒服，就今年很多人在穿这种款式了……有时候隔个七八十来天就到美容院收拾一下……夹头发的鲨鱼夹也是这两年很流行的，我都用好几个了，这东西是韩国流行起来的，很多小姑娘都在用（张女士 58-124）。

---

① 老年人消费能力增长迅速 提高供给助推“银发经济”高质量发展［EB/OL］. 央视网，［2023-07-22］. https：//news.cctv.com/2023/07/22/ARTI6UN0Nf1axScc4MUz5gRZ230722.shtml.

3.4　老年群体新型消费的行为特征

3.4.1　方便快捷是第一诉求

在各年龄群体中，老年人的体力、精力和脑力都有不同程度的下降，这种身心状况决定了他们对生活便利性的要求是最高的。本章研究表明，新型消费对老年人的最大魅力在于它能给生活带来方便、快捷，减少体力和脑力的负担，使老年人很容易就实现消费需求，提高生活的品质。因此，那些易学易用、操作方便的新型消费内容与形式会受到他们的欢迎。

那多多买菜上他们发的那个微信推荐，通过那个多多买菜买那些东西确实比较方便，比在抖音上买菜方便。你今天买他明天就给你送来，东西也基本上很新鲜，品种也很齐全（李先生62-80）。

这个智能血压测量仪我放床头，早上一起来躺着就能测了，不用再像以前只能去医院排队测，用着挺方便嘞……比起之前咱看病，最大的一个特点就是方便、快捷……最大的感受就是方便、快、好操作（孟先生60-144）。

3.4.2　货比三家，追求性价比

当前，我国步入老龄阶段的“50后”“60后”，他们都曾经历过较长一段时期并不富裕的生活，因此很多人都有节俭的生活观念。在消费生活中，价格便宜对他们仍具有较大的吸引力，实用性、性价比是其选购商品和服务时的主要考虑因素。当购买小件的、价值较低的日常生活用品时，他们大多寻求“便宜”；但是对于价值稍高一点的物品，他们往往会“货比三家”，在保证产品品质的前提下去寻求合理的价格，选购物美价廉的产品。由此可见，老年人虽然不会去买“老贵”的东西，不花“冤枉钱”，但也不会一味追求低价格。

像我们这年龄，我到那里先看价格，贵了我不要，然后再说看我喜欢啥，我再挑啥……在网上买，我们还是以经济为主（苌女士60-252）。

我要买日常生活用品，那种没啥牌子的我都看着买了，买那种便宜点的，商家的好评多一点的……这消耗品买那么好的牌子干啥，都是瞅着便宜的就买了，像碗啊，我买过一次感觉还便宜质量还好的，我就记住这个店铺了，往后都在这

个店铺买了。别管什么品牌，还得看他的质量跟性价比吧……还有我平时维修东西的时候，有那种缺的零件，我基本上哪个平台都去看看，看有没有最便宜的，或者直接去闲鱼淘淘看有没有。总之肯定不是全部都在淘宝买的，网上买东西货比三家吧，买东西还是会比较的（孟先生 60-33）。

我在拼多多上买得多的都是小东西，一是拼多多便宜，日常你看我买个小零件、小凳子、小碗啥的，几块钱就买了，还给包邮，有的比我去超市买的都便宜，并且感觉小东西之类的在拼多多上比专门去淘宝上买要便宜得多……平常买这些日常用品也没太注意过品牌，基本都是看到哪个便宜，然后再看看其他的有没有更便宜的，然后再买……我平常买东西要是重要一点的嘞，像家里头的电器零件啥的，我会去淘宝、京东、拼多多都看看，买个性价比高点、质量好、耐用有保障的，货比三家（石先生 62-37）。

3.4.3 青睐直观、互动性好的购物方式

很多在线购物终端的商品展示，常常以文字说明和图片形式呈现，这对于老年人而言是比较抽象的，尤其是对于那些文化程度不高的老年人，理解起来更加困难。因此，老年人喜欢那些比较直观、互动性好的购物方式，比如电商直播或电视直播购物。这种新型购物方式能够让老年人看到产品或服务使用后的“真实消费场景”，达到“眼见为实”的效果，从而更为放心。

并且，这种在线购物所呈现的“面对面”交流场景，具有较强沉浸性和代入感，产品展示更加生动、直观，老年人提出什么问题也可以得到及时回应，能够确保信息传达和理解的准确性，减少误解。同时，这种新型消费场景所呈现的“准社会关系”，即老年人与直播带货的主播建立的这种单向的、类似熟人关系的社会互动关系，还能够给其带来良好的体验感、信任感，在一定程度上降低其孤独感，满足老年人的情感需求。

有几次我看直播卖衣服卖鞋子的，还挺便宜，看着还挺好看的，不是可以给他发消息互动吗，我发了让他试试我相中的那一身，然后我一看还挺好看的，我就直接下单了……那个抖音直播带货可以跟他互动，你自己拿不准的尺码可以立马就问了，人家看到了会给你回复，你就清楚该买多大的了，淘宝、拼多多光有个数字，也不知道具体是多大，不是特别直观（石先生 62-58）。

以前经常在淘宝上买东西，后来有直播了，就在直播上买东西。因为啥，直播上的东西有时候比那个淘宝上要便宜。还有运费险，比较方便。还能看见东西……直播讲得很清楚，像衣服面料、价位、运费险这一类的。只要是看着合适

了，那就买了（宋女士 58-11）。

3.4.4 愿意紧跟时代，主动学习意愿强

本章研究表明，很多老年人会自发学习和尝试新型消费相关的内容。他们认为这是社会发展的大势所趋，是必须学习的，并且学会之后，能够给生活带来很大便利，或买到更为“合意”的产品。

你还得学，反正这网上还得学，你不学也不能。现在咱这年龄大了，反正现在网络太发达了，你这该学的学，不学也不行（翟先生 61-121）。

我以后还得学学在网上买。其实我非常有这个意愿。比如说俺妮上次给我买那运动服，买得也不便宜呀，你看这好像还是个牌子（安踏）。穿上挺舒服，就是觉得有点紧，号有点偏小些……我说以后你别给我买了，我学着自己去买。自己也学着退货，不过我还没学会。我以后还是得学着在网上买，就是淘宝啊啥的（苌女士 60-331）。

老年人常常通过自己的子孙辈、朋友等的帮助来学习新型消费相关操作知识、方法和技能。有比较新潮的老年人，还勇于尝试新的事物，直接在 B 站等互联网平台上搜索学习视频、在线教程或相关信息，来获取想要的新知识、新方法和新技能。一方面，他们期望通过学习能够“不麻烦别人”，在新的时代里实现自主消费生活；另一方面，他们期望通过学习能够与时俱进，与时代发展“不脱轨”，更好地融入社会。

我是找了学习视频，挺实用的……现在跟过去确实不一样了，你说它麻烦吧，也确实麻烦，很多不太好学，但得跟上时代，现在到哪都是智能，不会了到哪也是不方便……再麻烦也得学，慢慢来，不懂啥了我问问我朋友，问问孩子，自己学会了就不用去麻烦别人了，人家帮你一回两回，不能老帮你吧，是不是，老是麻烦别人，自己也不好意思（翟先生 62-94）。

时代在进步咱不学不行，不学习就该落伍了，有新功能或者是新的购物软件我会主动下载主动学习……因为现在社会进步那么快，往后科技发展咱肯定有更多的机会去接触（孟先生 60-125）。

不管是年纪大还是年纪小，都要勇于尝试新的东西，你才会与时共进。不能说我这也不会，那也不会，不行……你想我为啥退休了又出来了？待在家里待了三个月，很闷，你再不出来，就和外头脱节了，你都不知道外头是啥样了……就像这种微信还有支付宝使用方法，大家都这样用了，它就自然而然都会了，受感染，大环境都是这样，你不可能不与时共进（牛女士 60-221）。

我喜欢在B站上自己学习，有的人的课程好像需要那叫啥B币，还有大会员，我都会充一个或者把这个课买了自己慢慢看，我的消费面还挺广的，主要还是学习和娱乐的需要（石先生62-172）。

一些老年人也期望国家能够对老年人新型消费有所帮助，比如加大对老年教育资源的供给，依托社区资源、志愿者等资源创办“老年课堂”，帮助老年人解决在互联网和智能技术应用方面的困难，助力他们跨越“数字鸿沟”。

如果以后国家有这种政策，专门给老人开学校。对，这挺好的，其实我觉得手机咋操作的就是一门课，把这种老年人都聚集在一起，从零基础教他。还有就是现在农村需要普及一些知识，比如说在抖音上那种信息，你还得有一些辨别是非的能力（苌女士60-463）。

像老年人，基本上现在都得学着网上购物，以后多办一些老年课堂，多教教老年人这方面的东西（李先生62-180）。

3.4.5 上当受骗吃亏多，感知风险高

本章研究中，有1/3的被访者都提到对网络欺诈的担忧和厌恶，相当一部分老年人曾经有上当受骗的经历。一些老年人因为眼睛或耳朵不好，没有注意到网购中隐藏的欺骗信息，比如发现便宜的袜子去买，结果就收到了“一只袜子”，仔细一看商家标注的是“一元一只袜子”；一些保健用品和药品的宣传夸大效果，花了不少钱买了之后，发现根本不管用，甚至还有害健康；有的老人进行在线理财时只收到了些许利息，但本金却收不回来了；还有的老年人遭遇的网购质量问题，发现买到的东西与商家展示和承诺的完全不一致……诸此种种，让一些老年人对新型消费产生了警惕甚至抵制，可谓“一朝被蛇咬，十年怕井绳”。

俺就怕花了钱把俺骗了，你知道不？你今儿个骗，明儿个骗，这老年人都明白，你不能常骗啊，有人见你亲地叫大妈啥的，好了，把东西买了也不说啥了……买袜子那回没有买贵的，买便宜的，一块钱，邮回来只有一只，结果一看是一元一只，主要有的时候俺眼看不见（周女士72-58）。

我也在那个抖音，有时候下了个单买了两样东西，要我几十块钱，本身我膝盖有些疼，抖音上说那个止疼，防护的，我买了，还买了两次呢，钱也不多，都是60多块钱，弄到最后东西也没影，我这个钱也没了（陈先生60-16）。

我是以前在网上买手机，那说得可好了，它说的是老年机，这个也是老年智能机。唉，我花了700块钱，一拿回来，那连个坏手机都不如。接着给客服打电话，没人接了，不存在他们这个号码了（许先生67-12）。

有次存款，叫作悟空理财，也是北京的一个科技公司，我放进去一两万块钱……看它是回报期一年，当时第一年还给了 2000 块钱，每个月还看得到钱嘛，来给你返回多少钱看得到，不过之后，也不知道怎么回事，反正也不退你钱了，也是丢了吧应该，反正我以后再也不搞这玩意了（陈先生 60-31）。

由于听到很多老年人被骗的案例，那些并未遭遇被骗经历的老年人对新型消费的感知风险也非常高。他们非常“害怕”，不敢在手机上随意进行操作、不敢在手机上存较多的钱、不敢去网上买东西，看到网络上的信息，也不敢随意相信，总是感觉不保险、不放心，害怕上当受骗。在这种情况下，老年人尤其是那些相对保守的老年人，就对新型消费保持较高的戒心。因此，如果要推动老年人新型消费的发展，必须为老年人创造一个安全的消费环境，严厉打击那些新型消费欺骗或欺诈的不良商家，保证老年人的消费权益不受侵害。

我老怕买得对不对，会不会被骗。人家老说在那个软件上老买那假东西，质量又不咋好，再退也嫌麻烦（苌女士 60-341）。

就没往手机上存过钱。现在老人们在一起说到这就是，哎呀，我就不使那手机付款，弄不好钱一下子就没了，还有那诈骗电话过来，你这手机号一打过去就让你一个人信息被取跑了，给你钱弄走了，唉，老人们都对这些东西不放心，感觉不保险（许先生 67-139）。

都到这个年纪了，基本上他也害怕这个钱都被别人骗了……把钱都放在手机上，对于我们这个群体的人说，那肯定是不安全的。我们一般放钱是会放的，因为现在都用智能机了，我们也放钱，但是不会放太多的钱在上面……因为这个网络现在太发达了，这种欺诈的行为特别多，诈骗行为也多，有时候也害怕。咱肯定也要特别小心，也特别关注（张女士 60-137）。

3.4.6　厌恶广告打扰，防范意识增强

一些网站或 App 在使用的过程中会弹出大量的广告信息，给很多老年人带来不小的困扰。他们害怕万一失手点错就会泄露个人信息、遭遇欺诈。相当一部分老年人的防范意识得到前所未有的增强，他们“逢广告不点”“逢红包不领”“逢便宜不占”“逢个人信息泄露的操作不干”“逢天上掉馅儿饼的事情不沾”，非常谨慎。因此，要赢得老年顾客群体，新型消费供给者应该保持消费环境清朗，建立科学的消费者权益保障机制，营建一个能够让消费者放心、安心的环境。

有时候还不敢点东西，有时候你看嘛，它有一个流量网，你就下载这个流量网，下载这个流量就要我的姓名，要我身份证，要我电话号码，可以，我姓名给

他，身份证我不给，怕这泄露了（周女士 72-43）。

警察说这个年龄不要上别人当。你的手机号是多少，微信号是多少？咱不能跟别人说，尤其银行卡号更不能说（翟先生 61-81）。

经常关注防诈骗肯定不会乱刷乱点，购物肯定在正规的平台上购买，其他的来意不明的网站肯定不要登，特别注意这个电信诈骗。现在电信诈骗啥的都很多，肯定不能随便相信这些，反正在手机上有啥东西先让你交钱，或者输身份证啥的都要小心点，也不能随便贪小便宜，有人就骗你这嘞（高女士 61-155）。

3.4.7 科技迭代速度快，存在畏难心理

尽管很多老年人具有主动学习新型消费相关知识、方法、程序等的意愿，但面对科技的快速迭代，还是会存在一些困难。一是缺乏人教，向别人请教总会觉得打扰、麻烦别人，感觉不好意思；二是由于上了年纪，记性变得差一些，会出现“前学后忘”或“学不会”的情况，去请教别人也担心别人不耐烦。这也是一些老年人期望社会和国家来帮助他们“跨越数字鸿沟”的原因。

让你们教我，我就总觉得麻烦……他们都是害怕点错，怕点了哪儿多花钱。都是说的记性不好，记不住，害怕点错。很多人都是害怕点错，不会操作。这次会了，下次又忘了（苌女士 60-446）。

现在脑子落后。抖音我会玩会拍一点。电脑啥的都不会，不会玩，也不在网上买东西……咋不愿意学？想学。你看主要是咱不知道电脑咋弄的，咱眼花了，跟年轻人不一样，年轻小孩人眼尖眼亮的（翟先生 61-14）。

啥时候能出来这老人们能给手机玩明白的时候，现在这手机功能很多，老年人越是功能多越不会玩，为啥？首先就是记性差，比如说你来教教，前面教过，后面就忘了（许先生 67-204）。

3.5 老年人新型消费发展的关键影响因素

本章研究表明，老年人的新型消费行为受到多方面因素的影响，具体如图 3-3 所示。一是新型消费供给因素，包括企业品牌因素、供给质量因素、服务因素、价格因素、对老年人友好性、在线呈现因素和声誉，这些因素对老年人新型消费行为决策起到决定性作用；二是周围他人影响因素，包括反向代际影响和

同侪影响，会对老年人新型消费行为产生重要影响；三是个体的性别、收入水平、受教育程度、居住地及身体状况的差异因素，也会对老年人新型消费发展产生推动或制约作用；四是新型消费环境因素，包括国家政策倡导情况和消费监管力度等，对老年人新型消费行为会产生促进或阻碍作用。

3.5.1　新型消费供给因素

老年人新型消费发展需要实实在在的高质量供给物与其对接，否则就只能停留在需要阶段而无法转变为现实需求。正如马克思所说："生产是实际的起点，因而也是属于支配地位的因素。消费作为必需，作为需要，本身就是生产活动的一个内在要素。生产活动才是整个过程借以重新进行的动力与行为。"①

新型消费的高质量供给，能够引导、创造、诱发或拓展老年人的新型消费需求，激发其购买欲望。而新型消费供给因素中，最常提到的关键影响因素就是品牌、质量、服务、价格、友好性、在线呈现形式和声誉（见图 3-3）。

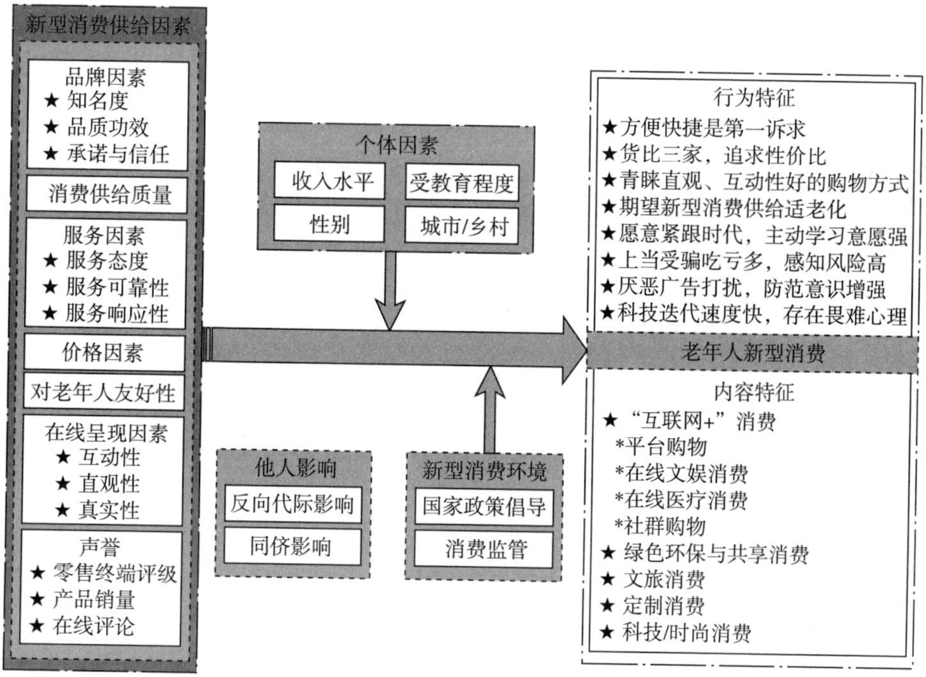

图 3-3　老年人新型消费的特征及关键影响因素

① 中共中央马克思恩格斯列宁斯大林著作编译局．马克思恩格斯选集（第二卷）［M］．北京：人民出版社，1972：97.

3.5.1.1 企业品牌因素

品牌知名度和大众对品牌的评价常常是老年消费者决定购买的重要动力。本章研究中，有56.7%的被访者都提到了品牌因素。

老年人在进行新型消费时，偏好购买知名度较大的品牌。例如，购买保健品时选汤臣倍健，服装选择耐克、安踏、鸿星尔克和九牧等品牌，电器类产品选择格力、海尔、美的等品牌。一些老年人认为，正是因为年龄大了，才应该舍得给自己花钱，消费生活要讲究舒适，穿衣服要“穿点合适的”，因此优先选择名牌产品。

对很多老年人来说，互联网上的产品与服务过于纷繁复杂，很难分辨“啥好啥不好”，因此就会首选品牌产品。相对而言，名牌产品会让他们觉得更为好用、耐用、正规，质量更有保障一些，售后服务更好一些，品牌承诺更为真实，不会做“砸自己牌子”的事情。因此，即使品牌的产品稍微贵一些，他们为了放心、安心和舒心，也愿意进行购买。

我跟你说吧，买个名牌鞋，你看俺老头、俺穿的都是耐克的衣服。年纪大了为啥不舍得花钱？你得穿点合适的……穿衣裳会（追求品牌），你看俺老头穿的也是名牌，就这个短袖四五百元。不是说俺这个年龄不舍得花钱，就是买的东西价钱就跟它质量匹配，还得适合自己穿，舒服（周女士72-57）。

我的消费理念是第一看它的商标，没听说过那个牌子，我是不会买的，然后是看它的价格，名牌的东西肯定要贵一些（李先生62-30）。

价钱上可以贵点，要是个老品牌，用起来确实耐用。买空调电器啥的，我都买格力，老牌子结实还好用。价钱上也比新牌子贵不了多少，小品牌的、杂牌的，都跟这正牌东西价钱差不多了。我买东西会选这些牌子，就相信它们这些牌子（翟先生62-16）。

好牌子更可靠……买电器的时候也会选择看牌子、看质量……肯定在正规的平台上购买，其他的来意不明的网站肯定不买（高女士61-93）。

选的品牌好一点呢，一个就是说低耗能更加环保一点，还有一个就是说，那个质量好一点……因为它牌子老，它做产品就得要保护它的牌子，不能质量有问题。我会相信一些大品牌，基本就选择大品牌买。还有一个质量保证，人家有一个检验的过程是不是，有专门的质量抽检，比较正规（张先生65-83）。

3.5.1.2 消费供给质量

产品与服务供给质量是老年人非常看重的因素。只要老年人感觉质量好，就会一直关注和光顾。对于很多老年人来说，无论是吃的、穿的还是用的，质量过关是必要条件。尤其是食品类消费，他们更为看重的是质量而非价格，因此即使产品贵一些，也愿意买质量好的，吃起来放心、对健康有益。

我感觉吃到嘴里的首先得安全，让人放心，价格反倒是次要的（孟先生 60-177）。

我觉得他家产品还可以，我买过，试着也很好，我会一直关注他，有合适的我还会买……一次就行了，因为你买一次，他介绍的产品非常好，那我就会一直用他家的产品。我觉得挺好的……你功能性好了，肯定价格都贵，……像家电，我就会更注重它的品质……要是内衣，你肯定要注意它的质量，对，还有它的材质也要更好一些（牛女生 60-41）。

我一般看重我买的东西的质量啊，性价比啊……买质量好、耐用有保障的……我感觉绿色产品跟普通产品的价格也差不了多少，还不如多花点钱吃更好的东西呢，毕竟吃到嘴里的，我会更看重质量而不是价格（石先生 62-34）。

拼多多东西质量我感觉也都不赖……不追求它便宜，质量是第一，我买东西都是看这店铺中不中（杨女士 61-8）。

3.5.1.3　服务因素

老年人所看重的服务因素主要包括服务可靠性和响应性，但良好的服务态度是赢得老年人信任和认可的必备要素。

服务可靠性是指商家始终如一地、准确地按其承诺行事。具体表现为产品与服务的品质、功能、价格都与宣传一致；物流服务可靠，能够确保产品按时到达；解决问题迅速及时，退换货无障碍等。对于知名品牌或常用的知名电商平台，服务中偶尔出现的差池容易得到老年人的谅解，因为老年人共情能力较强，能够设身处地为厂商着想，而及时有效地解决问题是挽回老年人信任的关键所在。

现在购物都挺好，没有啥，就是服务要做得更好，会让大家更愿意在他家消费。是吧，服务非常重要，我一般是在说客服，就像退货这事，不管你能退还是不能退，你应该给人家一个反馈（牛女生 60-252）。

要是坏的很多，给他们打电话，他们可以再给邮过来一箱，不过一般没啥大问题咱也不叫他再邮了，不占那小便宜……人都不容易，给解决就行，那有的，你问他，他一直不回话，买完就再也不可能去他那里买了，态度都不中（杨女士 61-50）。

服务响应性是指厂商能够提供快速、有效的服务，对于老年人咨询、提出的要求和投诉，企业应该迅速协调、及时回应，并给予有效解决，尽量缩短老年人的等待时间，弥补老年人的损失，保证其消费权益不受侵害。本章研究发现，经常进行新型消费的老年人，必然会遇到诸如产品质量问题、物流问题等情况，如果厂商能够及时给予回应和解决，他们还是有很大包容性的。

问客服说的都是能发货，想着两三天送过来就能用了，结果两三天之后我再看淘宝显示还没发货，我感觉很纳闷，我问那个客服，客服说是因为疫情的原因发不了货，但是我买的其他的快递都能发货，我很生气就去投诉了，投诉了之后那商家联系我，立马给我说都能发货了，淘宝还给我赔偿了无门槛的优惠券，这个处理速度和处理结果还挺好嘞，我挺满意的，向着咱消费者不向着商家……虽然这些购物软件都存在这些问题，但是总体上这些平台客服的服务态度还是可以的，再不行还可以投诉，总的来说平台是站在消费者这边的，服务态度也好，比较满意（孟先生 60-106）。

我有两次在抖音上买食品，它那个食品不太行，中间有坏的。但是我跟商家一说，商家的态度也挺好，给我补了差价（宋女士 58-100）。

3.5.1.4　价格因素

新型消费供给价格直接关系到老年人的消费支出和生活水平，因此尽管随着经济状况的提升，老年人也愿意购买一些稍微贵一些的高质量产品和服务，但是，他们对价格还是比较敏感的。厂商在定价时，让老年人感觉到物有所值是非常重要的。尤其是对于绿色消费产品和个性定制化产品与服务，收入水平较高的消费者虽然能够接受一定程度的“溢价”，但是对于大多数老年人来说，还是应该价格合理。过高的价格肯定会让人望而却步，抑制老年人的消费欲望，使其需求减少。

当前，也有一些厂商以“环保”“定制”为噱头，并将“溢价”视为理所当然。然而，这些售价不菲的“环保和定制产品与服务”虽然有可能风行一时，但绝不可能长久，反而会给新型消费环境带来严重的负面影响。老年人并不傻，他们拥有丰富的人生阅历和消费经验，他们需要的是真切实用、能够提升生活品质的、价格合理的绿色环保产品、定制产品与服务，他们并不会仅仅因为“环保”“定制”的名头就乐于接受高溢价。

在网上买东西，那东西得便宜……你想俺这些人买东西哪都挑便宜的，挑好用的买，在网上买便宜了，好用，俺才能叫俺孩儿帮忙买点（赵女士 61-25）。

还是会先多看看多比比，比较就是比较出质量高点的、价位合理点的。咱少花点冤枉钱，买个差不多的就可以了（翟先生 62-21）。

你像咱们这里的绿色食品，基本上超市有那个绿色食品，外边那个小摊上基本上都没人说他那是绿色食品。那肯定是绿色食品价钱要高些，现在咱们老百姓基本上都是哪样实惠吃哪样。那个绿色食品，感觉价格要高个一倍到两倍左右……毕竟有这个消费水平在那搁着，定制类的东西要贵了，超出咱们的消费水平，现在咱这个消费水平只能说哪样经济实惠买哪样（李先生 62-157）。

但是那种特别贵的我不会买，有那种特别贵的我都不吃了（孟先生 60-178）。

如果你能上门服务，那不是更好？虽然收费稍微高一点，但也不可能高得离谱吧！对，你要高得离谱，可能就把人推出这门外了（牛女士 60-258）。

绿色产品不都是有机不打化肥农药的嘛，可能比咱平常吃的普通的要好一点。平常也没咋特意买过。因为主要还是在附近超市买菜买得多，不会去那种特别好的超市买那种比普通蔬菜贵很多的那种有机的（乔女士 60-99）。

3.5.1.5　对老年人友好性

新型消费的实现依托于数字新技术，而根据技术接受模型（Technology Acceptance Model），感知易用性是信息技术及其产品能被接受的关键因素。本章研究表明，老年群体新型消费的发展，需要关注新型消费流程、平台和应用软件方面的易用性，提高其“适老化”程度或“宜老化”水平。很多老年人因为脑力、精力和体力的局限性，存在一定的畏难心理，本身就不愿意去学习或接触复杂的东西。因此，不友好的平台、软件或程序，肯定不会受到欢迎，新型消费实现条件对于老年人的友好性非常关键。具体而言，在消费流程方面，要尽量简单和便捷，该简化的简化，减少不必要的环节；在消费程序和软件设计方面，应该考虑老年人视力、听力和肢体灵活性方面的实际情况，尽量实现操作简单化，字体、声音和按键按钮都大一些，功能和密码设置不要太繁杂。

对于我们老人来说，像手机、字体弄大一点。老年人，毕竟那个视力、记性不如年轻人……毕竟老年人那个岁数也在这，有些东西接受能力也不如年轻人。开发商弄软件弄简单点，通俗易懂，让老年人容易接受这个东西（李先生 62-178）。

有一次我骑过一次（共享单车），但是确实有点麻烦，从那以后，我就没有再骑过……太复杂的话，我就不喜欢学（宋女士 58-39）。

现在这手机功能真多，老年人越是功能多越不会玩……我们老年人是不懂的。年轻人有知识，这个看得多，你们会想到或者说你以后要创建的东西，老年人好用……其实老年人就是希望以后这种软件稍微简单一点（许先生 67-23）。

密码太多了。登录密码、支付密码，设置了很多这种密码，就是不利于年龄大的那些人使用。太复杂了，弄点精简的那些软件对不对，我都记不住，哎呀，太多密码了（杨女士 61-107）。

3.5.1.6 在线呈现因素

新型消费中，产品和服务的在线呈现因素也非常重要，包括在线呈现的直观性、互动性和真实性。越是直观的展示，需要的认知努力越少，老年人越容易理解；在线的互动性越好，越能及时解答老年人的疑问，消除消费怀疑，增强消费信心，同时还能给老年人提供社交与情感支持，赢得老年人认同；在线展示真实性越强，越能唤起老年人的消费兴趣，增强其消费信心。在本章第 3.4 节关于老年群体新型消费的行为特征中，也指出老年人偏好直观和互动性好的购物方式。较高的直观性和互动性可以营造一种临场感，从而缩短老年人与新型消费的距离。不过，要真正赢得老年人的认可和信任，还必须确保产品和服务的在线呈现真实性，即新型消费供给物的品质、功效、外观及相关服务承诺能够让老年人感知到是真实的，符合老年人对真实的预期，能够经得起老年人的经验判断。老年人对在线展示真实性的感知越强，就越有利于积极情绪的激发。有研究表明，真实性对消费者态度、行为和品牌本身具有积极作用（Newman and Dhar，2014），能够增强消费者对品牌的情感依恋和口碑传播（Morhart et al.，2015），并对消费意愿产生正向影响（Napoli et al.，2014；王新新等，2019）。

我轻易都不看直播。我总觉得那里面的东西都是带有商业性质的，好像都是赚钱或者图利，吸引你有他的目的。感觉夸张，它有这一点，我就不看……因为我就是从农村来的，水果蔬菜好不好，都不用去那看。网上总有很多这种，比如有人说看这萝卜长得多好，一瞅就是用膨大素了，都长裂了。那是很常见的，俺成天种萝卜也是那样。只要水和肥足，有阳光，那萝卜特别是那直的萝卜，长裂的多。然后底下很多评论说这是用膨大素了。有很多它都不真实（苌女士 60-275）。

我感觉比较真实。我在拼多多上看直播买过三七粉，那种活血的药，我去年崴脚了，想着买点吃吃，好得快一点，在那直播间你下好单，他当着你面把那三七块儿都磨成粉，再做上记号，叫你看清楚，才发货，快递到了我看了以后跟直播间里头一模一样，质量也不错，吃完效果挺好（翟先生 62-47）。

3.5.1.7 声誉

厂商或品牌声誉对老年人新型消费行为决策具有重要影响。本章研究表明，老年人并不相信厂商广告信息，而更倾向于相信来自市场的企业声誉信息。具体而言，老年人在进行新型消费时，往往把在线评论好坏、店铺评定星级、市场销量大小等声誉要素作为行为决策的重要参考指标。在一些学者的研究中，声誉常常用设计的好坏、质量的高低、口碑的好坏、市场占有率的大小、市场地位的高低等来进行衡量（Chaudhuri and Holbrook，2001；李国峰等，2008；陶红、卫海英，2016），这与本章研究结果是一致的。因此，为了赢得老年群体的认可和支持，厂商或品牌就应该在这些关键声誉指标上下功夫，包括要保证产品与服务的质量、保持较高的设计水平、维护好在线评论信息和零售终端的消费评级、展示较大的销量等。

我就是买啥东西都去看看他那些老客户的评价，广告那都不能信，你还是得看真正用过的人咋说，多看点，自己心里就有数啦（翟先生62-54）。

看看这个东西的评价，好的评论多了，基本上这个东西就差不多（李先生62-31）。

我买东西都是看它这店铺中不中，看它卖得多不多，再看它几个星，五个星的都是好，大家都买，说明这店都不赖……我主要是点开看看店铺，我看着店不错，评价好，我就买了……我买东西是只要我自己看中，价钱合适，再看看人家那评论区里头咋评价它质量的，中，我就能买了。那广告都知道咋回事，都不能信（杨女士61-16）。

来回比较，就是看那个消费信誉高、消费量大的那种，肯定会买那种店里的了，是吧……看它的信誉度、看它的销量、看它的质量、看它的厂家……评论区重点看人家那个买家秀一类的，评论区也看，买家秀也看，但是说的这个评价有好有坏，可以参考一下（张女士58-74）。

3.5.2　周围他人影响

周围他人影响对老年人新型消费态度和行为决策起到重要作用。本章研究中，有80%的老年被访者提到了周围他人的重要影响。

3.5.2.1　反向代际影响

在数智化时代，年青一代伴随着电子计算机和互联网发展而成长，他们在新型消费方面拥有更加丰富的知识、经验与见解，而老年人原有的知识、经验和价值观等方面都遭遇了新的挑战，因而老年群体需要向子孙辈年轻人学习新的消费知识和技能，这种现象又被称为反向代际影响。本章研究发现，有新型消费经历的老年人中，超过63%的人提到了反向代际影响。很多老年人对于新型消费的了解、接触、熟悉和习惯养成，都是受到子孙辈的启发、鼓励、推荐或“手把手”的演示与帮助。因此，鼓励年青一代对老年群体进行“数字反哺”，对于提升老年群体的数字素养和推动老年群体新型消费发展都具有重要意义。

来这之前我都没用手机支付过。第一次来这我带了 700 块现金，现在都不用现金，结果一分钱都花不出去。后来没办法了，我叫俺妮把她的银行卡绑到我手机上……俺妮有的时候手把手教我。后来她也给我买回来了，我不经常买。不过将来我还是以在网上买为主（苌女士 60-70）。

刚开始吧我不会在网上买东西，想买个啥都得叫孩子给我买，后来我专门让他们教我，到现在了基本上我啥都会……一开始我看孩子都在网购，我不会啊，但是我看他们一会儿一个快递，非常方便，然后我就想着学学吧，往后自己买东西也方便多了，不用麻烦他们，自己就行，然后我就让他们教我，我学会了之后就下载了很多买东西的软件（石先生 62-15）。

我一般不让他买，因为他买的东西不一定合适。我也不需要他给我买啥，我基本都能自己操作，我要是不太会弄啥东西的话，我会让我孩子帮忙弄一下（宋女士 58-66）。

我在家天天也没事，俺孙子都教我看这个快手，有时候看那广告，看人家东西挺好，还比咱这便宜，都问俺孙子该不该在上面买（李先生 66-14）。

去超市买东西，过去这个没怎么带（购物袋），后来我女儿说要环保，所以让我们带。我们有时候就这样带着还挺方便。因为超市那个袋子有时候设计得没有提手，我们也不好提、不好拎，我们自己带个袋子也很方便（张先生 62-46）。

3.5.2.2 同侪影响

相比于一般他人，同侪由于处于相似或同等的地位，观点相近、言语投机、感情融洽，相互之间具有更强的吸引力。本章研究发现，同侪的意见、态度和行为对于老年群体的影响比较大，也更为深刻。老年人关于很多新型产品与服务的了解、使用和购买，都受到了周围亲戚朋友或邻居等同侪影响。

是通过朋友推荐的，那不是拼多多上有浇水领水果、领现金嘛，朋友们通过这个东西转给我，我点开看看，慢慢开始在这网上买东西了（翟先生 62-24）。

洗碗机朋友用过，现在我听朋友说他家用了可好使了，专用的洗碗的，放里面就可以了，都不用管它了，他说要买就买好的，别买那些乱七八糟的。但是那个牌子我还得再考虑一下（牛女士 60-188）。

有邻居给我推荐过智能饮水机，我一看也不贵，功能也挺多就直接买了，用了一段时间感觉还不错（石先生 62-75）。

以前都是俺们朋友聊天了，看见啥怪好看，说你这东西搁哪买的，然后才知道的拼多多，就叫她给我也下载了一个，就开始用了，买点啥也怪方便（杨女士

61-29）。

同侪关于新型消费的态度、评价和行为决策对于老年群体新型消费选择具有重要参考价值。很多老年人认为，既然周围亲朋等都选择了这样的新型消费方式或者新型消费产品与服务，就说明它们确实不错。一方面，“他们用的东西如果感觉不好的话，肯定不会推荐”；另一方面，当面对不熟悉的新型产品与服务时，同侪的推荐是一个捷径，可以让自己节省大量的时间和精力，“不费力气再去挑了”。当然，面对同侪的影响，老年人也不是毫无保留地接受，他们会先尝试一下，确定合适之后，再进行选择。

俺院老太太骑得不错就买了，本来我看那么小一点肯定不得劲，我一骑舒服得很，上楼下楼，上医院嘞，给老头送个饭啥的方便得很。但是俺买这种东西是看有人骑了，实在不错的话俺才敢买（周女士 72-88）。

一开始我也不会，在网上买东西还是有一次维修东西需要配件了，叫旁边的同事教我怎么在网上找类似的配件，他一教我，给我下载的淘宝啊，我都一直用了，后边慢慢学会自己在网上买东西……给我推荐东西的都是亲戚朋友哎，他们用的东西感觉不好的话，肯定不会给我推荐。他们给我推荐的我要是不需要的话肯定不会买，但是我就算需要，有的我之前了解过的，还得再找找看看有没有好一点的，我不了解的直接就跟着买了，不费那力气再去挑了（孟先生 60-16）。

3.5.3　老年人个体因素的影响

老年人的性别、居住区域、受教育程度和收入水平，也对其新型消费选择具有重要影响。为了进一步探索老年群体的个性特征的具体影响，本章研究考察了不同特征的老年人在定制消费、共享消费、新业态购物、科技时尚消费、文旅消费、绿色环保消费、网购、在线内容消费、在线医疗、在线支付以及新型消费主动学习等方面的行为选择差异。

3.5.3.1　性别对于老年人新型消费行为的影响

本章研究将选择特定新型消费的不同性别被访者人数除以相应性别的个案总数，得到相应被访者选择特定新型消费行为的个案占比，以此来比较老年群体新型消费行为决策的性别差异。具体如图 3-4 所示。

数据表明，不同性别的老年人，在文化旅游消费、绿色环保消费、在线支付和主动学习方面，以及在电商直播或社群购物等新业态消费方式上，差别都不太大。但是，在定制消费、共享消费、科技时尚消费和在线医疗消费方面，男性比女性选择人数更多；在网购和在线内容消费方面，女性选择人数明显高于男性。

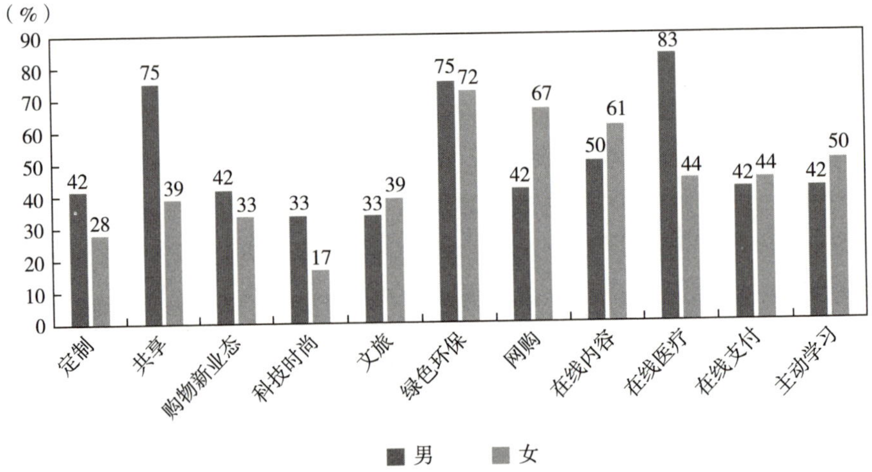

图 3-4　老年群体新型消费行为决策的性别差异

3.5.3.2　居住地对于老年人新型消费行为的影响

本章研究表明，居住在城市里的老年人，其新型消费水平明显比农村老年人高。农村老年人在定制消费、共享消费、网络购物、在线医疗等方面的差异明显，尤其是在直播带货、社群购物和科技时尚消费等方面，很多农村老年人基本上并未涉及。在文化旅游、绿色环保消费、在线内容消费、在线支付和主动学习方面，城乡老年人差异相对小一些（见图 3-5）。由此可见，城市老年群体是新型消费发展的重要增长极，而农村老年群体中虽然也有一部分人对新型消费的了解和学习意愿较强，但是其新型消费情况整体上落后于城市老年人。要推动农村老年群体新型消费发展，还有很长的路要走。

3.5.3.3　收入水平对于老年人新型消费行为的影响

本章研究将老年人收入水平划分为三个档次，即 2000 元及以下的低收入，2001~3999 元的中等收入，以及 4000 元及以上的高收入。数据分析表明，老年人收入水平对共享消费、科技时尚消费、绿色环保消费、在线内容消费、在线医疗消费等具有正向影响，收入越高，其消费水平也就越高；在网购、新业态购物等方面，不同收入水平老年人的差异不大；但是在定制消费、在线支付以及新型消费主动学习方面，反而中等收入的老年人更为热衷一些（见图 3-

6）。之所以出现这种情况，可能是因为，相对于高收入老年人，定制消费和新型消费学习属于发展享受层次的需求，而在线支付属于刚性需求，所以中等收入老年人在这两个方面比高收入老年人还积极；相对于低收入老年人，中等收入老年人的购买力更强、消费欲望更强烈，因而在这些方面高于低收入老年人。

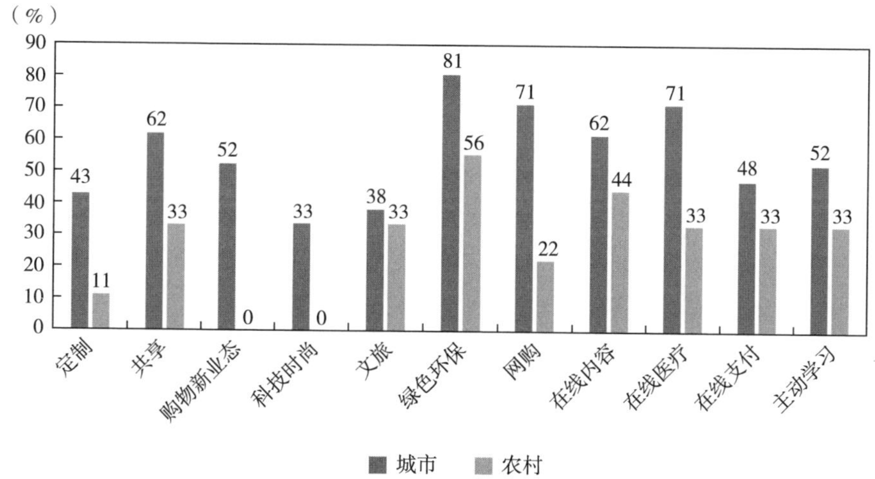

图 3-5　老年群体新型消费行为决策的城乡差异

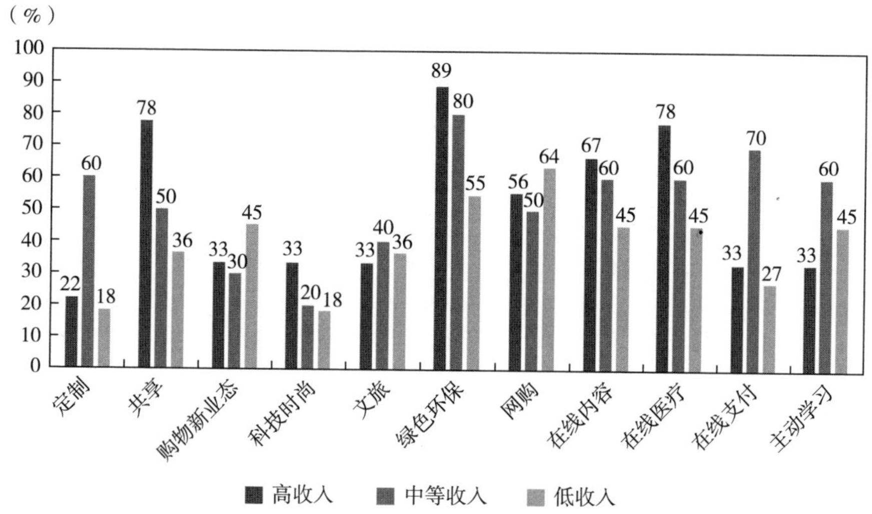

图 3-6　不同收入水平老年人新型消费行为决策的差异

3.5.3.4 受教育程度对于老年人新型消费行为的影响

本章研究将老年人受教育程度划分为三个水平，其中低学历是指受教育程度为初中及以下水平，中等学历是指受教育程度为高中水平，高学历是指受教育程度为专科及以上水平。数据分析表明，受教育水平对定制消费、科技时尚消费、绿色环保消费、在线内容消费具有正向影响，学历越高，这些方面的新型消费水平也就越高；相对于中低学历老年人，高学历老年人在共享消费、绿色环保消费、在线内容消费和在线医疗消费方面的人数占比明显要高，这与其先进的消费理念、较强的精神消费诉求以及较高的知识水平是分不开的；相对于低学历老年人，中高学历老年人在主动学习和在线支付方面的人数占比明显要高一些；值得注意的是，低学历老年人在购物新业态、网购等方面的人数占比反而比高学历老年人要高，这可能是因为，高学历老年人具有较高水平的知识和图文理解力，而低学历老年人在这些方面则弱一些，因此相对更喜欢比较直观、生动和互动性强的消费方式，这样的话他们更为省心省力，认知负担大大减轻（见图 3-7）。

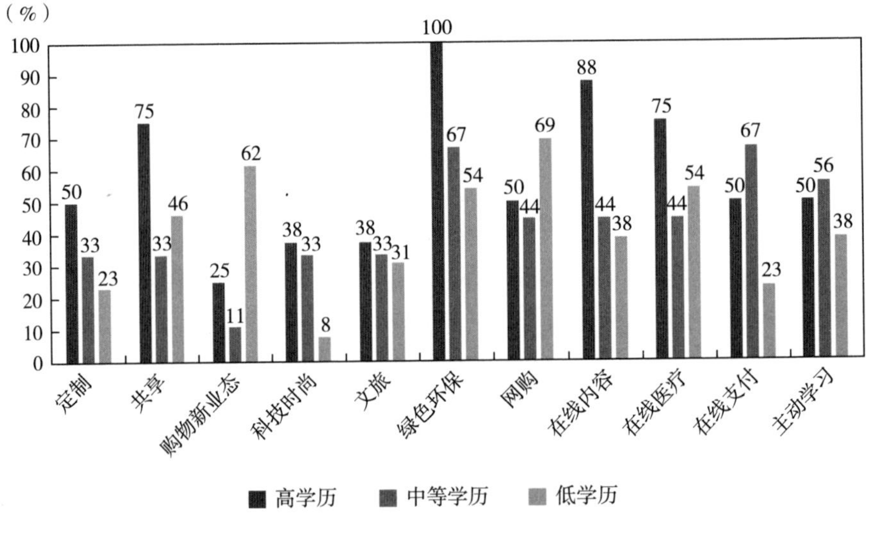

图 3-7 不同学历水平老年人新型消费行为决策的差异

另外，老年人的身体状况也会对其新型消费行为产生影响。比如，身体较差的老年人可能在那些需要付出较多体力的文旅消费项目方面受到很大局限，眼睛不好和听力不好的老年人在网络小说阅读或电子听书等在线内容消费方面受到限制。因此，不同类型新型消费项目在设计时，应充分考虑到老年人身体状况，开发一些与其生理机能相符的新型消费项目。

电子书，我眼不好，我老怕费眼，看电子书我就看那一段，比如说杨绛那一段……我耳朵不行，这俩耳膜老不舒服。我就是也听，我就听十点读书。还有那董健，董健十点读书，他不是都属于那一类（苌女士 60-219）。

眼睛看不见书了，看电视时间长了，那难受，就这看看那个抖音，也不是认真地去用眼睛看而是听，听一下，理解它留言内容……我的眼睛有视力障碍，我要爱护我的眼睛（孙女士 83-16）。

毕竟这个年龄看得多了，有时候眼也花……旅游的话，我们舞蹈队有人去，我不多出去，我现在腿脚不是很方便。腿不舒服，不敢爬山，走路多也疼……就俺孩回来了领着出去旅游啥的，到那景区了，我都在外边等着他们进去玩，因为这膝盖有问题，走多了，怕伤着（张女士 58-42）。

3.5.4　新型消费环境的影响

新型消费环境对于老年人消费内容、消费树立和消费方式都有重要影响。尤其是国家政策的支持、倡导和法律环境的完善，会直接或间接地影响老年人的新型消费预期、信心、意愿等心理因素，进而影响其消费行为。本章研究表明，老年人对国家具有极强的信任感，政府的政策支持与倡导极大降低了老年群体在新型消费过程中对风险的感知。国家所推出和倡导的消费内容与方式被认为是“更安全、更便捷、有保障的”，是“与时俱进”的消费生活方式，是应该遵循的。

现在反而比原来刚开始好多了，现在新能源车是国家提倡的，对，再买车肯定会考虑这个……租出去那一家住户，他说冰箱不中了，那就换一个，有补贴才1900多，对，它有一个政府补贴环保那个……确实你说是不是大环境都是这样，你不可能不与时共进……比如刷脸这事，这不是每个家属院都已经露脸了吗？就是门口门禁，一开始我们会担心。后来说了，这也是受国家保护的……现在国家也提倡这些。我看新闻有这些类似的，我觉得反正就是有这个（在线医疗）的话会很方便（牛女士 60-141）。

一般都是通过微信、支付宝，现在用建设银行这个手机银行支付了，一般都是用这些。可能数字货币还没到我们这，到我们这以后就会减少使用或者不用支付宝、微信，我们用银行的那个数字货币，会更安全、更便捷……我们应该提倡老百姓用这个东西（张先生 62-68）。

3.6 本章小结

推动老年群体新型消费发展，既是关爱老年群体、提高其生活品质的要求，也是实现经济社会高质量发展的重要内容。本章研究以近3个月内有新型消费经历的30名老年人访谈文本资料为基础，采用扎根理论研究方法，借助于NVivo 11质性分析软件，对数智化时代老年人进行新型消费的主要刺激因素和条件进行质性分析，描绘出老年人新型消费生活的一幅全景式画像。

本章研究发现，平台型消费已经成为老年人新型消费的主要方式，抖音、微信、拼多多、淘宝、支付宝、京东、爱奇艺和快手等网络平台都是老年人消费生活中非常熟悉和经常使用的平台；在线文化娱乐消费成为老年群体生活方式中的重要内容，成为“银发经济”的新风口；很多老年人对在线医疗服务是有需求的，但是目前聚焦于网上预约挂号、在线购买医疗保健用品和药品，虽然有少数老年人已具有在线诊疗的经历，但大部分人还是认为“仅靠问诊来看病是没有保障的”；在线社群团购给老年群体的生活带来了极大的方便，也成为很多老年人喜欢的消费方式；很多老年人具有较强的绿色环保和食品安全意识，表示愿意进行绿色环保与共享消费，但同时也存在绿色食品信任危机；文旅消费是闲适自在老人钟爱的消费活动，但这种消费活动是受限于老年人身体因素的，也受到旅游消费环境的影响，因此相关文旅项目的适老化改造、旅游消费环境优化就成为推动老年人消费的关键环节；经济实力较强的老年消费者，愿意付出稍高的价格去定制符合自身个性化需求的产品和服务；老年群体中也有新潮的消费者，他们非常青睐科技与时尚性产品与服务。

老年人对于新型消费，方便快捷是第一诉求，那些易学易用、操作方便的新型消费内容与形式格外受欢迎。在实际消费中，实用性、性价比是老年人在选购商品和服务时的主要考虑因素，他们比较节俭，不愿意花“冤枉钱”，但也不会一味追求低价格，还是希望能够提高生活品质。电商直播和社群购物等比较直观、互动性好的购物方式，由于能够呈现“眼见为实”和“准社会关系场景”，因而受到老年人的喜爱。很多老年人会自发学习和尝试新型消费相关的内容，也期望国家和社会给予更多的帮助，以便于他们更好地跨越“数字鸿沟”，跟上时代发展。值得注意的是，要推动老年群体新型消费的发展，也不是容易的事情，需要克服一系列重要问题。比如，有一些老年人在新型消费过程中上当受骗“吃亏”了，因而对新型消费产生了警惕甚至抵制。并且他们的经历经过舆论传播，也让更多老年人感知到较高的风险，对新型消费保持了较高的戒心；再比如，一些网站或App在使用的过程中会弹出大量的广告信息，给很多老年人带来不小的困扰，总是担心会遭遇信息泄露；另外，面对新型消费技术的快速迭代发展，很多老年人还是存在畏难心理的，他们苦恼于总是“前学后忘”或“学不会”，害怕“麻烦别人”。

在影响老年人新型消费的诸多因素中，新型消费供给因素，包括企业品牌因素、供给质量因素、服务因素、价格因素、对老年人友好性、在线呈现因素和声誉，对老年人新型消费行为决策起到决定性作用。新型消费的高质量供给，能够引导、创造、诱发或拓展老年人的新型消费需求，激发其购买欲望。具体而言，品牌知名度和大众对品牌的评价常常是老年消费者决定购买的重要驱动因素，产品与服务供给质量则是老年人非常看重的因素。对于很多老年人来说，质量过关是必要条件，良好的服务态度、服务的可靠性和响应性是赢得老年人信任的关键所在。老年人对于价格还是比较敏感的，厂商在定价时，让老年人感觉到价格合理、物有所值是非常重要的。同时，新型消费实现条件对于老年人的友好性非常关键，厂商应该关注消费流程、平台和应用软件方面的易用性，提高其“适老化”程度或“宜老化”水平。尤其是，在进行产品和服务的在线展示时，应该注意直观性、互动性和真实性。并且，厂商和品牌还应在声誉要素上下功夫，重视向老年群体展示在店铺评定星级、在线评论、市场销量等方面的工作。

周围他人影响和消费环境因素对老年人新型消费态度和行为决策能产生推动或制约作用。很多老年人对于新型消费的了解、接触、熟悉和习惯养成都受到子孙辈的反向代际影响，因此鼓励年青一代对老年群体进行“数字反哺”非常重要。同时，同侪关于新型消费的态度、评价和行为决策对于老年群体新型消费选择也具有重要参考价值。本章研究还表明，老年人对国家具有极强的信任感，政府的政策支持与倡导能够降低老年群体在新型消费过程中的感知风险，他们乐于遵守国家所倡导的消费内容和方式。

老年人的性别、居住区域、受教育程度和收入水平，对其新型消费选择具有重要影响。首先，在定制消费、共享消费、科技时尚消费和在线医疗消费方面，男性比女性选择人数更多，而在网购和在线内容消费方面，女性选择人数明显高于男性。其次，城市老年群体是新型消费发展的重要增长极，他们的新型消费水平明显比农村高。农村老年人在定制消费、共享消费、网络购物、在线医疗等方面明显低于城市水平，尤其是在直播带货、社群购物和科技时尚消费等方面很多农村老年人基本上并未涉及。再次，收入水平对老年人共享消费、科技时尚消费、绿色环保消费、在线内容消费、在线医疗消费等具有正向影响，但是在定制消费、在线支付以及新型消费主动学习方面，反而中等收入的老年人更为热衷一些。最后，受教育水平对定制消费、科技时尚消费、绿色环保消费、在线内容消费具有正向影响，高学历老年人在共享消费、绿色环保消费、在线内容消费和在线医疗消费方面的人数占比明显要高，但低学历老年人在购物新业态、网购方面的人数占比反而比高学历老年人要高。

第4章　县域新型消费调查研究

一直以来，大中城市是消费升级和新型消费的主战场，县域消费发展则处于边缘化。然而近两年，县域消费和市场逐渐成为中国经济的一抹亮色，也引起了国家和政府的关注。第七次全国人口普查数据显示，我国乡村人口达5.0979亿人，占全国总人口的比重为36.11%，巨量的县乡人口是未来消费增长的潜力所在，县域新型消费成为促进内循环发展的重要通道和动力基础。本章主要聚焦于县域新型消费发展情况，广泛收集有关县域新型消费的各类政务信息、工作报告、新闻报道、典型事件等二手资料，并结合实地走访调查和访谈调查资料，进行质性研究分析，以便揭示县域居民新型消费的主要特征和发展趋势，发现制约县域新型消费发展的短板和薄弱环节，为推动县域新型消费发展提供充实的信息支持、经验支持以及工作新思路。

4.1　研究背景

2020年中央经济工作会议提出2021年中央八大重点任务时，指出“要把扩大消费同改善人民生活品质结合起来……充分挖掘县域消费潜力”。2021年《中共中央　国务院关于全面推进乡村振兴加快农业农村现代化的意见》中指出，“迫切需要扩大农村需求……全面促进农村消费……满足农村居民消费升级需要，吸引城市居民下乡消费”。2022年《中共中央　国务院关于做好2022年全面推进乡村振兴重点工作的意见》指出，“实施县域商业建设行动，促进农村消费扩容提质升级”。2023年《中共中央　国务院关于做好2023年全面推进乡村振兴重点工作的意见》指出，要“全面推进县域商业体系建设”“大力发展共同配送、即时零售等新模式”。而中共中央和国务院关于《扩大内需战略规划纲要（2022-2035 年）》的文件指出，要“推动农村居民汽车、家电、家具、家装消费升级。引导县域引入城市消费新业态新模式，充分满足县乡居民个性化、多元化、中高端消费需求”。

县域居民消费潜力很大。随着农村居民人均可支配收入的增加，随着互联网通信技术的快速发展，县域的消费观念和消费结构发生了巨大变化，整个消费市场动能充沛，消费升级诉求强烈。2020 年，阿里巴巴“十一”假期消费数据显示，53%的商用电器卖向县域市场，48%的购买者来自小镇用户，三线及以下城市出游人次占比达 60%。2020 年，县乡用户通过拼多多“新品牌计划”累计购买定制化产品订单达 1.12 亿件（傅博、于琦，2021）。国家统计局数据表明，2020~2022 年，我国农村居民人均可支配收入依次为 17131 元、18931 元和 20133 元，增速分别快于城镇居民 2.6 个百分点、2.6 个百分点、2.3 个百分点；2020~2022 年，农村居民人均消费支出依次为 13713 元、15916 元、16632 元，增速分别快于城镇居民 5.9 个百分点、4.2 个百分点、4.2 个百分点；2020~2022 年全国农村网络零售额分别达 1.79 万亿元、2.05 万亿元、2.17 万亿元，呈逐年增加的趋势。

尽管县域消费市场潜力巨大，但在总量上还是偏低的，消费能力有待进一步提升，消费需求有待进一步唤醒。国家统计局数据显示，2022 年，全国乡村网络零售额为 2.17 万亿元，仅占全国网上零售额的 15.74%，约为城镇网络零售额的 18.67%。县域新型消费市场的发展，需要多方力量的参与和努力，不能奢望立竿见影。但是，正是由于县域消费市场长期的沉寂和落后，该地区人们寻求发展和改善生活的愿望非常强烈，因此容易培育消费热点、形成消费增量。目前，一些企业开始加速布局这一下沉市场，挖掘县域消费，并已经取得一定的效果。需要注意的是，促进县域消费，绝不是简单地把一二线城市曾流行甚至过剩的商品销往县城乡镇，而是需要进行深入的市场分析和有针对性的供给管理，这样才能真正“把扩大消费同改善人民生活品质结合起来”。

4.2 研究设计

为了深入洞察县域新型消费发展情况，本章以二手资料分析法为主，访谈和参与观察法为辅，围绕县域和乡村新型消费主题收集了 20 多万字的文本资料。其中，二手资料主要来自互联网数据，包括各大互联网门户网站的新闻、报道和相关事件，各地政府官网的政务信息、工作报告，学习强国 App 中与县域消费相关的内容，国家统计局、商务部、电商平台及其他调研机构等发布的相关报告和数据资料。在收集相关二手资料时，考虑到时效性的要求，将时间范围界定为近 5 年，即主要考虑 2018~2023 年中国县域新型消费情况和新事件，共获得 17 万多字的文本资料；还对 23 个县域居民消费者进行了深入访谈，请近 3 年内有过新型消费经历的消费者，谈谈其关于新型消费的行为、具体内容、消费经历、消费原因和体验感受等，获得 3.1 多万字的访谈文本资料。

本章对二手资料数据进行了归纳分析和比较分析，对访谈文本资料进行了编码分析，编码规则为被访者姓氏+性别（先生/女士）+年龄+人数编号（姓氏、性别和年龄一样的多个被访者，设置此编号）。在此基础上，就县域新型消费发展的内容特征、行为特征、发展趋势及其所面临的问题与挑战进行了阐述，明确了推进县域新型消费发展的重点任务和思路。

4.3　县域新型消费发展的内容特征

4.3.1　网购成为县域消费新业态

随着互联网和快递业的发展，网购也深入县域地区，并形成一股消费新潮流。前瞻产业研究院数据显示，2019 年农村电商的用户规模达 2.3 亿，同比增长 4.1%。2020 年京东平台在县域地区的网购用户数增长超过往年，同比增长率达 37.5%，增长最高的中老年群体（46~55 岁）同比增长率达 61%（傅博、于琦，2021）。国家邮政局发布数据，2019 年全国建制村直接通邮，乡镇快递网点覆盖率达 96.6%，农村地区年收投快件超过 150 亿件[①]。本章研究中很多消费者表示，网上商品种类齐全，价格实惠，方便快捷，家里大到家具、电器，小到拖鞋、钥匙扣、手机壳、被子钉等，都能从网上购买。

我经常在淘宝、拼多多等电商平台上买东西；还有就是美妆，我买了很多化

① 2019 年全国 55.6 万个建制村直接通邮农村地区年收投快件超 150 亿件［EB/OL］. 腾讯网，［2020-01-06］. https：//new. qq. com/omn/20200106/20200106A0HPB100. html.

妆品、衣服之类的……我自己闲着没事就上电商平台，看推荐什么，或者随便逛一逛，如果有好看的，是自己喜欢的类型，我可能会选择购买……网购比超市的物品便宜很多，特别是拼多多，里面卖的很多物品都比超市便宜。你买很少的东西，没必要跑去大商场；去小超市的话，款式又很少，也可能没有自己想要的。网上也有很多神器，就那种很简单、很普通但是特别有用的东西，而且在现实生活中很难单买，超市里不卖的，比如说被子钉，我去了很多超市都没有找到，只能在网上买。网上购物款式很多，自己能有更多的选择，自己能去挑自己喜欢的物品（郭女士 20）。

网购啊，定制家具都有啊，我感觉现在几乎人人都会网购吧，现在连付账都是手机微信，一般出门就很少带钱了……想买就去搜索啊，去淘宝、抖音、拼多多都会有，我当时想买电热水器、抽油烟机，都是在网上买的（李女士 48）。

我就喜欢上网买东西，特别是拼多多和抖音上的那些九块九的东西，感觉快给我干破产了。我很喜欢在拼多多上买那种看似有用的生活小工具……淘宝和拼多多已经成为我手机上不可缺少的软件了……去逛拼多多，反正上面的东西也不贵，买了也花不了多少钱，只要看到它给我推荐的，我都想买，比如拖鞋、钥匙扣、手机壳、香薰……比如说上次买的衣服，也提前去街里实体店看了，但是逛了一下午也没找到自己喜欢的衣服，逛来逛去累得不行，回到家就开始逛拼多多，喜欢什么样的款式直接搜索就行，或者还有一些筛选，往沙发上一躺，用手指滑来滑去看就行了，最后根据自己的身高体重选择合适的尺码就行了。其实我觉得客服的服务也挺好，有时候不知道自己买多大号儿的就问客服，他会给你推荐（武女士 21）。

4.3.2 智能家电市场快速增长，健康和智能穿戴等新型消费萌发

县域地区是 3C 产品（计算机类、通信类和消费类电子产品）的重要市场，超过 40%的份额集中在县域，规模将近万亿元。苏宁零售云数据显示，2020 年下沉市场中，传统大家电销量同比增长 99.8%，厨卫同比增长 138%，冰箱同比增长 117%，洗衣机同比增长 91%，空调同比增长 90%，平板电脑同比增长 399%[①]。并且，对于这些产品，人们更看重升级版新产品，比如静音大容量的洗衣机、除菌除味双开门的冰箱、4K 高清大屏的彩电等。

县域居民对智能健康设备的需求旺盛。2020 年下沉市场苏宁零售云智能健

① 县域家电消费市场正在迅速增长［EB/OL］. 百度，［2021-04-09］. https：//baijiahao. baidu. com/s? id=1696552743280773158&wfr=spider&for=pc%E5%8F%91%E5%B8%83%E6%97%B6%E9%97%B4.

康设备销量同比增量为 109%。其中，电动按摩器设备销量同比为 780%，消毒柜为 387%，健康型净水器为 111%，智能手表和手环为 96%。人民网研究院的《县乡地区春节期间网购情况调查问卷》数据显示，比例为 15%的县域地区调查对象在 2021 年春节期间购买了智能穿戴产品，8%购买了扫地机器人，6%购买了面包机①。另外，小度智能音箱、智能照明、智能门锁、燃气壁挂炉、面包机、投影仪、无人机等新型产品也开始走入县域家庭，洗碗机、净水器和扫地机器人甚至被称为县镇市场的“新三大件”。研究表明，2019~2021 年，县域吸尘器、洗碗机、家用洗地机等智能家电销售额年均增长率分别高达 6. 5 倍、5. 2 倍、6. 1 倍②。本项目访谈研究发现，智能产品提升了消费者生活质量，在提升家务效率、生活便利、家居品质、幼老陪伴、健康量化消费等方面都发挥了重要作用，受到了县乡居民的喜爱。

生活更加方便了，不用出家门就能体验世界各地的生活，生活质量确实是提高了，就那些智能产品，可以连手机连 Wi-Fi 的那种空调还有洗衣机，那可是太方便了，自从俺家安了那些智能一点的东西，每天也可以偷偷懒，很方便、很快捷，也不用我管，反正弄好了自己也有提醒，那可省力了（王女士 52）。

前一段时间刚买了个小爱，在淘宝上买的。平时给宝宝放个歌，陪宝宝一块看个儿歌视频，非常好用。前段时间还给小姑子买了一个智能手表……刷抖音看到了百度旗下智能音箱产品小度在家。主要是因为家里有宝宝，可以用这个哄宝宝，用了感觉不错，之后又给我婆婆也买了一个。家里有老人，但是不会使用智能手机，更别说微信视频通话了。平时老人在外地开店铺，我们见面也少，就想着有什么电子产品可以和老人随时视频，还不用老人操作，我打过去自动接听，而且用着用着我发现它的功能比想象的更多……视频不需要对方接听就可以自动接通，能当监控，能看电视电影，还有我家宝贝的教育娱乐等都能用，最重要的是各种操作都可以用语音识别操作，设置好了就不需要动手了，还可以通过手机远程控制机器，比如音量、屏幕亮度等，唯一的缺点就是摄像头像素低了点，视频还是够用了。只要喊“小度，小度，我想干什么……”就可以了。还有那个智能手表，上次小姑子回家跟我说整体来说是不错的，对于喜欢大课间跑步的小姑子来说尤其喜欢，运能监控功能非常强大，她说有很多互动，早上起来会有小

---

① 聚焦“消费蓝海”助力新发展格局——2020 年县域消费研究报告［EB/OL］. 人民网，［2021-03-26］. http：//consume. people. com. cn/n1/2021/0326/c425315-32062055. html.

② 陈丽芬. 挖掘和释放农村消费潜力空间［N/OL］. 经济参考报，［2023-06-20］. https：//theory. gmw. cn/2023-06/20/content_36641413. htm.

简报，告诉你天气情况等（张女士23）。

4.3.3 汽车等大宗消费不断增长

汽车逐渐成为越来越多县域家庭的刚需品。县域地区居民随着收入的提高，地区公路硬化的改进，以及汽车下乡等优惠政策的刺激，每百户家用汽车数量逐渐增加，且增速高于城镇。据 iiMedia Research（艾媒咨询）调研，2021 年 1~6 月，下沉市场城市乘用车销售量复合增长率达 30.4%，有购车计划但尚未购买的人群比例为 54.7%，有 35.3%和 14.1%的下沉市场用户选择油电混合车与电动车，49.4%的下沉市场用户购车预算为 10 万~20 万元，预算为 5 万~10 万元的购车人群占比 27.1%，10 万~20 万元的中端汽车更受小镇青年青睐①。这表明广大县乡地区成为包括新能源汽车在内的汽车产品的重要消费市场，消费者对于车辆耐用性的追求和性价比的平衡。事实上，自 2020 年新能源汽车下乡活动启动以来，在三年内带动新能源下乡车型销量达到 410 多万辆。从 2020 年下半年、2021 年、2022 年新能源汽车下乡车型的消费情况来看，销量同比分别增长 80%、169%、87%，保持了较快的增长势头②。

总体而言，县域地区汽车市场进入相对较快的增长期。江西贵溪市塘湾镇财源村村民汪先生新买一辆小轿车，他说："现在村民收入都提高了，崭新的柏油路修到了家门口，很多家庭都买了小轿车。赶上镇里举办一场车展，优惠力度大，我就花了 12 万元买了这辆车。"③ 新能源汽车消费市场具有较大增长空间。有越来越多县域地区的消费者更加青睐小巧灵动时尚的电动车。家在河南驻马店的范先生继购买了一辆燃油车之后又购买了一辆大约 10 万元的新能源汽车，在平时的出行中，范先生也坦言，驾驶电动车的频率比燃油车更高。"感觉新能源汽车开起来更加方便一些，也更加省钱，而且有时候开到热闹的商圈附近，这样的小车，停车位也更加好找。"④

4.3.4 美妆产品和服务成为县域年轻居民的心头好

美妆产品和服务，包括化妆品、箱包、服装、美甲、皮肤护理和按摩服务等，都成为县域年轻居民消费生活的重要组成部分。尽管一线大牌产品和服务离

① 艾媒咨询．2021 年中国下沉市场汽车购买行为洞察报告［EB/OL］．百度，［2021-07-29］. https：//baijiahao. baidu. com/s？ id=1706614321127612876&wfr=spider&for=pc.

②④ 陈燕南．新能源下乡"正当时"5000 亿元市场待挖掘［N/OL］．中国经营报，［2023-06-03］. https：//baijiahao. baidu. com/s？ id=1767623908604708709&wfr=spider&for=pc.

③ 齐志明．进军县域消费"蓝海"［N］．人民日报，2021-02-03（19）.

县城还比较远，但其旗下的化妆品已摆上小镇姑娘的梳妆台。雅诗兰黛相关数据显示，旗下品牌购买者分布于全国 350 座城市，70%的订单来自未开设专柜的城市。迪奥的口红、SK-II 的精华液、资生堂的防晒乳，正代表了县城的消费潮流。江苏沛县的孙彬已经工作 3 年，略有积蓄，平时就爱“买买买”。她说，“我每月大约有 2000 元用于购物，买的最多的是化妆品”。孙彬说，“县城房价低，我没有什么房贷压力。工资虽然比不上一线城市，但是生活成本也没有一线城市那么高，所以日子过得还不错，需要的东西想买就买了”。①

4.3.5 文旅消费升级，县域小镇青年消费展现新风向

文旅消费的分量在县域小镇青年的生活中越来越重。看电影、玩桌游已不是最时髦的闲暇娱乐活动了，打卡网红店、“抱团”学手工、一起刷抖音、拍快手，成为小镇青年的休闲娱乐新风向标②。

“越来越多的年轻县域居民开始选择乘飞机出行。”去哪儿网首席执行官陈刚介绍说，去哪儿网 2020 年用户数量同比增长数千万，新增用户中三线以下城市用户占比达到 46%，“95 后”群体占比高达 40%。934 万用户通过去哪儿网平台购买了其人生中第一张机票。小镇青年小孙说：“今年‘十一’黄金周，我和男友去云南逛了一圈……买了不少东西，算上机票、酒店，前后花了近 8000 元。”③

4.3.6 教育与医疗保健等服务类消费需求巨大

县域地区消费者的教育支出在 2020 年实现大幅攀升，包括儿童类读物、婴幼儿早教机等儿童教育/益智类产品，同比增幅高达 196%。2020 年，县域农村服务型消费增长高于大部分城市，其中钟表服务（钟表邮寄维修）增长 104%，装修服务增长 96.9%，安装/调试服务增长 83.9%。另外，随着线上问诊、线上买药等业务的发展，县域地区在医疗保健方面需求巨大。2020 年县域地区医疗保健订单占比 6.1%，近 3 年县域地区医疗保健订单量增长 58%，仅次于生鲜排名第二④。

网上有很多网课，我现在也在网上学习很多东西，提高自己的能力，希望能找到一份更好的工作……有时候没空去医院，去了医院还要拿号排队，很耽误时

①② 孔德晨．县城乡镇成为消费新动力 小镇消费者热衷买什么？[EB/OL]．人民网-人民日报海外版，[2020-10-29]．http：//finance.people.com.cn/n1/2020/1029/c1004-31910039.html.

③ 齐志明．进军县域消费“蓝海”[N]．人民日报，2021-02-03（19）．

④ 聚焦“消费蓝海”助力新发展格局——2020 年县域消费研究报告［R/OL］．人民网，［2021-03-26］．http：//consume.people.com.cn/n1/2021/0326/c425315-32062055.html.

间，如果是小病的话，直接线上治疗，然后线上约个时间去拿药，会很方便（郭女士 20）。

还有网上的一些课程，现在不是付费经济嘛，我前些天还在网上买了一个线上的课……现在主要是知识付费，到处都是付费，对我来说现在应该消费得起……我已经不上学了，但我也有想学习的东西或者想问的问题，我就在网上买课或者以有奖问答的形式来学习并充实自己，在线下上课或者问问题吧都不太现实了，一是没时间，二是周围人可能不懂这个问题（万先生 24）。

4.4 县域新型消费发展的行为特征

4.4.1 看重实用价值，性价比仍是首要考虑因素

县域消费者在购买商品时，实用价值和性价比是首先参考的因素。人民网研究院《县乡地区春节期间网购情况调查问卷》数据显示，县乡地区调查对象在网购商品时最看中“经济实惠”，占比达 67%。其次为“质量和功能好”，占比为 23%。只有 6%的调查对象看中“正品大牌与档次高”。中国电动汽车百人会 2020 年发布的《中国农村地区电动汽车出行研究（2.0 版）》显示，农村消费者在购买新能源车时最先考虑的是使用经济性，占比达 66.5%。他们期望所购买的车辆更经济，充电花费更少①。本项目访谈研究也表明，县乡消费者在网购时更注重经济实惠性，价格仍然是非常重要的消费决策影响因素。

消费的时候就是感觉经济实惠就可以。在网上看着方便，不用到实体店再转、再逛、再挑。并且可比性比较强，网上那么多家店可以看，货比三家，在线下，俺家这一片卖热水器的就这么几家，也不能很好地比较啊（李女士 48）。

我刷快手看那个羊毛裤子挺好，也比街上的便宜，就叫俺孙子在上面给我买了一条，过两天人家就给我打电话送到了（李先生 66）。

网上买菜，就那个在手机上买菜，然后第二天去咱这儿的超市领……我还学着在上面领优惠券，买肉、排骨便宜……手机上也是啥菜都有，你想买啥就买啥，和我们自己去超市买，价格差不多，但是要是买点虾尾、菜蔬那上面还比咱

① 聚焦“消费蓝海”助力新发展格局——2020 年县域消费研究报告［R/OL］. 人民网，［2021-03-26］. http：//consume. people. com. cn/n1/2021/0326/c425315-32062055. html.

家里便宜点儿（刘女士 49）。

下单买了一只猫和一些关于猫猫起居生活的一系列产品……在购买前我也做足了功课，首先是购买价格如何最优，再通过知乎、豆瓣等平台了解网上找帖子，同城找优惠。然后就按照帖子的指导一步一步寻找（齐先生 20）。

县域消费市场追求“实用”的这种需求特征，意味着那些知名度不太高、但提供平价高质产品或服务的新国产品牌，将在这个市场上大有可为。拼多多数据显示，在美妆/个护、女装/男装/箱包皮具、零食/坚果等类目中，来自县域地区的国产品牌订单增速超过 120%，为培育本土新品牌提供了海量订单。2020 年，县域用户通过拼多多“新品牌计划”累计购买产品订单量达 1.12 亿件，使一批优质企业走上了自主品牌发展的道路①。

4.4.2　重视熟人社会的消费模式，关注小镇青年消费

与城市不同，县域尤其是乡村仍然是熟人社会场景，周围他人和所在群体的口碑及行为对人们消费意向的影响很大。这意味着，拼购、团购等社交营销策略在这个市场上是非常有效的。尤其是，消费者间口耳相传的口碑效应将会使那些真正优秀的品牌和企业脱颖而出，取得优异绩效。

小镇青年是县域消费的主力群体。很多小镇青年曾到大城市生活居住过，消费理念与大城市契合，消费倾向呈现与大城市居民趋同的特征。而且他们负债率较低，绝大多数人少有或没有房贷压力，可支配收入和可支配时间相较于一二线城市青年反而更多，因此消费能力也强。一些主打“轻奢”定位的国际品牌，如美国蔻驰等，近两年纷纷到小城市、县城开店，受到年轻人追捧。有专家预计，“小镇青年”会成为今后 10 年消费市场的主力军，预计到 2030 年三四线城市居民消费将达 45 万亿元②。

4.4.3　消费内涵和外延不断扩大，追求品质生活

县域居民对高端商品的消费能力相对偏弱，但其对消费升级的需求和期待并不比城市居民少。当前，县域居民消费结构升级特征明显，他们对美好生活的追求已经成为推动国内循环经济发展的重要引擎。

---

① 聚焦“消费蓝海”助力新发展格局——2020 年县域消费研究报告［R/OL］. 人民网，［2021-03-26］. http：//consume. people. com. cn/n1/2021/0326/c425315-32062055. html.

② 孔德晨. 县城乡镇成为消费新动力小镇消费者热衷买什么？［EB/OL］. 人民网-人民日报海外版，［2020-10-29］. http：//finance. people. com. cn/n1/2020/1029/c1004-31910039. html.

在消费内涵上，县域居民不仅仅关注产品的质量和性能，对品牌化商品服务也日益偏爱。县域居民消费需求呈现品牌化和重视性价比并行的趋势，他们愿意为部分品牌支付品牌溢价，这主要体现在3C数码产品、家电、厨电、潮流服饰鞋帽等领域①。

从消费外延上看，县域消费品类不断扩大，汽车、旅游、美妆、智能家电和穿戴设备、绿色健康商品、燃气壁挂炉等享乐性产品成为日常品质生活的一部分，教育培训和文娱服务等消费的分量也越来越重。拼多多数据显示，2020年，县域地区在家装、家纺、数码、户外等品类的销售额增速超过140%，大量县域区域的用户首次购置了扫地机器人、面包机、投影仪、无人机等商品。京东平台数据显示，2020年县域农村美妆、数码产品的成交额增长要高于线上全部用户的消费增速。苏宁零售云数据显示，2020年下沉市场苏宁零售云智能健康设备销量同比增长109%，其中智能手表、手环同比增长96%，电动按摩椅销量同比增长780%，健康型净水器同比增长111%，平板电脑同比增长399%②。

4.5 制约县域新型消费发展的短板和薄弱环节

虽然县域消费潜力巨大，增长速度很快，但仍存在不容忽视的短板问题和薄弱环节。

4.5.1 县域新型消费缺乏优质供给，消费需求释放受到制约

与城市相比，县域市场的优质商品和服务供给仍存在较大差距，无法满足消费者的需求，尤其是对新生代农村居民。

首先，县域地区特别是农村市场少、小、散，商业网点数量有限，传统店铺以夫妻店为主，规模小，所售商品虽能满足基本生活需求，但是大部分商品品质不高，品种单一。据统计，全国33%的乡镇没有商品市场、53%的村没有综合商店③。

---

① 齐志明．进军县域消费“蓝海”［N］．人民日报，2021-02-03（19）．

② 聚焦“消费蓝海”助力新发展格局——2020年县域消费研究报告［EB/OL］．人民网，［2021-03-26］．http：//consume. people. com. cn/n1/2021/0326/c425315-32062055. html.

③ 乔金亮．乡村是消费增长“新一极”［N/OL］．经济日报，［2020-12-01］．https：//www. gov. cn/zhengce/2020-12/01/content_5566078. htm.

其次，农村消费品品质参差不齐，假冒伪劣商品多，售后服务差，降低了农村居民的消费意愿。部分商家利用农民重功能轻品牌的消费心理，将一些伪劣产品倾销到农村消费市场，影响农民消费质量。中国消费者协会调查报告显示，在 2019 年调查的 60 个农村集贸市场中有 36 个市场发现存在疑似问题商品，而 2020 年调查时发现存在疑似问题商品的市场增加到 41 家，数量不减反增。并且，68.3%的市场存在假冒伪劣商品、过期商品、“三无”产品等问题。其中，有 24.84%的消费者反映在农村集贸市场遇到过假冒伪劣产品，27.48%的消费者表示遇见过“三无”产品①。

再次，县域商品与服务质量以及品牌发展还处于较低水平。一些品牌连锁店无论从产品质量还是经营模式、管理水平，都和城市有一定的差距，商品品种有限，消费选择不丰富。许多商品在农村的配送、安装、调试、维修、保养等售后服务缺位。笔者在濮阳市南乐县新城国际商业广场走访发现，与大城市的消费相比，品牌店在当地的产品品种减少，在时间上也有所滞后，以服装为例，其款式要落后大城市 2 年左右。更有甚者，一些厂商利用下乡活动，把城市里卖不出去的、不好卖的滞销过时产品向乡村倾销，极大损害了农民的利益，也间接地抑制了农民的消费需求。

最后，县域市场还存在产品供应结构不合理、适销对路产品少的问题。笔者在南乐县汇丰建材、商业广场的走访调查发现，很多家居产品定位偏高，比如一家新入驻的床上用品品牌，一个床垫卖到 6000 元，价格比较高，不是一般老百姓能够消费得起的；一些家电产品功能繁多，产品虽然一直升级，追求智能化和高端时尚化，但对于追求实惠的乡村消费者而言并不实用，他们目前的消费水平还跟不上城市发展的步伐。因此，县域市场供给必须考虑当地的消费民众的实际需求，并非越高档越好，针对当地乡镇居民消费能力、消费特点、使用习惯，去提供他们喜欢的东西，而并非越高档越好。

4.5.2　县域新型消费场景单调，缺乏吸引力

县域消费市场缺乏场景化打造和主体风格设计，难以吸引消费者尤其是年轻的消费者。首先，多数县域商业设施不发达，总体布局混杂散乱，市场经营品种少，业态单一，消费场景缺乏特色，选择性不多，远远满足不了县域居民的现实需要和消费升级需求。其次，县域消费新业态发展不充分，特色不明显。县域线

① 段思琦. 中消协发布 2020 年 60 个农村集贸市场“再体验”调查结果［EB/OL］. 中国网财经，［2021-03-13］. http：//finance.china.com.cn/news/20210313/5518346.shtml.

下消费主要场所集中在农贸市场、生活超市、乡村大集甚至是古老的夫妻店与杂货店等，档次不高。并且像自选超市、连锁超市、生鲜社区店等零售门店的新业态，虽然在县城比较普及，但在乡镇一级仍有很大的发展空间。最后，受大城市虹吸效应的影响，县域本地消费尤其是高端消费大量流出，较难吸引到年轻消费者，尤其是位于城市周边的县域地区更是如此。

4.5.3 县域居民数字化素养水平不高，制约新型消费发展

相对于大中城市而言，县域居民数字化素养水平还比较低，这导致了新型消费发展的“迟滞”。根据中国互联网络中心发布的第51次《中国互联网络发展状况统计报告》，截至2022年12月，我国城镇互联网普及率为83.1%，农村地区互联网普及率为61.9%，相差21.2个百分点，我国农村网民规模为3.08亿。第七次全国人口普查数据显示，我国农村人口将近5.1亿，这意味着农村互联网普及率仍然不高，约2亿农村人口无法上网，更不用说在网上消费了。2021年，中国社会科学院信息中心公布的《乡村振兴战略背景下中国乡村数字素养调查分析报告》表明，2021年，农村居民的数字素养平均得分35.1分（满分100分），比城市居民低21.2分；分职业类型来看，农民群体数字素养显著低于其他职业类型群体，比全体人群平均值（43.6分）低了57%。数字化素养偏低导致一些新型消费促进策略的低效率，比如说核销、抢用消费券对农村居民来说难度就比较大，“领不到券”“消费者不会用电子券”等问题普遍存在，定点投放农村地区的消费券往往没人领而被沉淀（陈丽芬，2023）。

县域消费群体之间出现“数字鸿沟”，不利于新型消费发展。近年来，乡村青壮年人口持续流出，留存在乡村的老、弱、幼人口由于信息选择与媒体使用能力较低，因此难以提升数字化素养。根据《乡村振兴战略背景下中国乡村数字素养调查分析报告》，数字素养最高得分人群为“90后”（21~30岁）的59.4分，其次为“80后”（31~40岁）的51.5分，而51~60岁人群得分为27.5分，61岁及以上人群得分仅为14.2分。一般来说，县域年轻群体热衷接受新事物，能快速学习和使用移动支付、网络订餐、移动出行等数字技术应用，而中老年人等群体受传统观念影响，或因使用非智能手机及不会操作智能手机，无法享受数字时代红利，容易出现“使用鸿沟”，这也极大制约了县域尤其是乡村新型消费的发展。

要是（新型产品和服务）一开始设计的时候能考虑一下我们，还有一些年纪更大一些的人，让俺们也能用得简单方便，那就更好了（王女士52）。

我感觉最大的体验就是人老了，跟不上时代发展了。那手机在他们年轻人手里，那想怎么弄怎么弄，咱们弄都不听使唤了啊……能让俺们这一代的人，要是能快点学会的话，或者说多增加两套安全措施就更好了，我们比较没有安全感，怕在网上丢失财产（徐女士 49）。

像我们这老一辈的人，有了智能手机也不大会用，也没人教，学不会，看见东西都不敢买，不知道是不是坑人的（张女士 45）。

4.5.4　县域居民收入来源单一，消费水平有局限性

县域新型消费发展需要居民有相应的可支配收入来支撑，然而在扣除居住、教育、医疗等刚性支出和预防性储蓄后，县域人群剩余可支配收入极为有限，因此难以支撑新型消费的持续发展。尤其是对于乡村农村而言，增收渠道较窄，制约因素较多，预期收入存在不稳定性。表 4-1 展示了 2022 年居民人均可支配收入情况。

表 4-1　2022 年居民人均可支配收入

	全国农村	全国城市	河南农村	河南城市
可支配收入（元）	18930.9	47411.9	17533.3	37094.8
工资性收入（元）	7958.1	28480.8	6695.0	21082.4
经营净收入（元）	6566.2	5381.9	5605.2	5367.4
财产净收入（元）	469.4	5052.0	252.6	3275.3
转移净收入（元）	3937.2	8497.3	4980.5	7369.6

资料来源：笔者根据国家统计局年度数据统计整理。

首先，县域居民尤其是农村居民收入来源单一。根据国家统计局年度统计数据，2022 年，全国农村居民人均工资性收入与经营性收入占可支配收入的比重高达 76.72%，河南省农村居民这一比例为 70.15%。农民工资性收入阶段性、周期性波动特征明显；经营性收入受季节气候、农产品价格走势等影响难以稳定。尤其是，很多农作物产量提高难，农产品价格增长潜力又小，而农业生产资料价格的上涨又进一步加重了农民生产成本的压力，使农民在种植业生产方面得到的收入锐减。笔者为此走访了河南省延津县李恩村和前西南庄的农民，围绕本地区代表性农作物的收入和支出情况进行了访谈，具体数据如表 4-2 所示。从表 4-2 中可以看出，以每年两收的小麦和花生/玉米为例，农民每亩农田一年毛收入在 3000 元左右，但净收入在 1800 元左右。但是这 1800 元尚未扣除农民的人工支

出，也未扣除农具购买与维修等费用。

表 4-2 每亩农田每年收入与支出情况一览

		夏收农作物	秋收农作物（选择一种）	
		小麦	花生	玉米
农作物售卖收入（元）		1200 左右	1500~2000	1500~1600
支出（元）	购买种子	60~70	自家每年留种	80~90
	播种种子拌药（防止害虫）	25	25	购买种子已拌好药
	用于浇水的电费支出	25	25~40	40
	尿素、复合肥等肥料	280	300	200
	作物营养套餐	40	50	50
	用于除虫除草的农药	50	50	55
	成熟时机器收割费用	60	120	120
农业补贴（元）		每年一亩地国家补贴约 100		

注：本表中每亩农田土地质量按一般水平计算。不包括农民农具购买支出（比如购买除草铲子、农用三轮车或四轮车），不计农具维修和损耗费用。不包括用于水井维修、水泵维修与更换、电路维修等集体分摊费用。不计农民的人工支出，收入与支出仅考虑一般情况。

资料来源：本表数据来自具有“小麦第一县”美誉的河南延津县辖区的农村农民访谈资料，资料获取时间为 2023 年 7 月 30 日。

其次，县域居民尤其是农村居民获得转移性收入较少。国家统计局年度统计数据显示，2022 年，全国农村居民人均转移净收入 3937. 2 元，低于全国城镇居民 4560. 1 元。河南农村居民人均转移净收入 4980. 5 元，低于城镇居民 2389. 1 元。转移性收入不高与社会保障制度不健全、财政补贴结构不合理有关系。在一定程度上，社会保障还存在城乡二元制度，致使农村居民所获得的资金补助远不及城镇居民。另外，近几年我国财政补贴力度虽然加大，但补贴结构尚存在不合理的地方，比如对粮油棉农作物的资金补贴、物价补贴等方面侧重度不够。

最后，农村居民财产性收入远低于城镇居民。国家统计局年度统计数据表明，2022 年，全国农村居民人均财产净收入 469. 4 元，不到城镇居民的 1/10，占人均可支配收入的比重仅为 2. 48%，低于城镇居民 8. 17 个百分点。河南省农村居民人均财产净收入 252. 6 元，远低于河南城镇居民和全国水平，占人均可支配收入的比重仅为 1. 44%，低于河南城镇居民 7. 39 个百分点，分别低于全国城镇居民和农村居民 9. 21 个百分点和 1. 04 个百分点。财产与财产性收入是存量和流量的关系，财产是前提和基础，有了财产才能有财产性收入。县域居民财产性收入偏低的原因，很大程度上是因为缺乏市场价值较高的财产，家庭财产积累速度慢，尤其是农村大量资源不能有效转化为资产，集体资产增值富农机制不畅。

4.5.5　县域新型消费发展缺乏产业支撑，消费人口吸引力差

很多县城和乡村缺乏支柱型产业，相关配套不完善，就业岗位匮乏，难以吸纳本地劳动力，大量年轻人只能选择到大城市拼搏谋生。而数字化转型带来的用工需求逐渐从劳动型向技术型转变，快递、外卖等互联网服务行业用工要求趋严，农村居民就业又处于弱势地位。这都导致县域新型消费需求主体数量大量减少，消费力减弱。

虽然近年来，随着农村的发展，农村外出务工人员开始返流，城乡人口变动差异在逐步缩小，但是短时期内，农村人口仍以流出为主。2020 年第七次全国人口普查的数据表明，我国城镇人口比重一直在增加，而乡村人口比重则从 1953 年的 86.74%减少到 2020 年的 36.11%（见表 4-3）。2022 年，全国乡村人口 49104 万人，较 2021 年减少 731 万人，而城镇人口增加 646 万人。这种人口流动不利于县域新型消费市场规模的扩大。

表 4-3　农村与城市人口结构

普查年份	城镇人口（万人）	乡村人口（万人）	全国人口（万人）	农村人口比重（%）
1953	7726	50534	58260	86.74
1964	12710	56748	69458	81.70
1982	21082	79736	100818	79.09
1990	29971	83397	113368	26.44
2000	45844	80739	126583	73.56
2010	66557	67415	133972	50.32
2020	90199	50979	141178	36.11

资料来源：《第七次全国人口普查公报》。

此外，县域尤其是乡村在相关商业规划、基础设施、产业发展、公共服务等方面缺乏政策支持和指导，发展环境以及医疗、社保、教育、就业等基本公共服务供给落后，居民宜居生活和便利消费的获得感不强，这也导致了难以聚集优质的新型消费需求主体。

4.5.6 县域消费基础设施和物流建设不完善，即时零售发展受限

县域新型消费基础设施和物流建设仍存在不平衡和不充分的问题，有待进一步优化和提高。

首先，物流缺陷导致购物体验差，影响消费热情。县域地区仓储保鲜、冷链物流及快递等在及时性、可靠性、服务水平、快递成本等方面都与城市存在较大差距。尤其是对于农村而言，物流信息服务平台缺乏，网点信息化程度低，并且由于人口比较分散，物流需求分散、频次低，导致农村物流时效性差、覆盖面小、配送服务不到位，“最后一公里”断链现象仍然存在，快递止于乡镇、二次加价等“最后一公里”问题未得到很好解决。因此，农村快递末端服务水平与每日超亿件农村包裹配送需求是不匹配的，退货换货也比较难，影响人们的购物体验和消费热情。

其次，县域地区流通设施现代化水平较低，交通路网仍然存在短板。多数县城远离港口和机场，物流主要依赖公路运输，物流成本高、效率低，冷链、配送中心等流通设施建设尚存短板，消费品从城市到县城再到农村的流通不够顺畅，这不仅导致很多优质商品无法下沉至县域、农村消费市场，也给城市居民去县域消费带来诸多不便。并且，很多村庄至乡镇与县城的公路上有大量货车行驶，给出行安全和便利造成一定影响。

再次，县域“互联网+”“智能消费”的基础条件仍然缺乏，需要推进水电气网和通信网络建设的升级改造。比如，电网和通信网络建设会影响消费者的网络消费和智能家电消费，气网会影响诸如“燃气壁挂炉”等新型消费产品的销量。

最后，消费基础设施和物流建设不完善也给“即时零售”带来了不利影响。所谓的即时零售，是一种“线上下单，线下 30 分钟送达”的新型消费业态，受到消费者的欢迎。尤其是对县域小镇青年而言，外卖已经成为一种重要的生活方式，下单等 30 分钟，骑手就送来需要的商品，即买即得，这种即时消费具有很大的吸引力。然而这种新型消费发展需要强大的即时物流等履约能力，对于县域而言仍然是一个较大的挑战。

4.5.7 县域市场存在各种不规范乱象，新型消费环境亟须改善

县域新型消费市场尤其是乡镇和村一级，商品和服务质量参差不齐，长期存在各种假冒伪劣、质次价高、促销骗局等消费侵权现象。一方面，这是由于乡村

居民尤其是年龄较大居民的识假辨假能力差、自我保护意识不强等造成的；另一方面，县域新型消费市场供给主体以中小型个体户为主，他们缺乏有效识别和控制商品质量的能力，从而导致低质量商品的泛滥；再者，这也少不了不法商家的推波助澜。他们利用乡村消费者新型消费知识不足、辨别能力不强的弱点，设置促销骗局，打着惠民补贴、公益活动的幌子，售卖各种不合格商品，甚至会让县域消费者误以为是政府主导行为，从而不仅严重侵犯了消费者权益，也损害了政府相关部门的声誉，破坏了人们对政府新型消费促进政策和措施的信任。这些现象和问题极大制约了农村新型消费市场的发展，需要监管部门引起重视，建立常态化的机制，并下决心去治理。

4.6　县域新型消费市场的发展思路和重点任务

4.6.1　培育县域新型消费供给主体，丰富优质产品与服务供给

要鼓励更多优质企业、优秀品牌、高品质商品与服务积极下沉至县域市场。具体着力点包括：

一是多种手段鼓励企业开展新型消费产品与服务下乡活动。建议借助多种手段，包括财政和金融支持、信息支持、政策支持等，鼓励相关企业下沉农村市场，鼓励开展新能源汽车、智能家电、绿色建材和家具、精品百货等优质生活消费品下乡，在保障县域消费市场秩序、商品质量的前提下，大力提升县域新型商品和服务的供给，满足消费升级需求，为提升新型消费供给质量提供有力支撑。值得注意的是，对于各种下乡活动要加强管理，谨防出现向农村倾销各种“过期”“过气”滞销产品或者假冒伪劣产品，也不能借“下乡活动”去虚报价格侵害消费者利益，否则就会极大削弱消费信任和热情。

二是鼓励品牌和服务深耕下沉市场，培育多元化、多层次的市场主体。第一，以县域消费市场需求为导向，引导大型商贸流通、连锁品牌、消费领域平台企业深挖县域新型消费市场潜力，提供适合县域市场的各类消费产品与服务。当前，京东、淘宝、苏宁和中国邮政等都开始深入我国城镇和农村市场，发力下沉市场。鉴于此，当地要积极创造条件，改善营商环境，加大招商引资力度，吸引这些优质企业，丰富消费场所业态。第二，要积极培育和帮扶县域当地优质企

业，尤其是那些凸显本地特色文化、绿色环保且能够吸纳就业的企业，以便吸引城市居民下乡消费，同时为当地居民消费提供优质供给。

三是重视本地品牌打造，提升品牌品质和影响力。品牌对于企业而言，代表差异化特征和竞争力，意味着高附加值、高市场影响力；对于消费者而言，意味着高品质、高信誉和高价值。打造优质品牌，是推动消费提质升级的必然路径，也是新型消费持续健康发展的必然要求。值得注意的是，一些地区和媒体提倡“一村一品”，虽然有条件的乡村可以下大力气做本土特色化和品牌化建设，但是并不是对所有县域都适合。根据第三次全国农业普查数据，中国有39808个乡级单位、603686个村级单位，如果都去强调“一村一品”，那么品牌差异化和做大做强就很难实现。因此，本地品牌企业的打造需要优秀的经营人才结合当地实际情况去科学规划、精心设计。

四是对促进县域新型消费做出贡献的企业给予奖励和补贴及财税支持。通过发放绩效奖金、补助补贴等财税资金支持等方式，以及减税降费政策，对新型消费供给和服务端提供支持。尤其是，要为智能家电、新能源产品、医疗健康和养老、教育培训、文化娱乐等消费热点行业发展给予适当的税收优惠政策，而对有害身体健康、高耗能、高污染产品可以逐步实现价外计税。

4.6.2 创新新型消费场景，激发新型消费活力

一是打造富有特色的消费节日。最典型的消费节日是电商平台的“双十一”大促，它营造了一种“机不可失、失不再来”的购物氛围，人们害怕错过优惠，觉得不买可惜，买到就是赚到。最近几年，很多地方政府也主导了一些节日。比如，河南省内乡县为了打造多业态沉浸式的文化旅游品牌，在街区、景区、博物馆、文化馆、图书馆、乡村等场所开展了文旅消费直播带货周、四季村晚、美食文化节、油桃乡村音乐节、采茶文化旅游节等系列文旅消费活动51个，各项农旅商节庆带货活动带动客流量约200万人次，实现消费额约3亿元①。但是，也有一些人造节日由于缺乏特色或优惠力度有限，促进新型消费效果大打折扣。造节不是一件简单的事情，它需要精心设计，契合县域消费需求，联合财政、金融、商家和平台等多方的力量。

二是加强商贸体系建设，培育富有吸引力的零售业态和消费场景。要合理规划县域商贸基础设施建设，突出主题和特色，加强空间设计和场景化打造，促进

① 王国庆．内乡：激发文旅消费新活力［EB/OL］．澎湃新闻，［2023-07-23］．https：//www. thepaper. cn/newsDetail_forward_23961697.

县域消费升级。

第一，完善以县城为中心、乡镇为重点、村庄为基础的县域商业体系建设，优化消费场所布局，打造“15 分钟便民生活圈”。支持构建大型市场、流动集市和便利商超相互配合的网络，让县域居民能买到品类多、品质好、品牌优的商品，满足其就近便利消费、基本生活服务等多样化消费需求。但是，也要注意一些县域地区在政策驱动下，盲目追求“高大上”的商业综合体，存在建设过剩风险。建设县乡商业综合体，要根据当地服务人口数量、收入水平和消费水平，明确商业综合体的建设参考标准和建设规模，避免出现商业过剩和同质化竞争。

第二，构建县域和乡镇的时尚生活圈，打造对青年人友好的活力街区。在特色步行街，吸引中高端轻奢品牌、时尚品牌入驻，提高品牌聚集度，增加咖啡馆、茶吧等消费业态供给，提高餐饮、文化娱乐等消费场所的质量。有条件的地区可以利用先进的现代技术，打造夜间景观，打造集美食、娱乐、购物、休闲为一体的现代化夜宿营地，提升对当地县域居民甚至城市游客的吸引力。

第三，鼓励有条件的乡镇打造区域性商贸中心强镇，形成镇域商业集聚区。比如，山东省大盛镇的欣富华乡镇商贸中心，通过物流配送中心辐射全镇区域，实现对 62 个行政村的商业配送能力，年客流量突破 15 万人，会员年客流量 7 万余人。以欣富华大盛镇乡镇商贸中心等三家连锁超市为引领，初步形成了镇域商业集聚区，各类沿街商超门店 200 余家①。

第四，利用自然和人文环境，打造特色文化主题消费场景。比如，浙江省湖州市安吉县天荒坪镇五鹤村与安吉县天荒坪镇政府、设计公司等多方紧密对接，制订了树景坞区块民宿村落发展年度计划，打造文化主题民宿村落②。

第五，搭建县域社交平台促消费。选择在县域中有一定“人脉”、懂互联网、会经营的人才，如大学生村官等，牵头组建信息群或社交平台，整合共享县域或农村的消费需求和供给信息，促进联动消费。

4.6.3　提高县域居民数字素养，为新型消费发展提供优质消费者

新型消费发展与消费者数字化能力与素养息息相关，因此必须注重提高县域

① 李明芮，陈凯．山东安丘为商贸中心插上“数字”翅膀　打造县域消费新业态［EB/OL］. 中国新闻网，［2022-11-01］. https：//www. chinanews. com. cn/cj/2022/11-01/9884348. shtml.

② 陈玉兰．浙江湖州安吉：启动民宿业“1+3+3”体系创建工作［EB/OL］. 学习强国，［2021-03-16］. https：//www. xuexi. cn/lgpage/detail/index. html? id = 14780451143970637362& item _ id = 14780451143970637362.

居民尤其是农民的数字技术应用能力。

一是构建政府主导下的多元主体协同参与培养体系。鼓励数字化企业、学校、社区或乡村等多方力量的协同参与，通过公益讲座、志愿服务、科普宣传活动等多种途径提供助力，努力提升农村居民数字素养；吸收乡村优势青年群体参与，发挥返乡下乡人员、农村青年的作用，让其带动更多的人掌握基本的数字技能；要抓好农村基层干部这一“关键少数”，提升其学网、懂网、用网能力，充分发挥带头示范作用。

二是加大数字扫盲和数字安全教育。助力县域居民尽快适应习惯数字消费模式，使其能够使用数字设备来完成信息获取、支付购物、挂号看病、订票叫车、日常缴费等基本操作，学会正确识别和有效防范恶意广告、有害链接以及网络欺凌、网络骚扰等风险，增强其预防诈骗、保护社交软件密码、保护资金安全、保护个人隐私的意识和能力，并能够科学安全使用相关数字设备。

三是结合县域居民实际需求和本地生产实际来设置数字化培训课程。可以根据各地资源禀赋和特色优势量身打造数字经济场景，加强电子商务、智慧农业等方面的培训，这不仅有利于培育优质的新型消费者，还有利于培育更多优质的新型消费供给主体，激发县域经济活力。

4.6.4 拓展县域居民收入增加途径，增强其消费能力和信心

只有县域居民收入增加，其潜在消费需求才能被唤醒。因此，拓展县域居民收入途径，多措并举扩充其“钱袋子”，是推进新型消费发展的坚实基础。

一是提升县域居民工资性收入。第一，通过开展更加高效的农村人力资本投资，将收入增长转向依靠人力资本积累上来，并推动县域居民就业逐步向更高层次的技术工人和产业工人转型，提高非农就业能力和收入；第二，加强转移就业服务载体建设，鼓励或组织县域居民就近就地高质量就业，鼓励受教育程度较高、具有专业技能水平的进城务工青年回乡创业就业。

二是提高县域居民经营性收入。第一，发展现代农业产业，打造特色农业产业，发展农产品加工业，提高农业生产率、农产品的品质和农业产业附加值，推进农业产品向初加工、精深加工产品转变，增加农产品经营收入；第二，推进“互联网+农业”发展，实施“互联网+”农产品出村进城工程，帮助农民通过电商平台、微信等网络渠道直接销售农产品，减少中间销售渠道环节和费用，增加收入；第三，支持县域居民返乡就业和创业，降低县域居民创业门槛和经营成本，培育一批专业种植养殖大户，提高经营性收入。

三是提高县域居民财产性收入。第一，要深化农村土地制度改革，建立健全农村宅基地有偿使用和退出机制，完善土地经营权流转机制，推动农地“增值归农”，维护和实现农民土地财产权益；第二，要深化农村集体产权制度改革，发展壮大新型农村集体经济，促进集体资产保值增值，打通农民从集体资产中获取收益的通道。

四是提高县域居民转移性收入。第一，稳步提高县域居民的社会保障水平，健全农民收入风险应对机制，做好大病保险兜底、养老保险、低保补助、农业保险赔款，以及粮食补贴、农资综合补贴、农机具补贴等生产类补贴等工作，提高收入稳定性和安全性；第二，实施有导向的新型消费补贴和消费税减免，让县域居民得到更多实惠。因地制宜支持农村居民购买绿色智能家居产品、开展家庭装修，鼓励有条件的地区对绿色建材消费予以适当补贴或贷款贴息。

4.6.5　培育县域支柱产业，为新型消费提供坚实支撑力

培育县域支柱产业，一方面可以提升居民就业水平和收入水平，进而提升新型消费能力；另一方面可以聚集优质消费人群，并实现特定新型消费品类的高质量供给，营造良好的新型消费环境氛围。从既有发展经验看，县域支柱产业的培育可以在农产品精深加工、特色种养、乡村旅游以及电商等新业态发展方面下功夫。

一是支持优质特色产业企业发展，吸引年轻人返乡创业就业。本地优质特色产业企业发展，有利于吸引大量有新型消费能力和消费意愿的年轻人。以安徽肥东县为例，围绕光伏产业引进多家企业，形成了 500 亿元级的光伏新能源产业集群。仅 2022 年就有 3 家新能源企业入驻投产，创造了 8000 多个就业岗位，吸引了不少年轻人返乡。而随着年轻人增多，满足其喜好和需求的亲子服务、体育消费、沉浸式桌游、即时零售等新服务形态也随之得到发展[①]。

二是基于特色种养形成致富引擎，通过乡村产业发展拓宽增收渠道。这需要积极规划，做好组织规划、宣传引导、补贴和贷款扶持等工作；发挥“火车头”的带动效应，比如园区带动、龙头企业带动、合作社带动、能人大户带动；要有技术指导，定期开设种植/养殖技术培训和指导；积极对接市场，拓展销售渠道。近年来，一些地区创新思路，因地制宜精心选择和发展特色种养项目，成为农民增收致富的新引擎。例如，河南省伊川县鸦岭镇的特色种养业很有特色，他们坚持“因地制宜、宜种则种、宜养则养、精准到户”的原则，打造了花椒之乡、

① 游仪．县城商圈涌动消费活力（经济新方位・县域经济观察）［N］．人民日报，2023-04-04（2）．

畜牧大乡、红薯之乡并成立扶贫服装车间，取得可观效益①。

三是打造县域特色旅游体验品牌，吸引周边民众和城市居民的消费力。河南省浚县是国家历史文化名城，2019 年浚县古城被确定为国家 AAAA 级旅游景区，2022 年被评为国家级夜间文化和旅游消费集聚区。该县以“漫步浚县·品读中原”文旅文创品牌建设为主线，通过不同的活动和项目，充分融入当地文化习俗，创新发展夜游、夜演、夜食、夜购、夜宿等，引入品牌企业与特色商铺 500 多家，打造夜间文化娱乐项目 135 项，解决就业 4500 多人②。尤其是，浚县古城还有 3.3 万原住民，支撑了平时古城的繁荣场景，聚集了人气。

四是大力支持电商等新业态发展，推动产销有效对接。电子商务是解决供给与需求信息不对称的有效途径，它可以为农民提供更多的市场信息和销售机会，并让城市居民更加方便地购买到优质的农产品。县域政府应积极培育农村电子商务市场主体，鼓励电商、物流、商贸、金融、供销、邮政、快递等各类社会资源加强合作，构建农村电商平台，实现优势资源的对接与整合，最终通过在线销售让农产品实现“出村进城”。可以考虑成立县级农村电子商务公共服务中心和乡村级电子商务服务站，建立农产品电子商务营销服务体系，创新电商营销新模式，探索和实施农产品直播带货。但要避免农村电商粗放增长，不能仅追求数量。

4.6.6 完善县域消费设施配套，提高县域消费服务水平

一是完善县域道路交通网络，促进消费便利化。第一，要实现县域道路与高速公路、国省道便捷对接，提升远离大城市县城的对外通达能力，丰富对外连接方式，促进县城融入区域交通网络；第二，要健全连接县城和村镇的主干道路和物流网络，推动县域和村庄的道路改造提升，进行路面硬化和及时修复，保障县城到农村的流通渠道畅通，便利县域居民消费的“车轮子”。

二是推进县域水电气网和通信网络升级改造，改善新型消费的基础条件。第一，要重视县域新基建，布局建设“5G”基站、新能源充电桩、人工智能、物联网等新型基础设施，深入挖掘“5G”、数字化、信息化、智能化在县城、乡镇和农村的生活场景应用，利用现代化信息技术，激发农村消费新的增长点；第

① 李晓波．六种特色种养模式，助力脱贫攻坚［EB/OL］．大河报，［2019-04-11］．http：//newpaper.dahe.cn/dhb/html/2019-04/11/content_331671.htm.

② 叶胜利，卢一鸣．河南浚县：文旅“夜经济”激活消费新体验［EB/OL］．百度，［2022-11-24］．https：//baijiahao.baidu.com/s？id=1750370848787288146&wfr=spider&for=pc.

二，要加快推进农村能源改造，加快新一轮农村电网升级改造，推动供气设施向农村延伸，支持绿色能源示范村镇、可再生能源集中供热等重大工程建设，重点支持生物质供热、规模化生物质天然气、规模化大型沼气、风能等技术的推广应用，提高农村清洁能源自给率。尤其要注意的是，这些能源改造升级一定要结合当地实际情况，要进行充分的调查研究，确保国家的支持政策真正落到实处。比如当初一些地方盲目进行农村天然气改造，不进行调查研究就铺设天然气管道，结果很多老百姓因为昂贵的初装费或天然气价格等原因而拒绝使用天然气，还有一些老百姓担心使用不当引发安全事故，最终导致大量的铺设管道长期搁置、老化，造成资源浪费。

三是加强县域电商基础设施建设，为扩大县域网络消费夯实基础。第一，加强县域电商服务中心和站点建设，突出代买代卖、快递收发等功能；第二，完善物流配套体系，推进仓储保鲜冷链物流等设施建设，特别是田头小型仓储保鲜冷链设施和产地低温直销配送中心建设；第三，健全县、乡、村三级物流配送体系，特别是到村物流站点建设，从而升级“快递下乡”、推进“快递进村”，实现快递网点全覆盖、自然村全到达；第四，搭建农村物流共享信息平台，整合共享物流信息资源，鼓励商贸、供销、邮政各方共享硬件设施和网络服务，推动县域生产与消费有效对接；第五，培训县域居民农业数字化和信息化能力，数字化赋能农村小微零售企业，引领带动农村消费品质升级。

四是增加县域公共资源供给和配套措施，稳步增加新型消费群体。第一，加强县域公用设施建设，健全居住区生活配套设施建设，为县域居民提供良好的生活环境；第二，加强就医、养老、上学、育幼等县域公共服务高质量供给，以“安居”形成对年轻人群的吸引力；第三，培育更多融合地域文化与现代生活方式的特色消费场景，进一步挖掘新型消费潜能。

4.6.7　优化县域消费环境，维护新型消费市场秩序

优良的消费环境是促进县域消费良性发展的前提和保障。应重视县域商品质量问题，从严查处和打击制假售假、虚假宣传、价格欺诈等违法行为，深入开展县域消费市场整治行动和放心消费创建工作。

一是建立常态化的县域消费监管机制和消费者满意度调查评估机制，督促指导辖区商贸企业合法诚信经营。通过互联网等科技手段完善县域和农村市场“红黑名单”制度，加大对严重违法失信市场主体的跨部门失信联合惩戒，达到“一处违法、处处受限”的效果。

二是明确重点监管领域，建立全过程质量安全追溯体系。对企业产品和服务下乡活动、农村及城乡接合部商品质量、县域旅游景点及特色主题消费场所（如民俗街区和民宿地）的监管尤其不能放松，警惕假冒伪劣商品销售、知识产权侵犯、虚假宣传、价格欺诈、隐私泄露等不良市场行为。另外，要加大县域集贸市场监管力度，对商户的进货渠道和商品流通方式进行集约化管理，在食品、药品等重点领域建立全过程质量安全追溯体系。

三是要加强基层投诉机制建设，畅通消费维权渠道，推广使用在线纠纷信息平台，引导和支持居民树立科学、理性、安全的消费观，自觉抵制假冒伪劣产品，增强对优质产品的需求。

4.6.8 发挥消费者协会的作用，加强对县域居民新型消费的教育引导

要充分利用县域消费者协会等社会资源，开展富有成效的新型消费教育引导工作，增强消费者的维权意识和自我保护意识。

一是可以结合当地实际情况，成立消费维权教育基地，定期举办网络消费教育和消费维权知识讲座，让居民了解新型产品和服务选购的知识，以及消费者权利、消费纠纷后的维权途径等知识。同时，针对当前热点的“平台大数据杀熟、医美陷阱、老年人低价旅游团、保健品、预付卡、网络购物产品质量和服务承诺失信及青少年消费”等现象，通过鲜活的案例，向县域尤其是农村消费者发出消费警示，确保其合法权益不受侵害。

二是对于县域重点人群，要进行针对性的引导教育。尤其要加强针对县域老年人和青少年的消费宣传。在这方面，可以学习河南鹤壁消费者协会的做法。河南鹤壁消费者协会成立了“青少年消费维权教育基地”，定期开展消费教育活动，积极引导广大青少年树立正确消费习惯和方式，提高其法治意识、维权意识以及科学消费能力和自我保护能力；积极开展“关爱老年群体提升反诈意识”进乡村宣传活动；“构筑关爱屏障守最美夕阳红”进社区宣传活动。通过设立投诉咨询台、悬挂条幅、发放宣传资料等形式，为广大老年消费者详细讲解在投资理财、养老服务、医疗健康、保健品和旅游消费等涉老方面的相关知识，通过鲜活案例为老年消费者敲响防诈警钟，提高老年消费者的防范意识[①]。

---

① 鹤壁市消费者协会．河南省鹤壁市消费者协会多措并举全方位强化消费教育引导工作［N/OL］．中国食品新闻网，［2022-10-28］．http：//www.cfnews.com.cn/jianguan31541.html.

4.7 本章小结

县域居民对美好生活的追求是推动国内循环经济发展的重要引擎，而县域新型消费则成为促进内循环发展的重要通道和动力基础。为了深入洞察县域居民进行新型消费的情况，本章基于二手数据调查、实地走访调查和访谈调查，收集了将近 20 多万字的文本资料，在此基础上进行了系统的质性分析。

本章研究发现，县域居民仍然看重实用价值，但消费结构升级特征也非常明显，消费内涵和外延不断扩大，在智能家电、健康和智能穿戴、汽车、美妆产品与服务、文旅消费、教育培训、医疗保健等领域的消费需求旺盛。县域消费呈现重视熟人社会的消费模式，网购是人们日常生活的重要部分，小镇青年成为今后 10 年县域消费市场的主力军。

总体上看，县域新型消费发展仍存在短板和薄弱环节，包括缺乏优质供给、消费场景单调、居民数字化素养不高、居民收入来源单一、缺乏产业支撑、消费基础设施和物流建设不完善、消费市场秩序不完善等。就此，本章提出了县域新型消费市场的发展思路和重点任务，具体包括：①培育县域新型消费供给主体，丰富优质产品与服务供给；②创新新型消费场景，激发新型消费活力；③提高县域居民数字素养，为新型消费发展提供优质消费者；④拓展县域居民收入增加途径，增强其消费能力和信心；⑤培育县域支柱产业，为新型消费提供坚实支撑力；⑥完善县域消费设施配套，提高县域消费服务水平；⑦优化县域消费环境，维护新型消费市场秩序。

还应强调的是，县域新型消费的发展离不开政府的组织领导、顶层规划和沟通协调。河南省内乡县之所以能成功创建“河南省文化和旅游消费示范县”，获得“河南省戏曲之乡”“河南省民间艺术之乡”“中国最美乡村旅游名县”等多项荣誉，离不开优秀的组织领导。他们成立了以县委书记、县长为指挥长、副指挥长的创建河南省文化和旅游消费示范县工作指挥部，积极探索包括“政府+景区”“政府+公司”“政府+产业”等多元合作经营模式。浙江山区县尽管在区位、交通、人口等方面存在先天不足，但他们能够“抱起团来干大事”，成立了创意专班工作队，充分挖掘全县 19 个乡镇的特色特产，再通过“艺术+市集”形式，打造山城文创消费品牌“泰有艺市”。每期活动，聚集 70 多个摊位，形成了浙闽边界的特色消费市场。截至 2023 年 1 月，已累计吸引本地及浙闽周边县市区 30 万人次，远超本地常住人口数[①]。河南浚县之所以能被评为国家级夜间文化和旅游消费集聚区，也是因为当地政府部门在促进新型消费发展方面的工作有思路、发展有规划、项目有设计、做事有组织、聚集人气有办法。

政府要推动新型消费发展，还要深入洞察消费者的需求特征和相关企业的供给特征，这样才能协同消费者和企业一起探索新型消费发展计划。2023 年正月初五，义乌江东街道临江社区的基层干部组织商户、消费者代表举行了一场“小巷茶话会”，面向社区内咖啡馆、酒吧等年轻业态涌现态势，将提振“夜经济”定为年后促消费的主抓手。“能不能加装氛围灯，弄个网红夜景?”“夜晚经营和噪声投诉的矛盾，社区能不能想办法协调?”茶话会一结束，社区便组织一批干部，对照一条条建议，马不停蹄研究起了夜景装饰提升计划，取得了良好的工作效果[②]。另外，县域政府也可以积极争取上级财政资金方面的支持。例如，广东省 2023 年争取中央资金 1.63 亿元，重点用于支持县域商业体系建设示范县，打造县域商业体系建设样板，不断完善提升消费链路。完善以县城为中心、乡镇为重点、行政村为基础的县域商业设施布局，有效提振县域消费需求[③]。

还应注意的是，推动县域新型消费发展不是一蹴而就的事情，必须将之与改善人民生活品质结合起来。尤其需要科学协调和平衡县域、乡镇和农村这三个区域的消费力流动问题。当前，很多农村和乡镇居民大量向县城流动，尤其是很多农村青年在成家时会在县城买房置业，这虽然会促进县城消费的发展，但却造成了农村人口的空心化、老弱化，不利于乡村新型消费促进工作的开展。同时，农闲时大量乡村人口流向城市，也会对平时消费促进工作带来一些不利的影响。当前，一些乡村开始了“美丽乡村”建设，鼓励回乡创业和特色种养等，在一定程度上能够留住一些人口和消费。整体上，县域政府还应继续努力改善居住环境，提升公共服务质量和水平，加大对教育、医疗、就业、养老、育幼等领域投入力度，加快补齐社会民生领域短板，加快完善社会保障体系，这样才能吸引人口、留住人口、留住消费。

---

①② 肖淙文．促消费 小城故事多——新一轮复苏起点，县域抢先机系列调查之二［N］．浙江日报，2023-01-31（3）．

③ 王香玉．广东省财政投入 1.59 亿元促进县域消费 大力支持县域商业体系建设［N/OL］．百度，［2023-07-21］．https：//baijiahao.baidu.com/s? id=1772037033062858764&wfr=spider&for=pc.

第3部分

调查研究——企业

PART THREE

第5章　新型消费供给状况调查研究

新型消费发展是供给与需求双方共同作用的结果，而非消费需求端的独角戏。事实上，供给能够引导、创造或拓展消费需求，大量新型消费行为的产生总是建立在产品与服务生产的推陈出新的基础上，如果没有实实在在的新型消费供给物与其对接，它就只能停留在潜在需求阶段而无法转变为现实需求。不仅如此，以生产活动为代表的供给端还决定了人们的收入水平，进而决定了人们的消费支付能力。由此可见，要推动新型消费发展，就必须重视新型消费供给的重要作用。本章在新型消费产业或行业发展的背景下，重点关注企业新型消费供给的发展情况。首先，通过文案研究法来考察新型消费供给发展的现状和趋势；其次，通过行业企业走访调查和小组座谈调查来研究新型消费供给问题；最后，在此基础上厘清新型消费供给端在推动新型消费发展过程中的重要任务和工作思路。

5.1　研究设计

首先，采用文案研究法来考察新型消费供给端的发展现状，通过文献库、在线新闻、国家统计局、国家和河南省市地区政府相关部门公开的数据资料、各类研究机构公开的相关调研报告等途径，收集了关于新型消费供给方面的大量资料，在此基础上进行归纳比较分析，揭示新型消费供给发展的整体情况和基本趋势。

其次，开展实地走访调查，了解行业、企业在新型消费供给方面的基本情况。考虑到地缘关系，调研对象以河南地区行业企业等新型消费供给者为主。具体而言，笔者于2021年7月对河南北部地区进行系统的实地走访，调研对象包括安阳市的永繁街夜经济、聂村大院夜经济、县前街、仓巷街、殷墟宫殿宗庙遗址调研、袁林，鹤壁市浚县古城、裕隆爱之城、鹤壁农业硅谷产业园、鹤壁建业绿地基地、鹤壁朝歌里人文小镇、鹤壁民宿之灵泉妙境，滑县明福寺塔夜经济、电商中心、圣君生活广场和滑县古镇，濮阳水秀商业文化街、南乐县新壹城购物中心、新城国际商业广场、汇丰建材、谷金楼镇大学生返乡创业园和文庙，长垣市电商中心、居然之家建材家居和豫记满天星餐饮，新乡市辉县金城量贩和宝泉景区等，并撰写了将近3万字的走访笔记；除了这些系统性走访调查，笔者也多次去一些企业进行实地走访，包括2023年7月对许昌豫盛昌电气股份有限公司、西继迅达电梯有限公司和许昌龙生源发制品有限公司等企业的实地走访，以及与郑州大信家居有限公司、河南梦祥纯银制品有限公司、郑州上佳食品有限公司、新道科技股份有限公司河南分公司、河南中石绿新新能源开发有限公司、河南众品食业股份有限公司、上海珍岛信息技术有限公司、融教聚联（河南）网络科技有限公司、北京 Credamo 见数有限公司等企业的多次调研交流。

最后，采用小组座谈方式来研究河南省新型消费供给发展过程中的问题。笔者于2021年11月22日参与了河南地区头部互联网平台企业及一些企业互联网业务部门负责人的座谈会，具体包括了美团、三全食品、阿里巴巴、苏宁易购、京东集团、丹尼斯等企业，围绕新型消费供给过程中的问题进行座谈交流，获得9000多字的会议交流文字记录。

在对以上大量资料进行质性分析的基础上，本章对新型消费供给市场的发展情况与问题形成了比较清晰的认识，厘清了相关企业在新型消费供给过程中的发展思路。

5.2 新型消费供给发展的基本态势分析

本章数据资料表明，当前新型消费供给业态发展态势平稳，产品品质和创新力逐年增强、科技实力持续增加，品牌建设取得良好成效。

5.2.1 市场主体活力充沛，新型业态发展向好

新一代信息技术广泛应用，线上线下加速融合，大大激发了市场主体活力，

各类新型消费供给主体活跃度高、生命力强、成长性好。根据国家统计局公布的数据，2021 年，全国新登记市场主体 2887 万户，日均新登记市场主体 7.9 万户，其中日均新登记企业近 2.5 万户。截至 2021 年末，我国市场主体总量达 1.54 亿户，比 2012 年末增长 1.8 倍，年均增长 12.1%，还培育"专精特新"企业 4 万多家，"小巨人"企业 4762 家①。根据胡润研究院《2023 全球独角兽榜》②《2023 胡润全球未来独角兽》③ 报告显示，截至 2022 年 12 月，我国拥有 316 家独角兽企业④，218 家瞪羚企业⑤，分别比上年增加 15 家、18 家。

目前，随着移动互联网技术成熟应用，物流配送体系不断完善，以网上零售、短视频和直播电商为代表的新型消费业态蓬勃发展，绿色升级类和品质化消费供给物销售增势良好，智能产品产量得到快速增长。根据国家统计局的相关数据，2022 年，我国实物商品网上零售额比上年增长 6.2%，实物商品网上零售额占社会消费品零售总额的比重为 27.2%，比上年提高 2.7 个百分点；品质化升级类消费相对较多的专业店、专卖店商品零售额分别增长 3.5%和 0.2%；限额以上单位书报杂志类和文化办公用品类零售额分别增长 6.4%和 4.4%，增速明显高于商品零售平均水平。新能源汽车销售约 567 万辆，比上年增长 90%，呈高速增长态势⑥。

5.2.2 企业科创能力增强，产品与服务品质逐步提升

新型消费供给企业积极响应国家关于深入实施创新驱动的发展战略，在科技创新投入、组织和成果转化中发挥着重要主体作用，产品与服务的科技创新力不断增强。根据国家统计局数据，我国规模以上工业实现技术创新的企业占比从 2013 年的 31.0%提高到 2021 年的 47.4%，2013~2021 年规模以上工业中小企业 R&D 经费年均增长 14.5%。而欧盟关于《产业研发投入记分牌》（2021）的数据表明，我国进入全球研发前 2500 强企业数达到 597 家，是 2012 年的 6.4 倍，总数稳居世界第二位，中国入选企业研发经费投入合计已占全球入选企业的近 1/

① 新动能茁壮成长 新经济方兴未艾——党的十八大以来经济社会发展成就系列报告之九［EB/OL］. 国家统计局，［2022-09-26］. http：//www. stats. gov. cn/sj/sjjd/202302/t20230202_1896684. html.

② 2023 全球独角兽榜［EB/OL］. 胡润百富网，［2023-04-18］. https：//www. hurun. net/zh-CN/Rank/HsRankDetails？pagetype=unicorn.

③ 胡润全球未来独角兽［EB/OL］. 胡润百富网，［2023-04-27］. https：//www. hurun. net/zh-CN/Rank/HsRankDetails？pagetype=ggazelles.

④ 独角兽企业，即成立于 2000 年之后，价值 10 亿美元以上的非上市公司。

⑤ 瞪羚企业，即成立于 2000 年之后、三年内最有可能达到独角兽级 10 亿美元估值的高成长性企业。

⑥ 董礼华. 董礼华：消费市场恢复略有放缓 新型消费仍保持较好发展态势［EB/OL］. 国家统计局，［2023-01-18］. http：//www. stats. gov. cn/sj/sjjd/202302/t20230202_1896741. html.

6。2021 年，全国技术市场成交合同 67 万项，成交总金额达 37294 亿元，分别是 2012 年的 2.4 倍和 5.8 倍①。

新型消费供给企业的技术革新为新产品开发和产品品质提升创造了良好条件。有数据表明，我国规模以上工业企业中产品创新能达到国际新水平的企业占全部创新企业的比重为 18.8%②。2021 年，规模以上工业企业专利申请数和新产品项目数分别为 140.36 万件和 95.87 万件，分别比 2017 年增加 58.79 万件和 48.08 万件，增幅分别达到 71.79%和 100.62%；大中型工业企业专利申请数和新产品项目数分别为 70.73 万件和 32.25 万件，分别比 2017 年增加 21.1 万件和 10 万件，增幅分别达到 42.52%和 44.97%。2021 年，有产品或工艺创新活动的规模以上工业企业超过 24.5 万家，占规模以上工业企业的比重为 55.5%；有组织（管理）或营销创新活动的规模以上工业企业超过 17.85 万家，占规模以上工业企业的比重为 40.5%（见表 5-1）。

表 5-1 2017~2021 年我国规模以上和大中型工业企业创新发展情况一览

年份	规模以上工业企业专利申请数（件）	规模以上工业企业新产品项目数（项）	大中型工业企业专利申请数（件）	大中型工业企业新产品项目数（项）	有产品或工艺创新活动的规模以上工业企业数（家）	有产品或工艺创新活动的企业占规模以上工业企业的比重（%）	有组织（管理）或营销创新活动的规模以上工业企业数（家）	有组织（管理）或营销创新活动的企业占规模以上工业企业的比重（%）
2017	817037	477861	496260	222448	—	—	—	—
2018	957298	558305	541149	233296	161333	43.0	136211	36.3
2019	1059808	671799	574316	253058	187505	49.6	154800	40.9
2020	1243927	788125	649617	280801	208073	52.1	160982	40.3
2021	1403611	958709	707279	322480	245005	55.5	178553	40.5

资料来源：国家统计局年度统计数据。

科学技术的应用和创新对新型消费供给质量提升和消费结构转型升级具有重要推动作用。本章研究表明，新型消费供给品质的逐步提升为人们提供了更加便捷、舒适和美好的消费生活。根据国家统计局的数据，2016 年以来，我国企业产品质量合格率都保持在 93%以上，产品品质比较平稳（见图 5-1）。

①② 创新驱动成效显著 科技自强蹄疾步稳——党的十八大以来经济社会发展成就系列报告之十［EB/OL］. 国家统计局，［2022-09-27］. http：//www.stats.gov.cn/sj/sjjd/202302/t20230202_1896686.html.

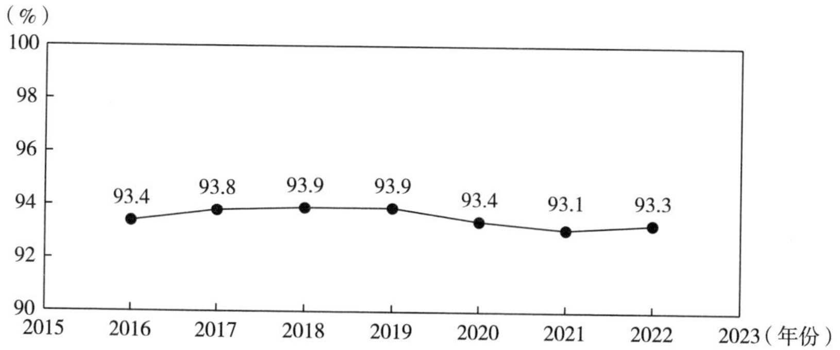

图 5-1　国家统计局基于 75 个重点工业城市抽样调查的产品质量合格率

资料来源：国家统计局年度数据。

近年来数字经济服务质量满意度也逐渐提升。根据中国质量协会调查数据，数字经济发展与服务质量同频共振，2022 年满意度指数达到 84.2 分，比 2021 年提升 4.5 分，比 2019 年提高了 12.1 分（见图 5-2）。不同业态满意度指数均有不同程度的提升，相对而言，共享住宿、旅游平台、线上直播、知识付费和线上办公等服务的满意度指数提升幅度更大（见图 5-3）①。

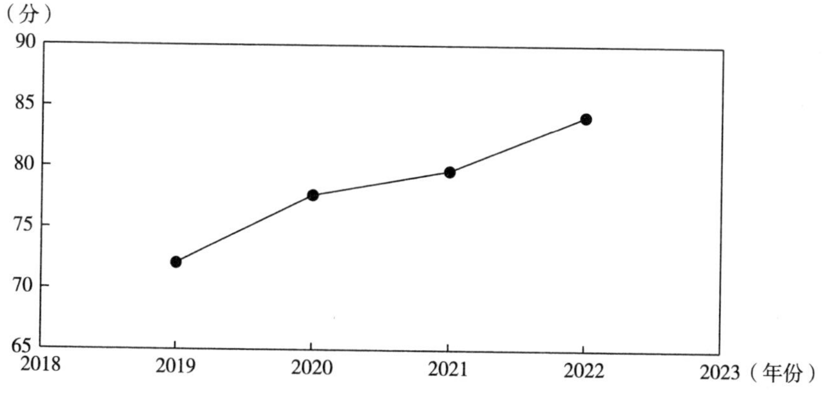

图 5-2　2019~2022 年数字经济服务质量满意度指数

资料来源：中国质量协会调查数据。

① 城市数字经济服务质量满意度（DES-CSI）首次突破 80 分大关数字乡村建设加速前进［EB/OL］. 中国质量协会网，［2023-04-07］. https：//www.caq.org.cn/html/zyfw/xwzx/19996.html；中国新能源汽车质量和品牌持续提升　满意度水平首次超过燃油汽车［EB/OL］. 中国质量协会网，［2023-02-08］. https：//www.caq.org.cn/html/zyfw/xwzx/19820.html.

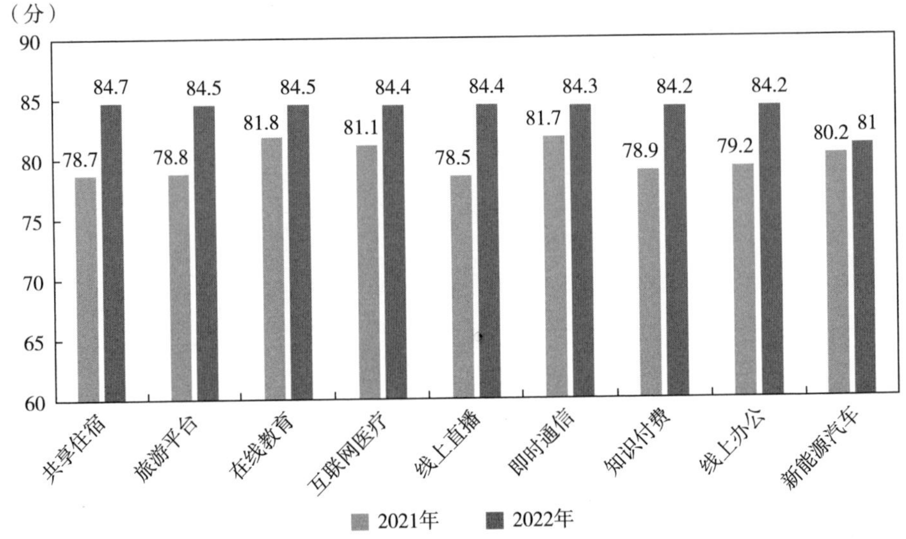

图 5-3　2021~2022 年分业态质量满意度指数

资料来源：笔者根据中国质量协会调查数据整理。

5.2.3　企业日益重视品牌建设，品牌实力日渐凸显

品牌是消费供给高质量发展的重要象征，它代表着新型消费供给结构和需求结构的升级方向。根据全球品牌研究院发布的《世界品牌 500 强（2023）》，中国有 70 个品牌入选名单，较上年增加 3 个，占比 14.0%。其中，在排名前十名单中，中国华为和中国工商银行名列第五和第八。而前 100 强名单中中国品牌有 19 个。就城市分布来看，入选数量较多的城市包括北京（34）、深圳（8）、上海（7）、杭州（3）、广州（2）、中国香港（2）。就行业来看，这些品牌大多都在银行、通信、互联网、新型零售、计算机与通信、食品饮料、智能家电、社会服务、电子电信、传媒、汽车、交通运输（顺丰）、公用事业、保险、能源、电力设备等领域①。

全球品牌研究院发布的《中国最具价值品牌 500 强》报告数据显示，2023 年度中国品牌 500 强涵盖了 30 个不同行业，总价值达到 260059 亿元，较上年增长 1.2%；平均价值为 520 亿元，较上年增长 6 亿元；总共有 51 个品牌达到千亿

① 2023 年世界品牌 500 强排行榜［EB/OL］. 全球品牌研究院，［2023-01-19］. https：//www.10guoying.com/brands/9909.html.

级别，其中有3个达到5000亿级别。其中，食品饮料行业以茅台、五粮液为龙头，有49个品牌入选，总价值2.15万亿元；银行业以四大国有银行为龙头，有38个品牌入选，总价值3.99万亿元；电子行业以小米、京东方为龙头，有31个品牌入选，总价值1.1万亿元；传媒行业以腾讯、字节跳动为龙头，有30个品牌入选，总价值1.65万亿元；汽车行业以比亚迪、上汽集团为龙头，有29个品牌入选，总价值1.51万亿元①。

5.2.4　供给场景不断创新和重构，顾客连接日益密切

短视频、网络直播等应用场景日益丰富。根据中国互联网络中心第51次《中国互联网络发展状况统计报告》，短视频内容与电商进一步融合，2022年抖音和快手两大短视频平台均上线“商城”入口，与搜索、店铺、橱窗等“货架场景”形成互通，“货找人”和“人找货”相结合，覆盖用户全场景的购物行为和需求。2022年6月，抖音短视频播放量同比增长44%，短视频带来的商品交易总额同比增长161%。就直播电商而言，天猫“双十一”期间，62个淘宝直播间成交额过亿元，632个淘宝直播间成交额在千万元以上，新主播成交额同比增长345%。值得注意的是，应用于网络直播业态的数字人产品也崭露头角，百度智能云在2022年7月发布数字人直播平台，实现超写实数字人24小时纯AI直播，将数字人的制作成本从百万元下降到万元级别，制作时间缩短到小时级别。

很多新型消费供给企业为了实现数智化消费场景创新，都在加强市场调研，尝试用趣味性、交互性的连接方式来吸引消费者，优化顾客服务体验。其中，私域流量、IP拟人化和内容种草成为与消费者实现高质量沟通、建立密切关系的重要方式或通路。私域运营通过“货找人”的方式，可以让企业与品牌直接触达消费者，构建信任关系，缩短消费者购买决策路径；品牌IP拟人化一方面可以赋能内容，围绕IP衍生虚拟形象、动漫作品、周边手办等，实现内容强关联输出，另一方面能够通过可视化、人性化的形象，吸引消费者的关注，拉近与消费者的距离。当前，很多品牌通过跨界联名、跨界代言、加紧与虚拟人物合作的方式，引领消费新风尚；内容种草则是注重利用碎片化时间来抢占消费者的心智，从关键意见领袖（KOL）、关键意见消费者（KOC）的图文创作，到短视频植入、直播带货、AR/VR为主导的感官体验内容、元宇宙以及社交营销，都是内容种草的强有力方式。对于Z时代的消费者而言，这些都是他们所青睐的沟通

---

① 中国最具价值品牌500强［EB/OL］．全球品牌研究院，［2023-05-15］．https：//www.10guoying.com/brands/10222.html.

与连接方式。有数据表明，Z 时代和千禧一代消费者使用社交媒体了解新品牌和产品的可能性比上一代高 3 倍，有 38%的消费者表示达人和社交营销会影响其对品牌的认知，有 39%的消费者指出社交营销是他们发掘新品牌的可靠来源①。

5.3 河南省新型消费供给发展的现状分析

河南省新型消费供给发展迅速，涌现出蜜雪冰城、卫龙、巴奴、锅圈食汇、致欧家居、匠多多等一批新型消费领域头部企业，积极开拓消费新业态、新模式和新产业，总体发展形势良好。

5.3.1 新产业新业态新产品持续增长

新兴产业增势良好。2023 年 1~7 月，河南省高技术制造业、工业战略新兴产业增加值同比分别增长 10.3%、10.1%；规模以上新一代信息技术产业、节能环保产业、高端装备制造业、生物产业增加值分别增长 18.6%、14.2%、9.2%和 7.7%。笔记本电脑、光学仪器、锂电子电池产量分别增长 5.8 倍、96.0%和 34.3%②。2023 年 1~6 月，电子信息产业增加值增长 11.7%，电子计算机整机增长 56.3%；规上工业新能源汽车产量增长 37.5%，充电桩产量增长 18.1%。限额以上单位新能源汽车零售额增长 59.5%。数字产业保持良好发展，2023 年 1~5 月全省规模以上互联网和相关服务业营业收入增长 22.2%③。2022 年河南省互联网企业新增 1152 家，同比增长 14.7%，总数达到 8986 家，居全国第三位，持有增值电信业务经营许可证 15922 张④。

电子商务平台交易规模持续增长。根据国家统计局的数据，2017~2022 年，河南省网上零售额和实物商品网上零售额逐年平稳增长（见图 5-4）。相关数据表明，2023 年上半年，河南省网上零售额为 2109.7 亿元，同比增长 20.3%。其

---

① 张洽棠. 新消费品牌“三板斧”：私域流量、IP 拟人化、内容种草［N］. 中国经济导报，2023-04-01（7）.

② 2023 年 1-7 月全省经济运行情况［EB/OL］. 河南省统计局，［2023-08-19］. https：//tjj. henan. gov. cn/2023/08-19/2799617. html.

③ 上半年全省经济运行情况［EB/OL］. 河南省统计局，［2023-07-22］. https：//tjj. henan. gov. cn/2023/07-22/2782901. html.

④ 互联网企业总数居全国第 3 位 2022 年河南省新增 1152 家互联网企业［EB/OL］. 河南省人民政府，［2023-05-17］. https：//www. henan. gov. cn/2023/05-17/2744406. html.

中实物商品网上零售额为 1785. 1 亿元，同比增长 20. 0%。全省商品、服务类电子商务交易额为 6467. 8 亿元，居全国第 10 位，较上年同期增长 12. 4%。其中，商品类交易额为 4880. 6 亿元，同比增长 7. 0%。服务类交易额为 1587. 3 亿元，同比增长 32. 9%。全省规上企业电子商务销售额为 3096. 9 亿元。河南监测的本省电子商务平台共计 78 个，在本省电商平台上实现的交易金额为 2034. 3 亿元，同比增长 14. 6%。从地区分布来看，电子商务平台拥有量最多的是郑州市，拥有 34 个平台，实现交易金额 1549. 7 亿元，分别占全省的 43. 6%和 76. 2%①。

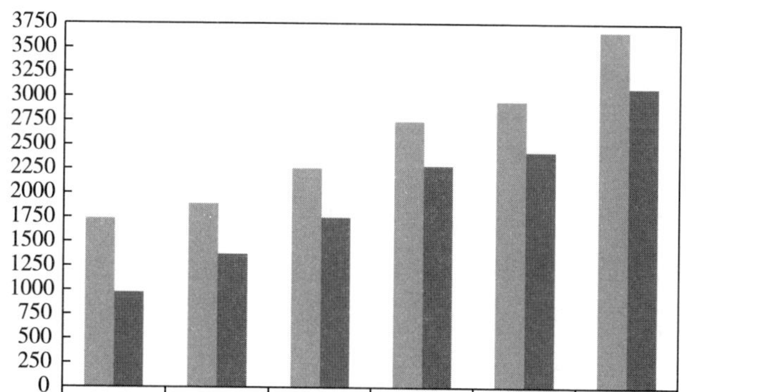

	2017	2018	2019	2020	2021	2022
网上零售额（亿元）	1735.7	1889.6	2255.8	2744.4	2948.2	3665.5
实物商品网上零售额（亿元）	977.5	1373	1750	2280.3	2426.4	3088.8

图 5-4　河南省网上零售额与实物商品网上零售额随年度变化情况

资料来源：笔者根据河南省统计局公开数据整理。

新产品新服务供给规模不断扩大。2022 年，河南省限额以上单位智能家用电器和音像器材、智能手机、能效等级为 1 级和 2 级的家用电器和音像器材、新能源汽零售额同比分别增长 17. 4%、15. 1%、12. 3%、81. 3%，分别高于全部限额以上单位零售额 14. 0 个、11. 7 个、8. 9 个、77. 9 个百分点②。新闻信息服务和内容创作生产企业数比上年分别增长 14. 5%和 0. 6%，营业收入比上年分别增长 31. 2%和 2. 4%③。全年全省充电桩产量增长 34. 4 倍，环境监测专用仪器仪表

① 上半年河南省电商快速增长（全力拼经济）［EB/OL］. 百度，［2023-08-08］. https：//baijiahao. baidu. com/s? id=1773618062044577090&wfr=spider&for=pc.

② 2022~2023 年河南省消费品市场形势分析与展望［EB/OL］. 河南省统计局，［2023-02-03］. https：//tjj. henan. gov. cn/2023/02-03/2683268. html.

③ 2022 年河南省文化及相关产业发展情况报告［EB/OL］. 河南省统计局，［2023-07-18］. https：//tjj. henan. gov. cn/2023/07-18/2780192. html.

增长41.4%，风能、太阳能、生物质等清洁能源发电量分别增长16.2%、51.7%、42.8%[①]。全年全省共生产手机1.6亿部，约占全国产量的1/10，产量跻身世界前列[②]。文旅消费市场发展迅速，截至2022年底，全省共有A级旅游景区681家，其中AAAA级以上旅游景区215家。星级酒店361个，旅行社1229家，该年度共接待国内游客43600万人次，旅游总收入3160亿元[③]。

5.3.2 科技发展推动企业创新力度逐年增加

河南省科技创新投入快速增长。2023年上半年，全省一般公共预算支出中的科学技术支出增长30.7%，高技术制造业投资增长23.3%，工业技术改造投资增长8.5%，科学研究和技术服务业投资增长52.4%[④]。截止到2022年末，全省高新技术企业10872家，科技型中小企业22004家，全年专利授权量达到135990件，有效发明专利67164件，技术合同成交金额1025.30亿元，增长68.4%[⑤]。

河南省加快对新型技术产业的发展布局。2023年6月，河南省公布了首批创建区块链发展先导区，即郑州中原科技城、安阳高新技术产业开发区、鹤壁市淇滨区、许昌市魏都区先进制造业开发区。河南省区块链产业园区自2022年5月运营以来，已汇聚了省内外30余家区块链产业头部企业和相关配套企业，产业集聚初显成效，成为中部地区具有显著特色的区块链企业集聚区[⑥]。河南省重视以人工智能为代表的数字技术发展。围绕城市交通大脑、智能媒体、智能机器人、机器感知与学习等建设了52个省级以上研发平台，培育引进了600人以上的人工智能科技创新人才队伍，以及信大捷安、宇通客车等人工智能研发和应用企业集群。国家科技部于2021年正式复函支持郑州建设国家新一代人工智能创新发展试验区[⑦]。

河南省企业创新力度逐年平稳增加。由表5-2可见，无论是开展创新企业活

---

① 2022~2023年河南省经济形势分析与展望［EB/OL］. 河南省统计局，［2023-01-21］. https：//tjj.henan.gov.cn/2023/01-20/2677557.html.

② 河南主导产业发展成效显著 实施换道领跑战略正当其时［EB/OL］. 河南省统计局，［2023-03-29］. https：//tjj.henan.gov.cn/2023/03-29/2715806.html.

③⑤ 河南省统计局与国家统计局河南调查总队. 2022年河南省国民经济和社会发展统计公报［EB/OL］. 河南省统计局，［2023-03-23］. https：//tjj.henan.gov.cn/2023/03-22/2711851.html.

④ 上半年全省经济运行情况［EB/OL］. 河南省统计局，［2023-07-22］. https：//tjj.henan.gov.cn/2023/07-22/2782901.html.

⑥ 黄婷，刘瑞朝. 区块链发展"先导"，郑州中原科技城"先行"［N］. 大河报，2023-07-21（A02）.

⑦ 河南省获批建设国家新一代人工智能创新发展试验区［EB/OL］. 河南省人民政府网，［2021-12-13］. https：//www.henan.gov.cn/2021/12-13/2364505.html.

动数、实现创新企业数，还是实现产品创新、工艺创新、组织创新和营销创新的企业数，总体都呈现逐年递增的态势。从企业类型看（见表 5-3），大型、中型、小型和微型企业开展创新活动企业数占所调查企业的比重分别为 74.45%、51.95%、42.63%、17.78%，实现创新企业数占所调查企业的比重分别为 70.70%、50.19%、40.51%、16.81%，大中型企业相对小微企业而言，在创新方面具有明显优势。不过，由于小微企业在数量上所占比重较大，因此也是创新活动非常重要的主体，不容小觑。从创新类型看，不同类型企业在产品创新和工艺创新方面具有明显差异。在创新实现的企业中，大型企业产品创新和工艺创新比重相对较大，而微型企业产品创新和工艺创新比重则相对较低。不过，不同类型企业对组织创新和营销创新都比较重视，在这两个方面差异不大（见图 5-5）。

表 5-2　2016~2021 年河南省企业创新发展情况一览　　单位：家

年份	调查企业数	开展创新活动企业数	实现创新企业数	实现各种创新类型的企业数				
				实现产品创新	实现工艺创新	实现组织创新	实现营销创新	同时实现四种创新
2016	42750	13103	12615	4059	5156	9013	8794	2264
2017	43326	13609	12843	4007	5145	9131	9042	2122
2018	39615	13481	12862	4584	5412	9075	8399	2296
2019	40049	15150	14503	5106	6198	10285	9878	2658
2020	41872	15494	15114	6074	7480	10559	10145	3153
2021	46269	18343	17478	6383	8561	11792	10442	2846

资料来源：《河南统计年鉴 2022》。

表 5-3　2021 年河南省不同类型企业创新发展情况一览　　单位：家

类型	调查企业数	开展创新活动企业数	实现创新企业数	实现各种创新类型的企业数				
				实现产品创新	实现工艺创新	实现组织创新	实现营销创新	同时实现四种创新
大型	959	714	678	390	481	479	372	191
中型	6912	3591	3469	1261	1737	2413	2077	597
小型	29015	12370	11754	4444	5859	7772	7054	1930
微型	9383	1668	1577	288	484	1128	939	128

资料来源：《河南统计年鉴 2022》。

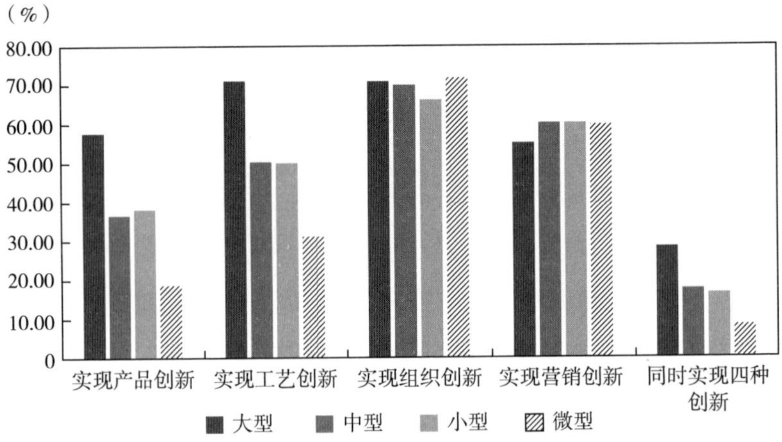

图 5-5 不同类型企业在创新实现类型方面的差异

资料来源：笔者根据河南省统计局公布的数据计算所得。

5.3.3 “智能+”“智慧+”等创新类物种发展初具规模

河南相关政府部门重视构建数字经济发展新生态，聚焦“硬科技”，提供消费“新物种”，移动智能终端、新型消费场景、智能网联汽车、智慧养老和智慧服务等方面都有长足发展。

河南省初步建成了全球重要的智能终端制造基地，智能传感器等研发和产业化处于全国上游水平，在光通信芯片等领域技术处于全国领先水平①。在智能终端方面，河南省已经形成 3000 亿级产业集群，手机智能终端产业占全国的 12%②。传感器及相关产业规模近 330 亿元，中国（郑州）智能传感谷核心区郑州高新区位列“中国十大传感器产业园区”第五名，营收亿元以上的骨干企业有汉威科技、新天科技、日立信等 20 家左右，部分产品处于行业领先水平，智能家居等整体解决方案成为行业标杆工程③。河南省具有智能网联汽车的坚实基础。当前，知名物联网骨干汽车企业有 22 家，还培育了一批本土骨干零部件企

---

① 河南省人民政府．河南省人民政府关于印发河南省“十四五”战略性新兴产业和未来产业发展规划的通知［EB/OL］．河南省人民政府网，［2022-01-24］．https：//www. henan. gov. cn/2022/01-24/2387551. html.

② 张克瑶．河南省手机智能终端产业占全国的 12%，1~10 月河南共生产手机 1.2 亿部［EB/OL］．大河网，［2021-12-24］．https：//news. dahe. cn/2021/12-24/941010. html.

③ 王玮皓．河南传感器及相关产业规模近 330 亿元，将着力打造“产业名片”［EB/OL］．大河报，［2022-08-09］．https：//news. dahebao. cn/dahe/appcommunity/1764234.

业，形成了从原材料到核心零部件，再到整车、配套设备、物联网的智能网联汽车产业链①。

近 3 年以来，河南各地出现了智慧化、便民化的消费服务场景。比如，郑州市国大四季鲜农贸市场设置了智慧大数据中心，顾客可通过查询机自助查询获取菜品的指导价、菜品的涨幅信息、食品安全溯源、农残检测、市场摊位分布、市场实时交易信息；河南省智慧养老服务也如日方升。2020 年 6 月，河南省选取郑州市、长垣市等 12 地作为智慧养老服务平台试点，开始精准对接居家和社会养老服务需求与供给，建立居家和社区养老服务信息平台，为老年人提供“点菜式”就近便捷养老服务②。2021 年 3 月，河南省民政厅发布了智慧养老服务地图，让老年人一目了然地看到家门口都有哪些养老服务设施和相关信息③。在智慧医疗方面，河南也正在加快步伐。截至 2021 年底，河南已有 20 余家医院建成互联网医院，常见病和慢性病患者能够通过手机随时随地预约知名专家进行“云上问诊”。

5.3.4 电商直播和跨境电商助力本地企业引流获客

河南省各地市、县域的电商经济依托直播的形势发展得有声有色，南阳、开封、信阳等地各具特色。南阳市镇平、南召、西峡等地建设了电商直播基地，培育了大批本土主播，助力仲景香菇酱、红桃、玉雕等本地特色产品的销售。比如，2020 年 6 月 25 日，南阳副市长阿颖参加“世界艾乡，端午话艾”直播间，在淘宝、抖音、快手三个平台亲自为南阳艾直播带货，当天直播间观看人数 50 余万，交易额达 316.9 万元④；开封先后建设了 12 个直播基地，积极邀请娱乐影视界知名人士以及“泥土的清香”“开封展昭”“80 后村支书”等本土培育的网红来为本地大蒜、兰考蜜瓜、血桃、花生、万寿菊、鸭蛋等几十种农特优产品提供助力，并且兰考县、祥符区、杞县、尉氏县等县级领导也纷纷亲临直播一线代言推销。

在跨境电商方面，早在 2012 年 8 月，郑州就成为全国首批 5 个跨境贸易电子商务服务试点之一，在全国率先开展网购保税进口模式。2014 年 5 月，习近平

---

① 王延辉. 河南迎来智能网联汽车顶级赛事！2023 中国（郑州）国际智能网联汽车大赛启幕［EB/OL］. 大河网，［2023-06-21］. https：//news. dahe. cn/2023/06-21/1257851. html.

② 河南省选取 12 地作为智慧养老服务平台试点 家门口可享受“点菜式”养老服务［EB/OL］. 河南省人民政府网，［2020-07-01］. https：//www. henan. gov. cn/2020/07-01/1566639. html.

③ 你家门口有养老服务点吗？省民政厅发布智慧养老服务地图［EB/OL］. 河南省人民政府网，［2021-03-10］. https：//www. henan. gov. cn/2021/03-10/2106986. html.

④ 陈琼. “直播经济”正当红——南阳市探索“互联网+”经济转型新突破［EB/OL］. 搜狐网，［2020-09-25］. https：//www. sohu. com/a/420727437_120498525.

总书记视察河南保税物流中心时，勉励河南朝着“买全球、卖全球”的战略目标迈进。商务部发布的《中国电子商务报告（2021）》显示，2021 年河南跨境电商进出口额位居全国前五，南阳跨境电商进出口额增速在跨境电商综试区城市中排名前五。从 2016 年到 2022 年底，国务院批复设立的跨境电商综试区，河南省增至 5 个，分别为中国（郑州）、中国（洛阳）、中国（南阳）、中国（焦作）、中国（许昌）跨境电子商务综合试验区①。

当前，河南省跨境电商规模、应用水平和跨境电商综合试验区建设水平均稳居中西部首位。2022 年，河南全省跨境电商（含快递包裹）进出口交易额 2209.2 亿元（见图 5-6），同比增长 9.5%，出口 1700.6 亿元，同比增长 15.3%。2022 年河南省有进出口实绩的外贸企业数量达 10740 家，越来越多的河南外贸企业，都已经开始通过阿里国际站跨境电商数字化出海。跨境出口行业分别来自工业机械、工程机械、美妆行业、家居园艺、化工、五金工具等行业②。许昌假发、洛阳钢制家具、郑州游乐设备、河南机械、河南电线电缆、河南铝制品、开封流量计、安阳童装、河南卫材、河南商用服务设备等多个优质跨境电商产业带，在阿里国际站的助力下“一键卖全球”，实现了品牌化出海和高质量发展。

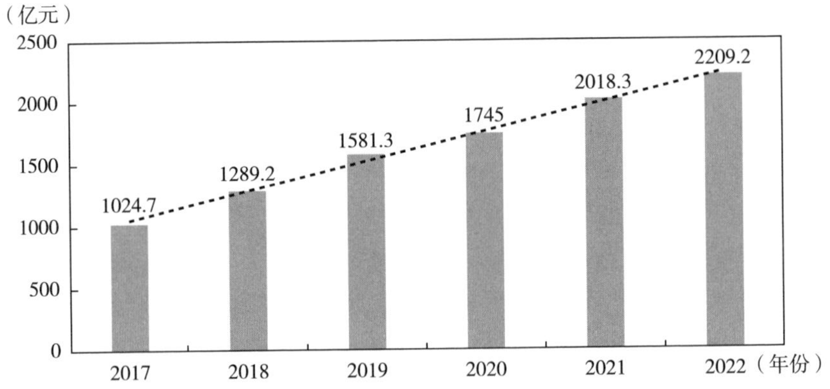

图 5-6　2017~2022 年河南省跨境电商（含快递包裹）进出口交易额

资料来源：笔者根据河南省商务厅公开数据整理。

---

① 图读懂河南跨境电商发展大事记［EB/OL］. 河南省人民政府网，［2023-05-11］https：//www.henan.gov.cn/2023/05-11/2740861.html.

② 河南跨境电商特色数字化产业带　跑出数字外贸新速度［EB/OL］. 中国日报中文网，［2023-05-19］. http：//ex.chinadaily.com.cn/exchange/partners/82/rss/channel/cn/columns/sz8srm/stories/WS6466e28ca310537989374ea3.html.

河南多地特色产业通过互联网走向全世界。许昌已经成为全世界最大的发制品集散地和出口基地，畅销全球 120 个国家和地区，年直接出口额达 10 亿美金，涌现出瑞贝卡、奥源、瑞美等非常多的出色的跨境标杆商家；鹿邑化妆刷，其年产值规模约 50 亿元，出口额约 21 亿元，吸纳就业 5 万多人；偃师鞋产业相关企业约 1100 家，有近 10 万名从业人员，产品远销东南亚、西亚、非洲、南美洲，其产业带产值规模近 500 亿元，其中泰康已成为跨境电商平台的头部商家，仅这一家企业的跨境贸易额就超过了千万元①；洛阳钢制家具产业、郑州的游乐设备、安阳的纺织和童装等在跨境电商方面有出色的表现。

5.3.5　文旅供给竞争力和品牌影响力大大提升

在黄河流域生态保护和高质量发展的国家战略背景下，河南省牢牢把握“中华源 · 老家河南”的定位，基于“铁打的文化内核”，打造以文化 IP 创意驱动，科技赋能的文旅文创融合战略，全面提高文旅产业竞争力、产品供给力、品牌影响力，使之焕发新生机，强势“出圈”。

河南卫视从《唐宫夜宴》首次火爆“出圈”，然后从《洛神水赋》《龙门金刚》《端午奇妙游》《中秋奇妙游》到 2023 年的《七夕奇妙游》，运用现代科技制作动画、虚拟现实等形式，将传统故事与现代生活场景相结合，打造了系列“中国节日”王牌节目，创造出独特的传统文化 IP。基于这些文化 IP，又涌现出一系列文创产品。例如，2020 年河南省博物院率先把“盲盒”概念和文物结合，将馆内珍宝打造为“考古盲盒”并赠送洛阳铲风靡一时。之后又有“豫博网红咖啡”“钱币巧克力”“牡丹雪糕”“玉佩棒棒糖”等河南文创产品频频出圈。

河南也涌现出一些现象级 IP 文旅项目。以河南 · 戏剧幻城为例，以沉浸式的戏剧演艺为主体，用棋盘格局分割出 21 个剧场，56 个不同的场景和表演空间。剧目总时长近 700 分钟，通过一种可触摸、可感知、可沉浸的全新艺术形式，讲述黄河故事，让游客身临其境感受中原文化的厚重和震撼。随着河南文化 IP 的热捧，河南省内旅游线路推陈出新更受游客欢迎。携程发布的《2021 端午假期旅行大数据报告》显示，郑州首次入围端午热门前十目的地，河南博物院位居热点目的地榜首。2023 年春节期间，河南接待游客量达到 3375. 28 万人次，同比增

---

① 杨霄，马萌阳，白艳雄 . 河南十大跨境电商特色产业带揭晓　瞧瞧你的家乡有啥宝贝［EB/OL］. 大河报 · 大河财立方，［2021-05-10］. https：//app. dahecube. com/nweb/news/20210510/97199neb4857ef75c9. htm.

长21.90%，居全国第5位[①]。2023年端午假期，河南省旅游收入55.5亿元，与2022年同期相比，增长47.6%，与2019年同期相比，增长23.1%[②]。

5.3.6 绿色食品与新能源汽车引领绿色消费供给发展

在碳中和、碳达峰的大背景下，2021年10月河南省第十一次党代会提出，实施绿色低碳转型战略，以推进碳达峰、碳中和为牵引，坚持绿色生产、绿色技术、绿色制度一体推进，建立健全绿色低碳循环发展的经济体系。之后，河南省又出台了《河南省人民政府关于加快建立健全绿色低碳循环发展经济体系的实施意见》《河南省“十四五”战略性新兴产业和未来产业发展规划》等政策文件，提出大力发展高效低碳产业，促进高质量发展。2022年，河南省绿色低碳产业规模已经超7500亿元[③]。而在绿色消费新业态中，绿色农产品和新能源汽车是河南的特色行业。

2020年，河南省政府提出了实施推进绿色食品事业跨越式发展的“1050工程”，将绿色食品发展纳入全省农业高质量发展目标。当前，河南省绿色食品原料基地总面积已达到1526万亩，这意味着全省13%的耕地实施了绿色食品原料标准化生产，覆盖了16%的基本农田、20%的高标准农田。河南省全国绿色食品原料标准化生产基地已发展到61个，共带动24.9万农户参与建设，有400多家绿色食品企业直接与生产基地对接[④]。而截止到2022年6月30日，河南省绿色食品获证企业25196家，产品54350个，总体规模数量进入了全国第一梯队[⑤]。

河南省将新能源及智能网联汽车产业链列为重点培育的产业链之一，希冀打造万亿级新能源汽车产业集群[⑥]。作为汽车工业大省，河南省新能源汽车产业独具特色，在新能源客车、专用车等领域走在全国第一方阵，诞生了以宇通客车为代表的龙头企业，并形成了以郑州、新乡、许昌、洛阳、安阳等为代表的新能源

---

① 2023年春节 我省接待游客量居全国第5位［EB/OL］. 河南省文化和旅游厅，［2023-01-30］. https：//hct. henan. gov. cn/2023/04-25/2732068. html.

② 莫韶华. 2023端午假期河南省旅游收入55.5亿元与2022年同期增长47.6%［EB/OL］. 大河网，［2023-06-24］. https：//news. dahe. cn/2023/06-24/1258717. html.

③ 刘杨. 绿色低碳转型如何“转”？这场协商会“干货满满”［EB/OL］. 大河网，［2023-06-21］. https：//news. dahe. cn/2023/06-21/1257563. html.

④ 刘晓波. 河南省1526万亩耕地实施绿色食品原料标准化生产［N］. 河南日报，2023-02-26（2）.

⑤ 河南省绿色食品质量安全监督管理“绿剑行动2022”工作部署会在郑州召开［EB/OL］. 凤凰网，［2022-08-11］. https：//hn. ifeng. com/c/8IMCmBOejIF.

⑥ 郭丁然. 郑州：打造全国最大的新能源汽车生产基地｜加码新能源①［EB/OL］. 大河网，［2023-08-17］. https：//news. dahe. cn/2023/08-17/1289454. html.

汽车配套产业。郑州、新乡进入首批全国新能源汽车示范推广试点城市。根据河南省汽车行业协会相关数据，2023 年上半年，河南新能源汽车整车生产数量 3.4 万辆，同比增长 31%，其中，有 0.3 万辆新能源汽车出口到海外，同比增长 235%。当前，河南已有新能源、锂电池等相关企业 2.5 万家，2022 年新注册 6500 余家，同比增长 28.44%。2023 年上半年新增 3634 家，同比增长 9.95%①。

5.3.7 共享经济态势良好，共享领域不断扩展

共享经济作为新一轮科技革命和产业变革中涌现出来的新业态新模式，发展迅猛、创新活跃、应用广泛，正在加快驱动资产权属、组织形态、就业模式和消费方式的革新，深刻改变人们的生产生活方式、消费理念和就业模式。河南省《关于印发〈关于培育和发展共享经济的实施意见〉的通知》指出，要重点发展八大领域共享经济，即在生产性服务业领域的生产设备共享、生产资源共享、分散产能共享，生活性服务业领域的交通出行共享、旅游资源共享、医疗服务共享，以及新经济新业态新趋势方面科研设施共享、知识技能共享。本章主要关注生活性服务业领域的共享经济供给情况②。当前，河南共享经济发展势头迅猛，出现了以第三方同城即时生活服务平台 UU 跑腿为代表的共享经济企业，该企业依托“互联网+生活服务”，注册用户 5200 万人，注册“跑男”500 万人，2022 年营业额超 16 亿元③。

就交通出行共享而言，河南省网约车发展已经初具规模。根据交通运输部公布的 2023 年 7 月网约车行业运行基本情况，在各主要中心城市中，河南郑州的订单合规率在 80%以上，全国排名第 7④。电动汽车带动共享充电供给，截止到 2023 年 7 月，河南省公共充电桩达到 86660 个，在全国排在第 9 位⑤；就旅游资源共享而言，河南省鼓励互联网企业建设旅游资源共享平台，尝试构建集住宿、

① 周兰，陈郑伊．新能源汽车出口增 3 倍 外贸“新三样”见证河南换道领跑［EB/OL］. 百度，［2023-08-12］. https://baijiahao.baidu.com/s? id=1773984601385791346&wfr=spider&for=pc.

② 关于印发《关于培育和发展共享经济的实施意见》的通知［EB/OL］. 河南省发展和改革委员会，［2018-09-30］. https://fgw.henan.gov.cn/2018/09-30/712141.html.

③ 王磊彬．力争到 2025 年，河南新一代信息技术产业规模突破万亿元［EB/OL］. 大河财立方，［2023-01-15］. https://app.dahecube.com/nweb/pc/article.html? artid=151648? recid=27.

④ 网约车监管信息交互系统发布 2023 年 7 月份网约车行业运行基本情况［EB/OL］. 中华人民共和国交通运输部，［2023-08-22］. https://www.mot.gov.cn/fenxigongbao/yunlifenxi/202308/t20230822_3896019.html.

⑤ 浩渺．乘联会崔东树：我国纯电动车的车桩比领先全球，但运营收益压力较大［EB/OL］. IT 之家，［2023-08-21］. https://www.ithome.com/0/713/706.htm.

购物、餐饮、出行于一体的微生态旅游系统。其中，共享民宿的消费潮流逐渐风行，其低廉的价格与便捷的体验不断赢得年轻群体的偏爱。截至 2021 年 4 月，河南已有民宿 592 家，房间 28600 多间，床位 47000 多张[①]。目前，民宿数量还在不断增加，而且正在往品牌连锁、集团化投入的高端民宿业方向发展。

5.3.8 部分企业积极探索数字化转型升级和“互联网+”新业态

河南部分企业通过微信公众号、小程序、短视频等新媒体积极拓宽宣传渠道和销售渠道，或者与在线平台合作，打造“互联网+”多业态发展。[②]

鹤壁的裕隆超市通过自己的裕隆优鲜小程序、微信公众号等，打造“互联网+门店”线上销售新渠道，推动传统流通业转型升级。2021 年 3~6 月有效订单数达到 32937 单，销售额为 120 万元。同时，还充分利用抖音、快手、小红书等新媒体，加强对外宣传推介，推动线上线下文旅消费；鹤壁市的餐饮企业同北京同城惠享科技有限公司合作开发了以微信公众号为基础的“同城惠享圈”，将餐饮、美容美发、洗车等服务企业纳入销售平台。还与京东展开深度合作，通过京东云搭建“中原速食在线”线上展销平台，线上线下 42 万余人次逛展，实现交易额 1500 多万元；鹤壁精品民宿灵泉妙境开展与在线平台企业广泛的合作，与携程、途家、美团、飞猪等合作开展在线旅游业务，实施民宿直播带货活动和民宿预售活动，效果良好。

2021 年上半年，安阳地区企业依托抖音、快手、拼多多、微信公众号等平台进行 20 多场直播活动，童装、农产品、食品等多种优质商品销售额累计近 2000 万元。安阳滑县的圣君超市和“饿了么”开展深度合作，通过该平台搜索和售卖所有产品，在部分乡镇甚至做到点对点、点对村的服务，同时各个店还积极通过微信群方式做内购，每星期每个店一次的内购，一个月销售额能达到百万元。

新乡宝龙广场 2021 年上半年通过打造抖音宝龙广场街坊，播放量超 1 亿次，通过直播带货，推广、直接或间接带动销售 300 万元；通过宝龙悠悠小程序系统带动会员销售 3000 万元，新增会员 30000 人。

---

① 张超．河南省民宿业发展驶入快车道“民宿管家”为民宿经济注入新活力［EB/OL］. 大河网，［2022-08-01］. https：//news. dahe. cn/2022/08-01/1070128. html.

② 本节所有调研资料与数据来源于 2021 年 7 月 11 日至 16 日的走访调查，所有相关数据截至 2021 年 7 月。

5.4 河南省新型消费供给发展的问题分析

近年来，河南省新型消费快速发展，涌现出一批新型消费领域头部企业，释放出强劲的消费潜力。不过，与其他先进地区相比，仍存在一定差距。2023 年上半年河南省商品、服务类电子商务交易额为 6467.8 亿元，居全国第 10 位①。当前，河南新型消费发展尚不能满足人民日益增长的消费升级需求。产业结构不能及时根据消费者多元化需求进行调整，同质、低水平生产能力过剩，优质商品少、优良服务少等结构性矛盾依然存在，新型消费供给与市场需求契合度不足问题仍需引起重视。整体而言，河南新型消费发展还存在呈现供给规模小、品牌力和质量不强、线下实体转型困难等问题。

5.4.1 地区不平衡，企业总体规模小且龙头少

新型消费供给企业地区分布不均衡。当前，阿里巴巴、京东、美团、聚美优品、考拉海购、唯品会、小红书、字节跳动、科大讯飞等知名平台型企业相继落户河南省，世界工厂网、中大门、万国优品、致欧等本土电商也不断壮大。但是，从总体上看，这些电商企业大多落户在具有较为良好基础和条件的郑州，其他市县地区的互联网业态发展则相对落后。比如，2020 年郑州市网上零售额为 1581 亿元，占河南省网上零售额的近 60%，其他市县加起来仅占 40%多一点。2022 年前三季度郑州市网上零售额为 2197.8 亿元，占河南省的近 73%，其他市县加起来仅占 27%左右②。就电子商务平台的地区分布来看，郑州市拥有 34 个平台，实现交易金额 1549.7 亿元，分别占全省的 43.6%和 76.2%③。

与其他省市地区相比，河南省互联网业态发展总体规模小且龙头企业少，很多新兴消费领域企业实力较弱。根据中国互联网协会发布的 2020~2022 年《中国互联网企业综合实力研究报告》，2020 年和 2021 年中国互联网综合实力前百家企业的所属地，河南省企业榜上无名，直到 2022 年，才有两家企业上榜（见

---

① 上半年河南电商保持快速增长［EB/OL］. 河南省人民政府网，［2023-08-10］. https：//www.henan.gov.cn/2023/08-10/2794671.html.

②③ 民进河南省委会：加快培育发展新型消费　促进我省消费提质扩容［EB/OL］. 河南政协，［2023-02-17］. https：//www.hnzx.gov.cn/2023/02-17/4314536.html.

表 5-4)，分别是第 80 名的中钢网科技集团和第 97 名的中原大易科技有限公司；2021~2023 年成长型前 20 家企业的所属地，河南省企业均榜上无名（见表 5-5）。根据 2021 年互联网周刊发布的“新消费品牌影响力 TOP50 排行榜”，河南地区只有巴奴和锅圈食汇上榜①。

表 5-4　2020~2022 年中国互联网综合实力前百家企业所属地

2020 年								
所属地	湖南、黑龙江、重庆、天津	湖北、安徽、四川、贵州	山东	浙江	福建 江苏	广东	上海	北京
属地企业数目	各 1 家	各 2 家	3 家	4 家	各 6 家	13 家	18 家	38 家
2021 年								
所属地	重庆、四川、陕西、江西、黑龙江、海南	天津、湖南、湖北、贵州	浙江、江苏、福建	广东	上海	北京		
属地企业数目	各 1 家	各 2 家	各 7 家	15 家	16 家	34 家		
2022 年								
所属地	贵州、黑龙江、辽宁、山东、四川、天津、重庆	河南、湖北、湖南、江西	福建、浙江	江苏	上海、广东	北京		
属地企业数目	各 1 家	各 2 家	各 5 家	7 家	各 18 家	32 家		

资料来源：2020~2022 年中国互联网协会发布的《中国互联网企业综合实力研究报告》。

表 5-5　2020~2022 年中国互联网成长型前 20 家企业所属地

2020 年					
所属地	湖南、上海、湖北、四川、浙江	山东	北京	广东	江苏
属地企业数目	各 1 家	2 家	3 家	4 家	6 家
2021 年					
所属地	海南、湖北、湖南、天津、浙江	上海、福建	广东	北京	
属地企业数目	各 1 家	各 2 家	3 家	8 家	
2022 年					
所属地	湖北、湖南、江苏、辽宁、陕西、浙江	上海	北京、广东	福建	
属地企业数目	各 1 家	2 家	各 3 家	6 家	

资料来源：2020~2022 年中国互联网协会发布的《中国互联网企业综合实力研究报告》。

① 上半年河南电商保持快速增长［EB/OL］. 河南省人民政府网，［2023-08-10］. https：//www.henan.gov.cn/2023/08-10/2794671.html.

5.4.2　企业品牌力不强，缺乏拳头产品与服务

根据 2021 年京东"双十一"销售数据，河南省表现较好的本地老字号和知名品牌 TOP5 为双汇、好想你、卫龙、思念、三全，增长 TOP5 品牌为思念、卫龙、华德、王守义、娅丽达。然而除了这些耳熟能详的品牌，很多地方缺乏强有力的品牌和拳头产品。苏宁易购河南公司负责人张丽君说："河南省农副产品不少，但是很多都没有做精做细，达不到标准化。"这意味着河南省比较缺乏具有竞争力的产品，品牌化经营的能力弱。当前，河南省很多新型消费领域的企业，比如跨境电商、网络零售、绿色农业、数字文化创意、信息网络服务、智能和智慧服务、健康用品、时尚潮流和精致高端消费品等，规模比较小，在标准、规范、工艺、检测和流程方面尚有一定差距，在研发、设计、营销和售后服务等高附加值环节缺乏竞争力，没有形成代表质量信誉的品牌。

与中国其他先进地区相比，河南省企业品牌价值整体偏低。GYBrand 全球品牌研究院从品牌基本面、品牌业绩、品牌强度、品牌贡献等维度对中国企业品牌的价值进行评估，并编制了 2022 年度和 2023 年度《中国最具价值品牌 500 强》研究报告。根据该报告，2022 年有 11 家企业入选中国 500 个最具价值品牌名单，占比仅 2.2%，分别是来自郑州地区的宇通客车、三全食品、思念食品、《大河报》、郑州银行、白象共 6 个品牌，来自洛阳的洛阳钼业、中航光电 2 个品牌，来自南阳的牧原股份，来自漯河的双汇，来自新乡的华兰生物。而 2023 年入选中国 500 个最具价值品牌名单的品牌变成 9 个，分别是牧原股份（农林牧渔）、双汇（核心领域：食品饮料）、洛阳钼业（有色金属）、中航光电（国防军工）、宇通客车（汽车）、《大河报》（传媒）、三全食品（食品饮料），郑州银行（银行）和龙佰集团（化工）①。

根据国家知识产权局知识产权运用促进司和中华商标协会编制的《中国商标品牌发展指数（TBDI-2022）》，河南省商标品牌发展指数得分为 76.98，在全国排名第 14 位。其中，商标品牌运用推进得分 80.94，全国排名第 16 位；商标品牌质量提升得分 78.91，全国排名第 16 位；商标品牌潜力开发得分 74.10，全国排名第 12 位；商标品牌环境优化得分 82.33，全国排名第 13 位；商标品牌效益实现得分 61.75，全国排名第 27 位。由此可见，河南省企业品牌发展相对于先进地区还有较大差距，尤其是在商标品牌效益方面是比较弱的。

根据阿里巴巴 2021 年"双十一"网络零售数据，各种商品品类中，河南省

① 括号里的内容是相应品牌的核心领域。

发货卖出的金额远小于买入的金额（见表5-6）。这说明对于日用品、服装鞋帽、纺织纺品、家用电器音响和器材及家具类等品类而言，河南省本土产品的有效供给远不能满足本地需求，相关企业在品牌建设、质量建设、品类丰富程度以及在线运营能力方面都存在不足。

表5-6 河南省卖出和买入品类情况

品类	卖出		买入	
	金额（亿元）	占比（%）	金额（亿元）	占比（%）
日用品	275	17.6	460	13.6
服装鞋帽、针织纺品	221	14.1	782	23.1
家用电器音响和器材	101	6.5	220	6.6
家具类	67亿	4.3	220	6.6

资料来源：阿里巴巴2021年“双十一”销售数据。

5.4.3 产品和服务供给质量有待提升

根据河南省统计年鉴数据，尽管近年来产品质量监督抽查中各类产品合格率保持在90%以上，但是不合格率仍然偏高，食品、日用消费品、建筑与装饰装修材料以及农业生产资料等，供给质量还是堪忧（见表5-7）。从图5-7中可见，各类产品整体合格率呈下降趋势，从2018年的95.86%下降到2021年的91.21%。具体到各种产品类型，由图5-8可知，食品相关产品的合格率在96%以上，相对较高，但是日用消费品的供给质量是比较低的。

表5-7 河南省产品质量监督抽查情况

	2017年		2018年		2019年		2020年		2021年	
	抽查产品	不合格产品	抽查产品	不合格产品	抽查产品	不合格产品	抽查产品	不合格产品	抽查产品	不合格产品
合计	10683	501	9823	407	7555	493	6411	499	7233	636
食品相关产品	298	0	418	4	445	14	401	6	551	9
日用消费品	3130	131	2810	119	1827	141	2513	286	2668	262
建筑与装饰装修材料	3237	179	2599	95	2292	124	1358	87	1320	93

续表

	2017 年		2018 年		2019 年		2020 年		2021 年	
	抽查产品	不合格产品	抽查产品	不合格产品	抽查产品	不合格产品	抽查产品	不合格产品	抽查产品	不合格产品
农业生产资料	682	20	191	7	208	14	327	22	398	20
工业生产资料	3336	171	3805	182	2783	200	1812	98	2296	252

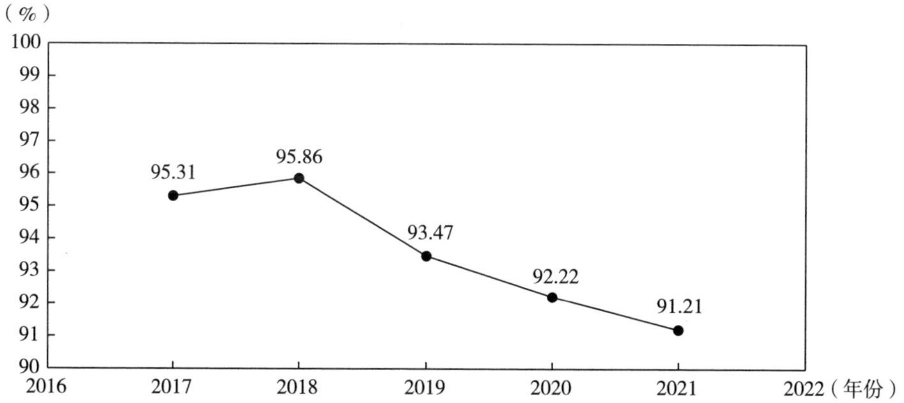

图 5-7　河南省产品质量监督抽查合格率趋势

资料来源：《河南统计年鉴》(2018~2022)。

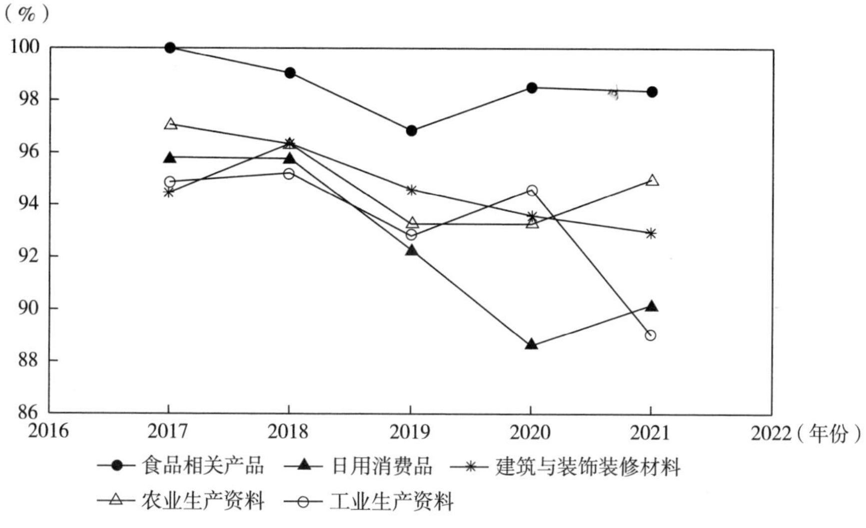

图 5-8　不同类型产品质量合格率趋势

资料来源：《河南统计年鉴》(2018~2022)。

5.4.4 企业数字化经营转型过程中存在一定困难

河南省企业数字化水平整体不高。从表5-8可知，除了信息传输、软件和信息技术行业中企业每百人使用计算机数量、每百家企业拥有网站数量占比分别达到96%和81%，其他领域企业的数字化水平都不算高。住宿和餐饮业、信息传输与软件及信息技术领域的电子商务交易活动超过20%，与人们消费生活密切相关的批发与零售业、交通运输业、居民服务业、文体娱乐业等领域的电子商务交易活动占比均比较低。

表5-8 河南省企业数字化水平

行业	企业数（家）	期末使用计算机数（台）	每百人使用计算机数（台）	企业拥有网站数（个）	每百家企业拥有网站数（个）	有电子商务交易活动		电子商务销售额（亿元）	电子商务采购额（亿元）
						企业数（家）	比重（%）		
总计	60582	1864398	22	23912	40	4295	7.1	5088.48	3524.79
采矿业	468	68147	21	149	32	17	3.6	31.8	41.29
制造业	19002	564308	15	10782	57	1331	7.0	2209.36	1209.11
电力、热力、燃气及水生产和供应业	801	83590	38	322	40	34	4.2	2.22	6.1
建筑业	8374	238820	13	2733	33	260	3.1	0.24	219.02
批发和零售业	13240	219983	40	3304	25	1180	8.9	2067.99	1850.93
交通运输、仓储和邮政业	2141	71077	22	556	26	84	3.9	92.32	57.09
住宿和餐饮业	2784	32058	24	694	25	702	25.2	22.35	0.47
信息传输、软件和信息技术	729	184980	96	589	81	168	23.0	375.81	35.83
房地产业	7926	127282	36	2502	32	183	2.3	3.00	0.82
租赁和商务服务业	1573	40271	17	603	38	84	5.3	266.25	84.61
科学研究和技术服务业	1020	97711	77	611	60	71	7.0	6.80	19.06
水利、环境和公共设施管理业	423	9204	7	193	46	51	12.1	3.82	0.13

续表

行业	企业数（家）	期末使用计算机数（台）	每百人使用计算机数（台）	企业拥有网站数（个）	每百家企业拥有网站数（个）	有电子商务交易活动		电子商务销售额（亿元）	电子商务采购额（亿元）
						企业数（家）	比重（%）		
居民服务、修理和其他服务业	495	3814	8	120	24	23	4.6	0.15	0.11
教育	639	67752	73	298	47	15	2.3	1.13	0.03
卫生和社会工作	446	39815	53	269	60	15	3.4	0.01	0.09
文化、体育和娱乐业	521	15586	48	187	36	77	14.8	5.23	0.08

资料来源：《河南统计年鉴（2022）》。

数字化消费浪潮不可避免，企业朝着“互联网+”变革势在必行。但是，本章调查表明，诸如丹尼斯这样的大型商超和三全这样的知名食品企业，其线上业务占比仍然较低。三全食品虽然成立了电商团队，但其线下实体销售仍然占到90%以上，2020 年三全电商渠道营业额 7 亿元左右，仅占到公司总营收的 6.0%。丹尼斯 2021 年线上业务年销售额目标为 7.5 亿元，截至 2021 年 11 月 22 日已经完成 7 亿元，但在公司全部销售额占比才为 3%。由此可见，这些线下实体企业和商超的“互联网+”业务规模仍比较小，实力不强。根据丹尼斯负责人的反馈，由于既有人员大部分缺乏线上业务经营的意识、经验和知识技能，因此在转型过程中也存在重重困难。①线上渠道建设问题。如何吸引和留住有数字化经营能力的人才，建立基于 600 家门店的仓店一体全渠道交易平台，给消费者创造便捷和良好体验价值，存在较大难度。②线上线下整合问题。如何整合线上和线下业务平台，构建统一的数据体系，给消费者带来一致的体验，并加强不同渠道的协同效应，也是一个关键问题。再比如，郑州上佳食品有限公司在数字化转型过程中也存在一定困难，该公司尝试基于“互联网+”业务的开展来赋能品牌发展和 B 端业务并开拓 C 端业务，为此在 2022 年成立了河南鲸量智能科技有限公司，一年半的时间投入了 300 多万元资金，然而截至目前还未见明显成效。企业数字化转型是一个系统工程，甚至需要企业业务流程的再造，牵一发而动全身，对很多中小企业而言并非是容易的事情。

5.4.5　要素成本较高，政策优惠幅度相对保守

根据调研企业反馈，相对于全国其他省市地区，河南省企业的要素成本比较

高，税收等政策优惠力度比较小，这对于优质品牌互联网企业在豫的可持续投资、对于新型消费业态的发展都是不利的。以京东在河南郑州的亚洲一号仓建设为例，一次性建仓700多亩，投入30多亿元。2020年新冠疫情期间，尽管也享受了税收减免的优惠，但税收减免却是湖南省和湖北省的10%~20%。根据2020年京东在华中的情况，湖南省给予了19~20个项目补贴，但河南省才拿到2~3个项目。并且，税收补贴也没有完全落实到位。另外，三全和京东都表示，河南省的用地成本比较高。比如，三全对比了其在全国8个地方的生产基地建设，发现在河南用地计算时，马路中间的土地都需要支付费用，但其他省市地区只需支付企业围墙之内的用地费用，周边路上的土地是不需要付费的。

5.4.6 企业数字化运营与转型所需的人才缺乏

河南省数字化产业虽然保持快速增长势头，但是对优秀的数字化人才的吸引力与沿海发达城市相比还有差距。河南省很多中小型企业，尤其是县域中的中小型企业，进行数字化运营和转型的积极性比较高，但非常缺乏实战性人才。根据《2021年度中国电子商务人才状况调查报告》，被调查企业中人员比较稳定能满足企业运营要求的占28.71%，处于招聘常态化、每个月都有招聘需求的占43.56%，处于业务规模扩大，人才需求强烈、招聘工作压力大的占17.82%，人员流失率高、人员不稳定、招聘难度大的企业占9.90%[①]。由此可见，超过六成的企业存在电商人才缺口，人才招聘工作压力比较大。河南省农村电商人才缺口尤其严重。根据中国农业大学智慧电商研究院发布的《2020中国农村电商人才现状与发展报告》，未来五年中国农村电商人才缺口将达350万人。当前，除了企业家式的电商人才，农村县域电商人才主要分为运营推广、美工设计、客服和物流仓储四类，占比分别为12.4%、16.8%、23.3%和31.7%。其中，运营推广及美工设计等对技术要求较高的职位人员较为缺乏，而87.6%的创业团队存在一人身兼多职的情况。这种现象在河南省更为普遍。之所以出现这种情况，一方面是很多互联网商业运营方面的毕业生在择业时更倾向于去南方和大城市，因为当地有良好的数字化运营基础，在工作中能够接触更多经验丰富的“师傅”，从而能快速增加实战经验，实现快速成长；另一方面是目前河南本地优质的互联网企业不多，既有企业在薪酬、晋升和培训机制等方面不够健全，在教育、医疗、住房和环境等配套措施上吸引力也不够强。

① 2021年度中国电子商务人才状况调查报告［R/OL］. 网经社，［2022-05-09］. http://www.100ec.cn/zt/2021rcbg/.

5.5　实现新型消费供给发展的重要任务和工作思路

5.5.1　培育一批新型消费业态细分领域的龙头企业和优质企业

新型消费业态细分领域需要龙头企业的引领和示范。在这方面，要实现：①打造新型消费业态领域产业项目，建设一流营商环境，做到“有求必应、无事不扰”，全力支持经营模式先进、线上线下融合发展且创新业绩显著的数字转型示范企业做大做强；②推广面向新型消费领域企业的互联网平台服务和各种数字化解决方案，有效组织本地提供信息网络技术和服务的公司，帮助其快速搭建互联网渠道、实现线上支付、整合线上线下平台资源，甚至是实现生产、加工、流通和服务的全链条数字化改造等，助推各类消费场景和细分消费领域融合，以便更好打造和适应新消费场景；③构建新型消费业态领域的龙头企业发展梯队，在政府统筹下，围绕跨境电商、网络零售、绿色食品、数字文创、信息网络服务、智能和智慧服务、健康用品、时尚潮流和精致高端消费品等重点领域，结合各地优势产业和商业布局，有针对性地做强做优一批引领新消费业态发展的“链主”龙头企业和区域性龙头企业，构建多层次发展梯队；④发挥郑州航空港和电商跨境外贸等枢纽优势，鼓励龙头企业积极参与“一带一路”建设，开拓新型消费市场，扩大进出口贸易，积极融入以国内大循环为主体、国内国际双循环相互促进的新发展格局。

5.5.2　推动新型消费业态领域品牌建设和拳头产品培育

品牌是新型消费业态领域企业参与市场竞争的重要资源，也是衡量地区经济实力的重要指标。打造一批特色鲜明、竞争力强、市场信誉好的本地品牌，包括文旅文创品牌、绿色生态农产品品牌、休闲康养品牌、个性时尚品牌、智慧服务品牌、“互联网+”等数字化企业品牌等，将会成为区域新型消费业态高质量发展的“金名片”。因此，一定要加大对新型消费业态领域的品牌培育和相关商标保护，鼓励和支持其品牌创建工作。具体而言，要重视如下几个方面的工作：①创建品牌导师团队，帮助新型消费业态领域的企业做品牌顶层设计，在品牌符号设计、品牌定位、品牌价值提升、品牌文化与个性塑造、品牌渠道和传播策略等方面提供专家辅导，依托当地特色禀赋，培育本土高端或特色消费品牌。②重视研究新消费需求特征，顺应国内外消费升级趋势，鼓励新型消费业态领域企业加大技术创新、产品品类创新和商业模式创新的力度，培育核心竞争力，增强品牌打造的底气。③引导新型消费业态领域企业专注于提升品牌品质和价值，推动品牌标准化建设，加快改造提升、转型升级步伐，增加高端产品和服务供给，打造和打磨拳头产品和服务，把产品和服务做精做细，提高品牌的含金量，夯实品牌发展后劲。④重视挖掘和利用当地悠久的历史文化资源和独特的人文资源，用优秀文化滋养新型消费业态领域品牌的发展，打造一批文化底蕴深厚、承载独特精神品质的品牌，增强品牌文化自信。⑤把品牌战略作为新型消费业态发展政策的核心内容，为打造品牌营造良好的政策环境和舆论支持环境。充分发挥河南现有各种品牌论坛、品牌展会和活动的作用，提高人们对河南品牌、河南品质和河南创造的认知度；还可以充分发挥航空港和电商跨境外贸的优势，抓住河南枢纽经济建设的契机，助推特色品牌走出中原。⑥研究建立品牌大数据指标体系，明确本地新型消费业态领域品牌的传播力指数、识别度指数、美誉度指数、生态指数等品牌力指数，为品牌发展提供数据支持和建议。

5.5.3 支持企业数字化经营转型，实现线上线下加速融合

鼓励和引导线下实体企业和商超转变思维意识，积极开拓线上业务，推进线上线下融合发展。首先，可以与京东、天猫、苏宁易购和拼多多等电商平台企业进行合作，入驻电商平台，开展线上交易，拓展在线市场。其次，还可以和本领域电商企业进行合作，利用对方的销售渠道或者物流体系来推进本企业线上业务开展。例如，三全食品主动和生鲜电商（盒马鲜生、京东送菜等）合作拓展线上业务，与美团优选等社区团购密切合作开启社交营销。再次，还可以建立自己的电商体系，通过微信小程序、App 和在线社群向电商全渠道转型，进行私域流量运营。最后，对于困难企业，当地政府可以帮助其对接相关电商服务提供商或者平台型企业，帮助其梳理渠道，打通线上线下行为数据和业务数据，整合线上和线下流量，最终实现能够覆盖线上线下场景的全渠道营销模式。

5.5.4 加大新型消费政策支持力度并确保优惠措施落实到位

国家政策的引导和支持对新型消费业态发展非常重要。在这方面，要全面梳理并及时调整不适应新型消费业态发展的政策规定和规章制度；研究各省市关于新型消费业态招商引资的政策优惠情况，根据本省情况，基于新型消费业

态发展的要素成本制定有吸引力的政策优惠方案，并确保落实；加强新型消费业态领域用地、用能等要素资源优化配置和重点保障，对重点企业、重大项目，各地有关部门可采取“一企一策”“一事一议”给予精准扶持；积极扶持本省新型消费业态领域的中小微型市场主体和品牌做大做强，鼓励各地设立新型消费发展相关的专项资金和产业基金，对符合条件的企业和项目给予支持；强化减税降费政策效应，按照国家税务总局对新型消费领域企业优化税收征管措施工作安排，落实新型消费业态领域各类型企业税收优惠等相关政策，及时做好贯彻落实工作。

5.5.5 助力形成数智化商业人才聚集效应

新型消费业态健康快速发展需要大量能够把握消费者新需求并拥有数字新技术的人才，如大数据营销人才、新媒体运营人才、电商推广人才、美工设计与客服等数字经济人才等。为此，需要建立有竞争力的人才吸引、人才培育、人才发展体制机制，最终留住人才，形成数字经济人才聚集高地，可以从以下两个方面入手：

一是吸引人才方面。首先，推行简政放权，给用人单位和企业充分的自主权，发挥其主体作用，制定灵活的用人制度，通过支持设立特聘岗位等方式，授权自主评价聘用数字经济人才；其次，提供有竞争力的薪酬、有吸引力的职业生涯晋升机制，并构建以“能力、业绩和贡献”为导向的人才评价体系，以更大力度和更加市场化的方式激励人才投入新型消费业态发展；再次，加强对高层次数字商业人才引进政策，在人才落户、购房居住、子女教育、就医看病、交通出行等方面建立阶梯式支持机制；最后，加大政策激励，吸引更多的优秀河南籍数字商业人才返乡“二次创业”，吸引新型消费业态领域的优质企业来河南发展，正如习近平总书记所说，“栽下梧桐树，引来金凤凰”。[①] 要构筑集聚新型消费业态所需人才的创业就业高地。

二是人才培育方面。首先，对于设置大数据营销、新媒体运营、电商推广、美工设计等专业的高校，在省级教育经费等方面予以倾斜，大力支持新型消费业态和数字经济发展所需的青年人才；其次，采取政府主导与市场化运作相结合，充分调动社会资源，结合当地特色，依托高等院校，针对大学生村官、有意于新

① 习近平．习近平：在中国科学院第二十次院士大会、中国工程院第十五次院士大会、中国科协第十次全国代表大会上的讲话［EB/OL］．中共中央党校（国家行政学院）网，［2019-04-26］．https：//www. ccps. gov. cn/xxsxk/zyls/202105/t20210529_148977. shtml.

型消费业态领域发展的一线工作人员等，启动系列培训活动，如营销大数据培训、网络营销培训、电商培训、新媒体运营培训、在线品牌运营培训等；最后，鼓励本科高校和职业院校、科研院所与企业、园区采取多元化形式，如专项竞赛、业务培训、实战项目培训等有助于理论联系实践、强化实战体验的方式，联合培养新型消费业态发展所需的应用型、技能型、复合型人才，形成浓厚的培训氛围，形成数字商业人才聚集效应。

5.5.6 加快智慧物流布局，助力跨境电子商务发展

跨境电商外贸是河南融入新发展格局并在国内国际双循环中成为关键环节的重要抓手。2023 年上半年，河南省跨境电商进出口 1224.7 亿元，同比增长 10.1%。其中，出口增长 13.2%，进口增长 0.8%。河南跨境电商的良好发展态势吸引了诸如 eBay、谷歌、阿里巴巴、京东、唯品会、聚美优品等境内外知名跨境电商企业相继落户河南，激励了 UPS、DHL、联邦快递、菜鸟网络、顺丰等物流企业在河南加速布局，同时也促进了一大批批传统外贸和制造企业“上线触网”，通过跨境电商拓市场、降成本、创品牌、“卖全球”①。

当前，河南省应进一步打造河南品牌、河南创造和河南品质“走出去”的服务支持体系，鼓励新型消费业态领域企业全面融入国际市场。依托空中、陆上、网上、海上“四条丝路”的枢纽优势，加快智慧物流布局，构建海陆空铁一体化多式联运物流枢纽，成为助力跨境电商发展的重要任务。其中，智慧物流基于大数据、云计算、智能感应等一系列现代科技，实现了物流服务的实时化、可控化和便捷化管理，有助于物流产业链的优化升级，并有利于降低服务成本、提高流通效率、减少资源能耗、开展增值服务。智慧物流的技术架构包括智能运输、智能仓储、智能配送、智能包装、智能装卸、智能信息处理六个方面，其前期基础设施需要大量投入，因此离不开政府的有力支持。政府需要对智慧物流产业链进行战略性布局规划，进一步完善支持智慧物流发展的政策措施和监督机制，强化以创新驱动的智慧物流基础建设，推动智慧物流产业链结构升级，促进智慧物流标准化体系构建，引导物流企业合作共享和协作发展。

---

① 孙静．上半年全省跨境电商进出口同比增长 10.1% “网上丝路”动力足［N］．河南日报，2023-08-12（1）．

5.6　本章小结

新型消费发展离不开高质量供给体系的支撑。本章通过文案研究、实地走访和小组座谈等方法收集和整理了大量资料，借此探析新型消费供给端的基本发展态势及存在的问题，并在此基础上提出新型消费供给端高质量发展的工作思路与重点任务。

从全国来看，当前新型消费供给业态发展态势向好，市场主体活力充沛，科技创新能力不断增强，产品与服务品质逐年提升。企业也日益重视品牌建设，品牌实力日渐凸显，在凯度 BrandZ 发布的 2023 年全球百强榜单中有 14 个中国品牌入选，中国也因此蝉联上榜品牌数量第二多的国家。同时，短视频、网络直播等消费场景日益丰富，私域流量、IP 拟人化和内容种草实现了与消费者间的高质量沟通，能够与之建立密切关系，“人找货”与“货找人”消费场景不断重构和创新。

就基于河南省调查数据而言，新型消费供给发展平稳，电子商务平台交易规模持续增长，新产品、新服务供给规模不断扩大。河南省科技创新投入快速增长，加快了对新型技术产业的发展布局，企业创新力度逐年平稳增加，无论是开展创新企业活动数、实现创新企业数，还是实现产品创新、工艺创新、组织创新和营销创新的企业数，总体都呈现逐年递增的态势；河南省“智能+”“智慧+”等创新类物种发展初具规模，移动智能终端、新型消费场景、智能网联汽车、智慧养老和智慧服务等方面都有长足发展；河南省各地市、县域的电商经济依托直播的形势发展得有声有色，南阳、开封、信阳等地各具特色，跨境电商规模、应用水平和跨境电商综试区建设水平均稳居中西部首位，助力当地特色产品与服务引流获客，走向世界；在黄河流域生态保护和高质量发展的国家战略背景下，河南基于“中华源·老家河南”的定位和“铁打的文化内核”，打造以文化 IP 创意驱动、科技赋能的文旅文创融合战略，助力文旅产业强势“出圈”，不仅涌现出一些现象级 IP 文旅项目，也推陈出新了许多受人欢迎的旅游线路，接待游客人次和旅游收入都大大增加；另外，绿色农产品和新能源汽车是河南的特色行业。绿色食品发展总体规模数量进入了全国第一梯队，新能源与智能网联汽车产业链被列为重点培育的产业链之一；共享经济发展也初具雏形，交通出行共享、旅游资源共享、医疗服务共享等成为今后重点发展的领域。

尽管整体发展态势良好，但是新型消费供给发展过程中也还存在很多亟待解决的问题。尤其是高端供给短板明显，产业结构不能及时根据消费者多元化需求进行调整，同质、低水平生产能力过剩，优质商品少、优良服务少等结构性矛盾依然存在。以河南省新型消费供给情况为例，存在供给发展地区不平衡、企业总体规模小且龙头少的问题。新型消费供给端企业的品牌力比较弱，缺乏拳头产品与服务，高端消费外流现象也比较突出。产品和服务供给质量也不容乐观，有待于进一步提升。企业发展要素成本较高，政策优惠幅度相对保守，与先进地区存在一定差距。企业数字化运营与转型所需的人才缺乏，超过六成的企业存在电商人才缺口，人才招聘工作压力比较大。因此，要推动新型消费供给的高质量发展，就必须全力解决以上问题。具体而言，要培育一批新型消费业态细分领域的龙头企业和优质企业，推动新型消费业态领域的品牌建设和拳头产品培育，大力支持新型消费企业数字化经营转型，加大政策支持力度并确保优惠措施落实到位，同时助力形成数智化商业人才聚集效应，还要通过智慧物流科学布局来推动跨境电子商务发展。

综上所述，推动新型消费发展，必须从供给端发力提供高质量产品和高效率服务，不断优化供给结构，淘汰低质量产品和低效率服务。这就需要以创新引领为指导，一方面要增加科创投入，掌握关键领域核心技术，抢占以信息化、智能化为特征的新科技革命的龙头，建立差异化的高质高效的新生产体系；另一方面要通过供给创新引导市场，激励企业进行自主创新，不断创新产品和服务并提升其品质，扩大品牌影响力，契合数智化时代消费群体的生活、消费理念及行为方式。唯有如此，才能在产业链、供应链上占领制高点，引领更高质量产品和更高效率服务供应的迭代更新，实现供需螺旋式上升和动态平衡。

第4部分

调查研究——政府

PART FOUR

第6章　新型消费管理服务调查研究

新型消费优化供给和市场发展离不开政府的引导与支持。在中国制度情境下，各级政府主管部门既是新型消费发展管理服务组织的主要代表，也是市场治理与制度设计的主体，影响着新型消费领域内行业企业的发展、供给优化和市场规范。在很大程度上，各地政府是影响新型消费供给关系变化的关键因素，通过制度设计、政策制定、规划引导、市场监管等手段来整合和优化资源供给，推动不同主体间的协同作用，促进新型消费高质量发展。本章关注政府在新型消费促进中的重要作用，基于文案研究、实地走访和小组座谈方法，以河南地区为例，调查政府在推动新型消费发展中的工作进展，找出阻碍新型消费发展的关键问题，在此基础上提出政府关于加强新型消费管理服务的工作思路与任务。

6.1　研究设计

本章采用扎根理论的方法进行探索，选取河南省7个地市作为调查研究对象，出于以下几个方面考虑：首先，地处中原地区的河南是中国商业和商业文化的重要发源地，也是中国重要的经济大省、人口大省和消费大省，有着超大规模的新型消费市场发展潜力。黄河流域生态保护和高质量发展、促进中西部崛起的两大国家战略叠加又为河南新型消费高质量发展提供了机遇。因此，探明该区域政府在新型消费发展过程中的角色和具体工作进展具有重要价值。其次，近年来河南省也致力于打造高品质消费新场景、新业态、新模式，各地政府都在积极响应并推动新型消费市场发展，不同程度地发挥了政府部门管理服务的重要作用，因此成为重要的研究对象，也让研究更具可操作性。最后，笔者的工作单位和活动半径主要在河南省内，该区域内的地缘关系较好，有利于找到符合研究所需的调查对象，能够相对便利地获取与研究主题和内容高度相关的案例资料。

本章研究主要采用文案调查、实地走访和小组座谈形式，来收集政府相关部门关于新型消费促进工作的进展资料。2021 年 7 月 11~16 日，笔者跟随河南省发展和改革委员会促消费专项行动第一调研组，赴安阳、鹤壁、滑县、濮阳、长垣和新乡豫北 6 地进行调研，采用实地走访和座谈会形式，对各地推动和落实本省促进新型消费情况，包括各地政府部门的具体工作进展、面临难题进行针对性摸底调研。同时，笔者多次对河南其他地区政府相关部门进行走访调查，比如 2021 年 6 月 30 日赴郑州二七特色商业区管委会座谈调研，2023 年 7 月 11 日赴许昌经济技术开发区管委会进行走访调查等。通过实地走访和小组座谈，本章研究获得了超过 6 万字的访谈记录、观察笔记和备忘录资料。另外，笔者还从各地政府官方网站、新闻平台上收集了大量的二手资料，方便本章研究更好地了解各地政府对于新型消费的规划引导、政策措施及其活动效果。在对以上大量资料进行质性分析的基础上，笔者对河南各地政府关于新型消费管理服务的基本情况形成了比较清晰的认识，厘清了政府加强新型消费管理服务的工作思路。

6.2 河南各地关于新型消费管理服务进展

6.2.1 围绕新型消费促进出台系列政策文件

河南省政府积极响应和贯彻落实国家在新型消费发展方面的精神与号召，2016~2023 年，制定并出台了 12 个与新型消费直接相关的政策文件。河南各地市政府也积极响应，根据本地实际情况，开始制定并印发实施一系列相应文件方案，为新型消费促进工作提供政策支持和引导。政府相关政策措施的制定与印发实施情况可以反映出当地新型消费发展工作的重点及其规划性、系统性和规范性。

河南各地市政府都会发布消费促进、扩大内需或消费机制与环境完善方面的制度文件（见表 6-1），但只有安阳、焦作、济源、商丘、周口和平顶山发布了直接以消费升级或新消费来命名的文件。就新型消费类型而言，文旅消费是河南省大多地市非常关注的新型消费项目，尤其是洛阳、郑州、开封、新乡、许昌和驻马店，出台的相关文件最多。新能源汽车、健身与体育和现代服务业也是各地

表 6-1　2016~2023 年河南省及各地市政府出台的新型消费相关文件

地区	消费升级&新消费	消费促进&环境&体制	现代服务业	信息消费	文化&旅游			健身与体育	绿色消费			商贸流通&商业消费	直播&电商&平台消费	互联网+医疗健康	健康养老	餐饮消费升级	共享消费	夜间消费	消费中心城市
					文化&旅游	乡村旅游	全域旅游		新能源汽车	循环经济&低碳	绿色食品								
河南省	2	5	1	1	2	0	0	1	0	0	0	0	0	0	0	0		0	0
安阳	2	2	1	1	1	0	0	1	1	0	0	0	0	0	0	0		0	0
鹤壁	0	1	1	0	1	0	0	1	0	0	1	1	3	0	0	0		0	0
濮阳	0	2	0	0	2	0	0	2	0	0	1	0	1	0	0	0		0	0
新乡	0	4	0	0	3	0	0	0	1	1	0	0	0	0	0	0		0	0
焦作	1	2	3	0	0	1	1	0	1	0	0	0	0	1	1	1		0	0
济源	1	2	3	0	1	0	0	1	1	0	0	0	0	0	0	1	1	0	0
郑州	0	1	1	0	3	0	0	1	0	0	0	0	0	0	1	0		1	1
开封	0	2	0	0	3	0	0	1	1	0	0	0	0	0	0	0		0	0
洛阳	0	3	0	0	4	0	0	1	0	1	0	0	1	0	0	0	1	0	0
商丘	1	1	1	0	1	0	0	0	1	1	0	0	1	0	0	0		0	0
许昌	0	3	1	0	3	1	0	0	1	0	0	0	0	0	0	0		0	0
周口	1	2	1	0	0	0	0	1	0	0	0	0	1	0	0	0		0	0
漯河	0	1	0	0	0	0	0	1	0	0	0	0	1	0	0	0		0	1
三门峡	0	2	3	0	0	0	0	0	2	0	0	0	0	0	0	0		0	0
平顶山	2	1	1	0	2	1	1	0	1	0	0	0	1	0	0	0	1	0	0
南阳	0	2	0	0	1	0	0	1	0	0	0	1	2	0	0	0	1	0	0
驻马店	0	4	2	0	3	0	2	0	3	0	0	0	1	1	0	0		0	0
信阳	0	1	2	0	1	1	0	0	2	0	0	0	0	1	0	0		0	0

注：本表仅关注那些在文件名字中直接与新型消费相关的文件，不包括涉及某些新型消费内容的综合性文件。

资料来源：河南省政府及各地市政府官网中发布的文件，由笔者整理。

市非常看重的新型消费项目。鹤壁和濮阳更为关注绿色食品消费发展，南阳、鹤壁、洛阳、周口、漯河、平顶山、驻马店、濮阳和商丘则专门发布了直播和电商及平台消费方面的政策文件，济源、洛阳、平顶山和南阳发布了共享消费方面的政策文件，只有郑州市单独发布了有关夜间消费和国际消费中心城市的政策文件。

整体来看，河南省各地市政府围绕现代服务消费、文旅消费、健身与体育消费、绿色消费、直播与电商消费等主题发布的政策文件较多。

6.2.2 利用消费券等工具促进新型消费发展

消费券是政府使用财政资金发放的针对新型消费活动的代金券，其发放对新型消费发展具有积极的促进作用，已成为政府用来引导和提振消费的重要工具。很多地区将优惠券发放作为推进新型消费的“优选项”。林毅夫等（2020）曾根据各地新闻报道按照时间轴梳理了部分地区在 2020 年 3~4 月消费券发放时间、发放总金额、核销金额等数据（见表 6-2）。从表 6-2 中可以看出，河南郑州在消费券发放金额、核销率及引致关联消费金额方面还是比较高的，消费券的杠杆效应比较显著。

表 6-2 2020 年 3~4 月中国部分地区消费券分批次发放情况

城市	发放日期	统计时间段	发放总额（万元）	核销金额（万元）	核销率（%）	关联消费（万元）	关联消费/核销金额
晋城	3 月 22 日	3 月 22 日~4 月 19 日	1500	1442	96.1	17300	12.0
杭州	3 月 27 日	3 月 27 日~4 月 16 日	37500	32100	85.6	342200	10.7
佛山	4 月 1 日	4 月 1 日~4 月 11 日	5000	3870	77.4	13600	3.5
沈阳	4 月 10 日	4 月 10 日~4 月 24 日	2000	944	47.2	6459	6.8
衢州	4 月 3 日	4 月 3 日~4 月 13 日	3390	1846	54.5	10147	5.5
郑州	4 月 3 日	4 月 3 日~4 月 16 日	5000	3925	78.5	55200	14.1
赤峰	4 月 5 日	4 月 5 日~4 月 20 日	500	364	72.9	3692	10.1
呼和浩特	4 月 5 日	4 月 5 日~4 月 14 日	1000	86	8.5	719	8.4
绍兴	4 月 5 日	4 月 5 日~4 月 12 日	7500	2333	31.1	10900	4.7
宁波	4 月 17 日	4 月 17 日~4 月 23 日	1070	515	48.1	5321	10.3
乌鲁木齐	4 月 18 日	4 月 18 日~4 月 24 日	4786	330	6.9	5498	16.7

续表

城市	发放日期	统计时间段	发放总额（万元）	核销金额（万元）	核销率（%）	关联消费（万元）	关联消费/核销金额
温州	4 月 18 日	4 月 18 日~4 月 25 日	19720	13000	66.2	98200	7.6

资料来源：林毅夫，沈艳，孙昂．中国政府消费券政策的经济效应［J］．经济研究，2020，55（7）：4-20.

6.2.3　鼓励线上线下融合，积极培育新型消费业态

河南各地积极开展电商直播促消费活动，培育和完善直播产业链条。很多地区通过电商直播节日和赛事的打造来带动消费。安阳市开展了“遇见最美安阳首届红旗渠直播化节”（2021 年 4 月 28~30 日）；鹤壁市举行了在线新经济产业园启动仪式暨鹤壁市首届网红直播带货节（2021 年 6 月 25 日），当天直播观看量达 1300 万人次；滑县举办的“618 滑县线上特产节”，在抖音、快手等多个平台进行直播，推介滑县道口烧鸡、老庙牛肉、万古羊肉卤等滑县特产，自然成交量达 14 万元，商品浏览数达到 500 多万人次；濮阳联合京东举办了“京东 618 城市嘉年华活动”，共有 30 家商家参与活动，4 名主播 3 天内吸引了 30.7 万余人次在线观看，带动商品交易总额近 60 万元①；长垣市的“卫华农场杯”网络直播大赛（2021 年 6 月），吸引 102 名主播参与，带货 28126 单，交易额达 2883.96 万元②。值得注意的是，一些地区也开始着手培育和完善直播产业链条。例如，鹤壁市在线新经济产业园一期核心服务中心硬装已完成，运营公司鹤壁市淇迹数字科技有限公司已完成本地招商签约 105 家，外地大客户 22 家③。濮阳建立了京东智能城市（濮阳）数字经济产业园（2021 年 6 月 9 日）④，激发一站式生态电商赋能服务经济消费的活力。

河南很多地区还鼓励企业联合平台型企业和电商企业，一起开展网上超市、网上餐厅、网上商城等新业态，并围绕直播带货等在线运营方式开展免费培训和经营指导。比如滑县电商中心与轩墨电商公司合作，为其提供经营场地等优惠政策，而轩墨则在滑县开展免费的网店运营培训，截至 2021 年 7 月，已培训个人

①③　资料来源于笔者的走访调查，数据截至 2021 年 7 月。

②　李志民，文成锋，杨洋，等．长垣市“卫华农场杯”网络直播大赛完美收官，草根主播撑起豫北“电商名城”［EB/OL］．河南科技报，［2021-07-03］．https：//www.sohu.com/a/475410632_389884.

④　张彬彬．打造发展新引擎　京东智能城市（濮阳）数字经济产业园正式开园［N/OL］．河南日报网，［2021-06-10］．https：//www.henandaily.cn/content/2021/0610/301001.html.

企业 200 多人，网上开店 79 家[①]。一些地区还积极开展电商进农村综合示范县建设，以便促进工业品下乡和农产品进城双向流通。例如，浚县、淇县成功创建国家级电子商务进农村综合示范县，安阳市内黄县、濮阳市范县和台前县都是国家级电子商务进农村综合示范县。

6.2.4 加强新型消费网络节点建设，打造新型消费区域高地

一些地区还积极规划并加强新型消费网络节点建设，重视文旅消费示范城市/县区、聚集效应明显的步行街、15 分钟社区生活圈等方面的建设工作，开始打造农村社区综合性服务网店、社区邻里中心，并促进便利店品牌化。例如，鹤壁开通大别山、古城景区等官方抖音号，推动浚县古城、淇县朝歌老街等成为河南夜间文旅深度融合的“网红景区”“网红打卡地”，改造提升浚县古城商业步行街、朝歌里人文小镇步行街、朝歌老街商业步行街等，还围绕便民、利民、为民工作目标，打造以社区为中心的“一刻钟（15 分钟）生活圈”，首批试点社区 22 个建设完成，直接惠及群众 5.1 万户 19.4 万人[②]。

一些有条件的地市非常重视发展各种消费聚集区业态，开始打造各种商业中心和消费中心城市。例如，郑州正着力建设国际消费中心城市，目标是打造彰显时尚的时尚之都，成为引领创新生态的数字消费和新型消费标杆城市[③]；安阳不断优化特色商业街区和品牌消费集聚区业态，尝试做亮街区品牌，打造区域性消费商圈；濮阳尝试把南乐建设成为豫鲁冀三省交汇处的商贸中心城市，华龙区特色商务区被评定为省定“四星级”两区，水秀宴荣获了“河南省特色风味美食街”称号；长垣的防腐产业园特色消费项目，一期市场已入驻 198 个品牌商户；新乡百货大楼成功创建为第五批河南省品牌消费集聚区，拥有大商新玛特、宝龙广场、万达广场、新悦城购物中心、百货大楼 5 个河南省品牌消集聚区，形成了城区横跨东西、纵贯南北的格局，成为现代商贸流通体系的主体。

一些地区还积极打造各种类型的夜经济文旅消费和经济消费集聚区。鹤壁市重点打造了朝歌里人文小镇夜间消费集聚区，创建了浚县古城“夜间文旅”消费品牌；濮阳的国际杂技文化产业园区是省级夜间文旅消费集聚区，还培育设立了恒丰广场、银座广场等一批夜经济消费集聚区；新乡长垣结合王家潭湿地公园

---

① 资料来源于笔者的走访调查，数据截至 2021 年 7 月。

② 鹤壁市人民政府．“圈”里的幸福生活——鹤壁市“一刻钟（15 分钟）生活圈”建设纪实［EB/OL］．河南省人民政府网，［2021-07-19］．https：//www.henan.gov.cn/2021/07-19/2185046.html.

③《郑州市创建国际消费中心城市实施方案》政策解读［EB/OL］．郑州市人民政府网，［2022-03-11］．https：//public.zhengzhou.gov.cn/interpretdepart/6306575.jhtml.

每日游客量达 2000 人次优势，打造建设了王家潭旅游文化广场，建设了 500 个停车位，设置了风味餐饮、娱乐等 25 个消费摊位，每天晚上营业 5 个小时以上，旺季每天营业额可达到 2 万元，淡季每天营业额可达到 1.6 万元①。

6.2.5　推进特色文旅消费，重视营造良好消费环境

一是开展景区品质提升活动，打造特色民宿集群，提升配套措施。鹤壁实施 A 级景区品质提升工程，开展了“学党史、办实事、情暖游客”A 级旅游景区品质提升专项行动、“2021 质量提升年”行动、景区服务标兵评选活动等。长垣非常重视旅游公共设施和配套措施建设。主要做法有：投资 5.5 亿元建设“5 纵 15 横”旅游道路，投资 1200 万元新建或提升 A 级以上旅游厕所 80 座，沿大广高速及主要道路设置宣传标识牌 18 处，建设旅游咨询点 5 个，一级旅游集散中心实现对外开放，所有公交车上车免费②。

二是积极推出“自然+文化+资源”精品旅游线路，打造文旅消费聚集区。鹤壁深入挖掘特色文旅资源，围绕文化、生态、养生、民宿、红色、研学和美食等推出了 11 条精品旅游线路；新乡发布红色线路关联消费，其中刘庄村、京华村、唐庄、裴寨村、回龙村、郭亮洞 6 个红色景区（点）以“体验脱贫成就、助力乡村振兴”为主题，入选全国“建党百年红色旅游百条精品线路”和省文旅厅发布的“河南红色旅游十条精品线路”；安阳推出历史文化、山水、研学、运动康养和乡村休闲游 5 类旅游线路，滑县和林州是首批河南省文旅消费示范县创建单位③。

三是推出“高铁+”“酒店+”“会展和节日活动+”等组合型旅游产品。河南各地区还积极推出“高铁+”“酒店+”“会展和节日活动+”等组合型旅游产品。例如，濮阳在 2021 年开通了“中华龙源地 · 世界杂技城”水秀号旅游专列；安阳推出了酒店与宾馆游客入住九折优惠活动；长垣举办了第七届起重装备博览交易会、首届防腐蚀控制产业博览会、举办各类展销会和美食活动，打造了“会展旅游+美食节活动”的旅游模式。

四是开展区域合作机制和企业合作战略，实行资源共享、特色互补和游客互换。例如，鹤壁市积极与安阳市、中原银行合作，推出安鹤旅游“一卡通”，相关联景区对持卡游客实行门票减免优惠，一年内到景区可无限次旅游消费。鹤壁还联合晋冀鲁豫毗邻 7 城市（鹤壁、安阳、濮阳、邯郸、邢台、聊城、长治），

①③　资料来源于笔者的走访调查，数据截至 2021 年 7 月。

②　资料来源于笔者的走访调查，2021 年 7 月 15 日长垣市副市长陈伟在座谈会上的介绍，数据截至 2021 年 6 月。

推动文旅协同发展，共同发布特色文旅精品线路，促进文旅市场互补、互动、互通，开创区域文旅消费共同繁荣新局面。

6.2.6 在提振汽车、家电等大宗商品消费的过程中注重引导绿色消费

在提振汽车消费方面，各地主要的做法有：①支持绿色能源消费建设。安阳市和濮阳市通过停车场、新能源汽车充电桩等基础设施建设，积极支持购置新能源汽车，促进二手车流通。②实施汽车消费补贴。比如安阳市连续3年实施汽车促消费活动，尤其是将新能源汽车购买的补贴提升了3~4倍[①]。③打造汽车展会式购车节活动。2021年，新乡市商务局会同汽车流通协会邀请20余家汽车经销商在体育中心举办2023河南省以“惠聚中原·悦享消费”为主题的汽车消费巡展活动，在郑州、洛阳、新乡、开封、南阳等十多个地市持续开展系列展销活动[②]。

河南省鼓励对智能电子产品和家用电器产品消费进行补贴或开展以旧换新促销活动，提出将省财政对各地实际财政支出按不超过30%给予奖补政策[③]。响应省政府召开，周口市通过“周到办App”在中心城区发放电子消费券500万元，支持居民更换或新购绿色家具、绿色建材等绿色家居产品，全面促进智能冰箱洗衣机空调、超高清电视、手机以及智慧厨卫、智能安防、智能影音娱乐等绿色智能家电和电子产品消费[④]。

6.2.7 创建特色农产品优势区，推进农业全产业链发展

作为农业大省、粮食大省，河南省非常重视优势特色农业的发展。《中共河南省委河南省人民政府关于做好二〇二二年全面推进乡村振兴重点工作的实施意见》指出，要着力推进优质小麦、花生、草畜、林果、蔬菜、花木、茶叶、食用菌、中药材、水产品十大优势特色农产品生产基地建设，重点培育面、肉、油、乳、果蔬五大重点食品产业集群，打造小麦、玉米、花生、猪、牛、羊、禽、果蔬菌茶、中药材、渔业十大优势农业全产业链，将100家国家级农业产业化重点

---

① 安阳市财政局．我市财政积极筹措资金连续三年支持开展汽车促消费活动［EB/OL］．安阳市人民政府网，［2022-04-26］．https：//www. anyang. gov. cn/2022/04-26/2336690. html.

② 刘鹏．2023河南省汽车消费巡展活动启动［EB/OL］．中国新闻网，［2023-03-13］．http：//www. ha. chinanews. com. cn/news/hncj/2023/0313/46194. shtml.

③ 河南省人民政府．河南省人民政府关于印发进一步促进消费若干政策措施的通知［EB/OL］．河南省人民政府网，［2023-04-14］．https：//www. henan. gov. cn/2023/04-14/2725598. html.

④ 周口市人民政府．周口市持续提升家居和智能电子产品消费［EB/OL］．河南省人民政府网，［2023-09-28］．https：//www. henan. gov. cn/2023/09-28/2823529. html.

龙头企业培育成为全产业链“链主”企业；推进品种培优、品质提升、品牌打造和标准化生产，推进绿色食品业转型升级，精深加工比例提高到22%以上；全面试行食用农产品承诺达标合格证制度，推行农产品质量安全追溯管理，深化农产品质量安全县创建，推动乡镇农产品质量监管机构标准化建设。

河南各地市政府也非常重视特色农产品供给。例如，鹤壁建业绿地基地集现代设施高效农业生产、文化创意农业游览等为一体，设计了让人震撼的农耕文化体验区，打造了五彩花海、婚礼草坪、碧玉湖等景观，创建了特色美食城，汇集200 多种小吃，营造出绿色生态的休闲美丽空间，具备了形成文化旅游聚集区的条件；濮阳南乐县号称水果之乡，菌菇类产品以及蔬菜等也极富特色，基于此该县创建了日福莱、沃圃生和西红柿小镇等高效农业园区；长垣是美食名城和厨师之乡，有豫记满天星这样的知名品牌饭店，同时依托起重机机械名城、卫生材料生产基地、医疗耗材之都以及国家园林县城等品牌，重点打造“会展+美食”的旅游产品。

6.2.8　部分地区重视商贸流通基础设施网络建设

本章研究调查发现，一些电商基础较好的地区正在规划和实施商贸流通基础设施网络建设，开始建设冷链、快递和智能物流园区（无人仓储和无人分拣）。早在 2019 年 2 月，河南省商务厅就发布了《河南省城乡高效配送试点城市公示》，明确了郑州、许昌、鹤壁、洛阳、濮阳 5 市为首批河南省城乡高效配送试点城市。鹤壁市还印发了《鹤壁市人民政府办公室关于发展商贸流通促进商业消费的实施意见》，鼓励流通企业与京东、腾讯、阿里巴巴等网络平台合作，运用大数据、云计算、移动互联网等现代信息技术，发展“互联网+流通”“互联网+服务”，大力推进物流技术创新和标准化建设，推动流通企业由传统经营模式向新零售商业模式转变，提高配送的协同化、规模化和网络化水平。之后，又印发了《鹤壁市城乡高效配送试点项目工作方案》等文件，注重加强对电商配送、商超配送、冷链物流等领域项目的政策指导，有序推进城乡高效配送试点建设；濮阳市则构建了以电商公共服务中心、物流仓储中心、农特产品公共仓、网货收集中心为构架的县域一体化电商服务体系，并向下延伸形成了较为完善的县、乡、村三级物流配送体系，快递分发实现 2 日内送达促进了城乡消费；长垣市组织涉农企业、种植养殖大户与本市农产品批发市场、商场超市、餐饮企业开展面对面产销对接，促进农产品出村进城，实现县域经济内循环。

6.3 新型消费管理服务过程中存在的问题

虽然河南各地区在新型消费促进方面取得了不菲的成绩，但仍存在不容忽视的问题，如对新型消费的重视程度不够，尚缺乏有效的协调与联动机制，数据化管理水平低，很多工作缺乏有效调研、设计和系统布局等。

6.3.1 对新型消费促进工作重视程度不够

本章研究调查发现，相当一部分政策实施者将“新型消费促进”视为一项寻常的工作任务，仅按上级要求被动地去执行，这就导致新型消费促进工作进展比较缓慢。常见的错误观念和认识体现为以下四点：

一是新型消费是个人的事情，会自发形成，没有必要进行促进。这种思想一方面割裂了新型消费与整个经济链条的关系，没有真正理解消费在促进经济循环、保持经济平稳运行的“压舱石”作用；另一方面，也没有意识到消费促进在小康社会建设中的重要意义，即实现人民对美好生活的向往，让人民群众拥有更多获得感、幸福感、安全感。

二是新型消费发展的关键在于收入水平的提高和社会保障的完善。一些政策实施者将增加收入和社会保障视为一个不可或缺的条件，认为如果不提高收入，那么无论怎样都无法促进新型消费。之所以产生这样的观点，是因为这些人没有意识到“消费促进本身就是增收过程”，他们把消费者从整个产业过程游离出来，没有看到促消费工作实际上为一部分民众提供了就业和增收机会。同时，他们也未曾领悟内需已经成为国内经济大循环的“战略基点”，低估了小康社会阶段人们消费方式和层次升级的迫切需要，未能认识到“经济越发达，消费越重要”，没有看到新型消费促进是经济高质量发展的内生驱力。

三是新型消费促进是需要“花钱”的事情，不如项目建设重要。相当一部分地区因为财政资金紧张，不愿意在新型消费促进工作上进行投入，更倾向于在工业和商业项目上投入。之所以会如此，一方面是因为他们对新型消费重要作用的认识高度不够。经济发展的本质是让人们的消费需求得到满足，让其吃、穿、用、行、玩乐等变得更好，提升其文化素养和精神面貌。新型消费促进不能单纯以是否能够促进短期税收目标为评判标准，而应从消费者对美好生活需求的视角以及民生与经济大循环的视角来进行科学的评估。另一方面，这种思想也与政绩观有关系。新型消费促进本身非常复杂，涉及方方面面的工作，需要综合考虑、规划和协调，不容易办，常常无法产生立竿见影的效果，不像项目建设那样容易操作和见到明显成效，自然对一些政策实施者的吸引力就弱化了。

四是本地人民生活挺好的，不用促进新型消费。一些地方经济发展态势好，人民生活相对比较富足，因此政策实施者可能会产生“新型消费促进工作是多余的”思想。但实际上，新型消费促进更注重“质的提升”，致力于帮助人们实现消费升级。马克思说，饥饿总是饥饿，但是用刀叉吃熟肉来解除饥饿，不同于用手、指甲和牙齿啃生肉来解除的饥饿。一样的道理，促进新型消费，是设法让那些有消费支付能力但是没有发现合适消费项目的人可以吃得更好、穿得更好、用得更好、住得更好或者获得更好的精神享受，从而把消费潜力释放出来。同时，新型消费促进不一定局限于本地人的消费生活，还可以思考如何通过新型消费项目来吸引甚至留住外地人。

6.3.2　缺乏有效的协调和联动机制

本章研究调查发现，一些地区在新型消费促进工作方面缺乏综合性规划和协调与联动机制，进而导致各项政策含金量和实施时效性较低，营商环境一般。事实上，消费促进工作需要一系列的配套工作和多部门的协作。例如，无论是消费集聚区、步行街的建设，还是新型消费项目建设和载体打造，离不开场景布置与环境营造，这就涉及交通、环卫、城管、医疗等一系列的公共设施与服务配套，任何一个环节出现了问题，都会对新型消费发展形成桎梏。此外，一些地方政府关于酒店的归口管理体制存在不足，甚至出现很多酒店、宾馆因为担心管制过多而不愿意上“星”的现象，制约了当地旅游服务的高质量供给。相关政策实施者对于星级和非星级酒店、宾馆的数量不清楚，对本地能够容纳的外地游客数量也不清楚，导致旅游配套服务落后、消费者旅游体验不佳。

之所以存在上述这些问题，一方面是相关工作缺乏强有力的领导核心和科学规划，造成部门之间无法实现有效沟通与联动；另一方面是某些政策实施者缺乏看待问题的系统观和全局观，在政策制定和实施上有图省事和简单化导向，并且过度聚焦于具体工作环节问题上，“头痛医头、脚痛医脚”，各自为阵，在很大程度上制约了新型消费的高质量发展。

6.3.3　数据化管理低效导致无法精准施策

在制定和落实新型消费促进政策时，需要正确判断本地的消费情况，比如对当前的消费趋势、消费能力、不同人群喜好等要做到心中有数。而在各地区相关政府部门工作人员的座谈会中，当问及新型消费促进工作成效有没有具体数据支撑时，得到的大多是否定回答。要么是没有来得及整理，要么是没有想到要做这项工作。很多地区都缺乏这样的绩效预判数据和成效数据：比如本地某一时间节点的消费零售总额是多少？文旅主题商业街区中有多少种业态，每种业态大概有多少家店铺，吸纳了多少就业，客流量是多少，节假日活动有哪些以及取得了什么成效，营业收入有多少，等等。而缺少了这些研判数据和政策实施效果数据，在一系列政策制定中就无法明晰工作重点，无法实现精准施策。具体而言，这方面的主要问题又主要表现为以下两点：

一是没有对新型消费进行充分的调研，缺乏科学谋划。新型消费促进工作缺乏数据支撑，实际上表明了政策实施者很少针对新型消费问题进行专门的研究。很多地区政府比较重视进行工业研究和商业研究，但很少从消费端进行专门研究，即使有一些研究也都是碎片化的、以供给端为出发点的，这就无法保证消费政策的有效性和精准性。

二是盲目进行各种新型消费项目建设，有可能造成无效供给。在新型消费项目的前期规划中，需要考虑它究竟与区域消费力是否相匹配。例如，一个三四线城市，在倾力打造旅游精品线路和消费聚集区之前，更重要的是弄清楚当地消费力到底怎么样、大城市对本地的虹吸效应有多大、外来消费者究竟有多少、人均消费力如何、不同收入人群或不同社会阶层人群的消费偏好如何、本地交通和医疗及住宿等服务是否能够及时跟上等。如果这些问题没有搞清楚，不明确自身的优劣势，就盲目进行各种消费项目建设，会造成无效供给和资源大量浪费。

6.3.4 消费券发放及其核销规则存在一定的问题

部分政策实施者对消费券工具持有偏见。由于部分地区财政资金紧张，在筹措消费券专项资金方面存在一定困难，因此无法产生足够的工作内驱力。还有部分政策实施者担心消费券发放会导致消费透支或提前消费，并挤压未来一段时间内的消费。有人认为，“一个顾客获得了 20 元消费券，为了使用这张消费券，可能会去买 100 元的卫生纸（刚性需求），那么这导致未来很长一段时间内他/她都不会再购买这类产品，因此长期看消费券并没有什么用”。还有人认为“消费是个人的事情，对于衣食住行这些刚性支出而言，消费券发放的意义不大，不发消费券人们照样会消费”。

事实上，消费券发放政策，并不是简单地刺激消费者多花钱，也不是鼓励消费透支或非理性消费，而是创造条件让有一定支付能力的消费者去“更好地”实现消费生活。对于不同类型的消费者，新型消费发展的内涵也不一样。对于那些收入较低人群，消费券给他们提供了以较低花费来获得生活用品的机会（刚性需求得到更好满足）；对于那些中高收入人群，消费券给他们提供了以较低花费来改善生活品质的机会（选择性需求得到更好满足）。并且，当一些消费者使用消费券多购买了一些生活必需品或其他生活耐用品，虽然看起来这会减少未来一段时间该种物品的消费，但是人们的消费生活是丰富且相互关联的，节省下来的金钱肯定还是会投入到其他品类的消费中。总体而言，人们的消费还是扩大了，并且其生活品质整体上肯定是提升了。因此，消费券策略的真正目的不仅在于以较低的花费来“消费更多”，更在于以较低的花费来“消费更好”，将原来被束缚的消费潜力释放出来。

本章研究调查还发现，一些政策实施者发现消费券核销率较低，成效有限，因此对发放消费券的成效持悲观态度。然而，消费券成效不好，并非它本身没有促进作用，而是因为事先没有进行认真调研、研讨和论证，在消费券配比、发放领域、发放人群、发放平台和执行主题选择，以及核销程序等方面都采取简单化操作，自然效果不佳。在调查中，某市常住人口大约 625 万，而其委托发放优惠券的银联在当地的注册用户才 138 万，并且五六十岁的、收入较高的人占多数。这意味着，那些有机会使用优惠券的人仅约占当地总人口的 22%，大部分人则连获取优惠券的机会都不会有；就消费券配比和发放领域来看，对于蔬菜、水果、食品等日常用品来说，如果使用 5 元优惠券必须消费满 50 元才能够使用，那么对那些规模小的家庭就不具备吸引力。对于愿意花费 15 万~20 万元购买汽车的人而言，1000 元的消费券的刺激作用也比较小；另外，对于核销程序，如果过于复杂，消费者觉得不方便，也会对消费券成效产生不利影响。

6.3.5　对于夜间消费缺乏系统认知和科学规划

夜间消费成为人们度过白天忙碌工作之后，寻求放松、娱乐和社交的重要方式。当前，夜宵、夜演、夜景、夜购、夜宿、夜读等夜间消费在中国迅速兴起，成为城镇发展的重要组成部分。但是，调查发现，当前夜间消费发展也面临许多挑战和问题。

一是孤立看待夜间小摊点经济业态，低估其在经济链条中的重要作用。调查发现，尽管一些地区也规划了夜间小摊点经营街道或场所，但相当一部分工作人员仍认为它对经济发展无益，不仅会对附近商铺产生负面影响，还会带来治安、卫生、日常管理等一系列问题。然而事实上，小摊点不仅是小摊点，它背后还有一个完整的产业链条，规划和管理得当是能够带动整个经济链条的。例如，小摊点需要采购原材料，为附近农贸批发市场发展带来内生动力。小摊点的外地经营者需要租房生活，带动附近房屋租赁业的发展，甚至能够提升周边房屋租赁价格。关键是，小摊点还可以带动就业和消费的发展，为低收入人群提供一份收入来源，同时为普通大众提供一个夜间休闲娱乐的地方。因此，夜间小摊点发展好了，在经济链条中发挥的作用也会非常大。

二是缺乏数据化精细管理，无法进行科学的布局规划。一些夜经济业态的作用之所以被低估，一个重要原因是缺乏数据化精细管理。当前，对于各种夜经济业态，相关部门仅有一些粗略的数据，比如有多少家店铺或摊点，因此无法实现进一步的精细化管理。一般而言，三类基本数据非常重要：①与店铺或摊点经营者相关的系列数据。如这些店铺或摊点的经营内容是什么？有什么特色？相同经营品种的店铺和摊点的占比是多少？其租金和进货等成本是多少，日均营收是多少？进货渠道是什么？经营者（尤其是小摊点经营者）的生活成本如何？②与消费者相关的系列数据。特定地域地区的夜经济消费业态，其顾客群体究竟是谁？是收入较高、经济基础较好的人群，或者虽然收入一般但乐于享受的年轻人，还是处于中低阶层的普通民众？他们的生活方式和消费需求具有什么特征？他们来这个地方的频率和消费情况如何？他们有什么意见和建议？③特定夜经济业态，在整个经济链条的作用评估。如它在多大程度上带动了就业和消费？它在多大程度上带动了诸如农贸批发市场、租车和代驾市场、房屋租赁市场等的发展？等等。如果对以上各类情况都能做到心中有“数”，那么自然就能够正确评估特定夜经济业态的作用，也才有可能做出更有针对性的精准布局规划，从而实现高质量发展。

三是古城镇夜经济同质化严重，缺乏人气。调查发现，相当一部分古城古镇的文旅项目建设有形无魂。这体现在两个方面：①只有古城镇的外观，且风貌同质化、重复性建设严重，没有很好融入当地特色人文元素，亦没有引进美食、百货、精品零售、文创体验等精致体验，无法形成丰富的夜间消费业态，少有让消费者眼前一亮或深入体验的内容，因此难以对消费者形成持久吸引力；②原住户整体搬迁，失去了本地人特色生活元素，远离了市井生活场景，只留下满街的商铺和高度相同的旅游商品，缺乏活力和人气。尤其是到了旅游淡季和夜晚，显得空荡荡的，缺乏生机，非常萧条，无法支撑各种消费业态的健康发展。游客们即使能够“到此一游”，也常常会“事后后悔”，没有体验感和获得感，更不用说住下来慢慢品味了。

四是配套服务不充分，周边消费场景单调。一方面，在交通、卫生、安保方面，没有完善的配套服务设施。例如，在三四线城市中，公共交通工具一般 9:00 或 9:30 以后就停止运营了。相关部门可能认为 9:30 以后人很少了，没有人坐公交，因为毕竟不像大城市那样，夜间人群依然鼎沸。但是消费者可能会认为，因为 9:30 以后没有公交车了，所以不能进行夜间消费，因此其潜在的夜间消费需求受到了抑制。还有一些消费者可能还会担心夜间消费的安全问题。另一方面，很多夜间消费场景太单一。例如，一些以食品为主的消费聚集区周围没有其他零售业态，或者一些主题商业街区里面或附近没有特色美食等，这些都给夜间消费带来了障碍。还有一些三四线城市的商业中心或夜间消费聚集区都是中高档的店铺，宽阔的街道不允许店铺商品外摆经营，也不允许诸如小摊点等补充业态的存在，因此显得单调，无法聚拢更多人气。

6.4　加强新型消费管理服务的工作思路与关键任务

6.4.1　高度重视新型消费促进工作，形成正确思想观念

一是从战略层面来关注新型消费促进工作。消费在“产业循环、市场循环和经济社会循环”中具有枢纽地位，在“生产—分配—流通—消费”这一循环中起到至关重要的作用，因此一定要领会“消费旺、循环畅、经济兴”的内在逻辑。当前，我国已经全面消除贫困，正在进入小康社会这个新的历史发展阶段，人们对美好生活的向往和追求，会更加多元化、更加丰富多彩。这一个新阶段的主要任务，就是要让人民过上美好生活，不断增强人民的获得感、幸福感、安全感，而促进高质量的新型消费发展就是实现这一任务的关键途径。同时，从区域发展上看，河南省要建设成为全国经济强省、提高中原城市群综合竞争力，就必须提振本省居民消费信心、激活新型消费潜力，以增强经济发展内生动力。

二是以系统、开放的思维方式来看待新型消费促进工作。首先，促消费工作，与促进就业和增加收入水平是一个有机统一的过程，不能把消费从这个过程中孤立出来，单纯将之视为“个人花钱”的事情。其次，新型消费促进既是项目也是产业，并且是决定项目能否最终成功、产业能否健康发展的核心要素。发展项目和产业需要从消费这个根本视角上去进行研究。同时，各种新型消费项目

是相互关联的，针对一种新型产品和服务的消费刺激，其成效不仅体现在这种产品领域，也可能正向带动该消费链条上其他项目的发展。再次，新型消费促进工作不能理解为财政支出项，它的目的在于实现供需匹配和经济循环畅通，让市场增活力、百姓得实惠、企业增收益、政府增税收；新型消费促进工作要以市场为主导，但政府在消费基础设施建设、消费项目布局谋划、消费配套服务和消费环境营造等方面要有担当和引导。最后，新型消费促进工作要心怀本地，但也要放眼全国、全球。不能局限于本地消费者，还要设法吸引周边地区和外地消费者，并通过更好的服务和环境留住消费者。要有合作的眼光和魄力，争取地域合作，争取不同企业和不同组织的合作，发挥协同作用。

三是从实现人的自由全面发展的视角来理解新型消费需求。新型消费促进是一项复杂的工作，需要长期的经营，需要多方协调和努力，并且很多努力还不一定能产生立竿见影的成效，因此政策实施者要有对人民立场的秉持与坚守，牢记为人民谋幸福的初心使命，要有勇于担当、精准务实、团结合作和创新拼搏的精神，要树立正确的政绩观。社会主义社会经济发展的最终目的是让人民幸福，而做到这一点的主要表现就是人们的消费需求得到满足，能够吃、穿、住、用、行、玩乐得更好，就是实现人的自由全面发展。因此，新型消费促进工作的成效应从消费者对美好生活需求的视角、从民生的视角去正确评估，而不能以促进短期税收目标为评判标准。

6.4.2 形成一个强有力的新型消费促进工作领导中心

鸟无头不飞，各地区新型消费促进工作要有好的成效，必须加强领导力。地区领导者的价值观念、思维方式和智慧胆识决定了新型消费促进工作的基调。新型消费促进工作的领导者要具有对国家和河南省促消费政策的敏感性，能够系统和全局地看待问题。同时，好的领导者还要组建一个强有力的新型消费发展领导团队，建立常态化的消费研究工作机制，确保政策与措施制定的科学性，并明晰重要的任务内容。领导团队中除地区核心领导者之外，还应包括深刻理解并认同新型消费促进工作的各相关部门领导人、高校和科研单位中专注消费问题研究的学者以及本地企业负责人尤其是洞悉消费需求的市场营销部门负责人。该领导团队应明确工作计划和任务分工，以座谈会、在线会议等方式建立常态化的工作机制，随时对重要的消费问题和重要政策制定展开专门且深入的研讨，集思广益，保证政策措施的科学性。

《孙子兵法·计篇》有言，“道者，令民与上同意者也，故可与之死，可与之生，民弗诡也”。与之相似，新型消费促进工作的实施首先是一个使之被全员认同和内化的过程。就此，需要加强针对地区主政者的宣传与培训工作，全力提升其对新型消费促进工作的认同感和内驱力。具体而言，可以围绕新型消费促进工作的价值意义、主要任务、研究方法、工作机制、经验与问题等议题，通过集中培训会、座谈交流会、在线交流会或者宣传小组下基层的方式，开展系列消费促进培训工作，让人领悟消费旺、循环畅、经济兴的内在逻辑。

新型消费促进工作比较复杂，不是一个部门或一个单位能够做好的事情，需要建立一个多方参与、多部门联动的工作机制。例如，一种消费业态的健康发展，一方面需要面对电力与网络、物流与交通、公共卫生、市政管理、安全保卫、消费监管、应急救援等基础设施和公共服务的压力，需要管理部门提升治理水平；另一方面还与当地民生水平息息相关，需要重视居住环境、教育、医疗、就业、养老、育幼等领域的各项工作，这样才能吸引人才、留住人才和留住消费者。

6.4.3　强化新型消费数据支撑，进行精准施策

各地区新型消费促进工作要想做出特色，一定不能随大流，而应符合当地经济发展定位，尊重当地民众的生活方式，结合当地文化、历史、民俗、地理、生态等特征，进行精细和精准规划。而要做到精准施策，就必须对本地新型消费问题现状有全面的了解，对消费态势发展有精确研判，真正对本地消费情况“心中有数”。具体涉及以下四个方面的数据信息：①消费者方面。消费者有多少？他们是什么样的人？他们的生活方式是什么？他们有什么需求和偏好？他们有什么问题和困扰？如何才能接触到他们？如何才能说服他们？②新型消费项目方面。特定消费项目的消费对象是谁？可以解决消费者的什么需求问题？本项目对于消费者是不是具有足够的吸引力？在什么情况下消费者有可能支持或放弃该项目的消费？当地的消费力能否支撑本项目的健康发展？如何才能寻求到更多消费者的支持？如何才能增加消费者的光顾频次和消费？消费者对该项目有什么样的意见和评价？③新型消费项目对经济的带动作用。特定消费项目在整个经济链条中，对上游原材料消费带动力有多大？对周边相关产品和服务带动力有多大？对就业和收入水平提高的影响有多大？④当地消费设施和环境方面。当地的交通、医疗卫生、住宿、餐饮、公厕等是否能够满足本地人或游客的需要？人们是否能够放心地消费、便利地消费、安全地消费？当出现消费问题时能否找到好的解决途径？等等。

6.4.4 形成科学的消费券设计机制

消费券发放本身是件好事，但要把好事办得更好还得多动脑筋。消费券能否产生以及会产生多大的“乘数效应”，关键看其设计机制，如发券的时间节点、券种类型、金额配比、发放平台、发放方式、发放区域、发放行业或执行主体、发放人群目标、发放节奏、核销程序设定等。一般而言，有以下几个注意要点：

一是券种设计要合理。相比较而言，在商超便利店、百货零售、餐饮住宿、家居建材等范围都可以使用的通用消费券，会更受欢迎。并且，根据消费券杠杆原理，杠杆倍数越大核销率越差，反之则核销率较好。另外，除了发放购物券、旅游券，还可以按不同群体的消费需求去探索其他券种，如对老年人发放家政券、护理券、养老券，对学生发放教育券以及博物馆、美术馆等假期参观券，对普通市民发放健身券、体检券等，促进消费结构升级。

二是与企业合作探索科学有效的消费券模式。可以尝试消费券由商家自行设计推广、优惠金额在一定额度内税前抵扣或实施奖补的模式。调研发现企业自行发放的消费券，其效果都比较好。这是因为企业对重点客群有深入理解，在设计消费券时能抓住消费者心理，投其所好。这样一来，可以增加消费券的针对性，避免出现消费券与领券者需求错配的现象。但在实际工作中，与哪些企业合作、选择何种支付渠道都是需要认真考量的问题。另外，在调研中，很多地方存在财政资金紧张的情况，因此可以和企业合作，让企业先发，税收来了后来再给企业奖补。但一定要注意，奖补的承诺必须及时兑现。否则，政府失去信誉，企业就不愿意再与政府进行合作了。

三是针对不同人群，应采取适宜的发放方式。比如对于一些老年人不善于使用智能手机，抢不到券，可以专门针对老年人等特殊群体，在大众超市发放纸质消费券，但也要注意纸质消费券有其局限性，如核销、防伪等。另外，消费券的发放应向中低收入群体倾斜，相较于高等收入群体，消费券所提供的优惠力度对中低收入群体的刺激效果更显著。尤其是对于乡村居民，优惠券的刺激作用可能更大。

四是加强消费券发放数据的精细化管理，实现公平与效率的兼顾。消费券发放是一件复杂的事情，需要政府多个相关部门密切配合，抓住不同人群急需紧缺的、感兴趣的重点消费领域，设计出科学配套的消费券方案。在具体方案制定之前，需要开展针对性的摸底，掌握各行业的消费现状、当地人民的消费偏好和潜在消费能力；而在开始实施之后，要及时收集消费券发放和核销的数据资料，调查消费者的感受和意见，以便对消费券成效能够了然于心，并及时纠正消费券发放过程中的偏误；另外，在消费券发放过程中，还要避免职业薅羊毛、刷单、黄牛等违反市场秩序的行为，保证发券过程公平、透明、可回溯，提高风控管理水平。

总而言之，消费券具有“短平快”的特点，以其为“中介”和“催化剂”，可以将人们被抑制的新型消费需求激发出来。但是在中长期，若想真正推动新型消费市场发展，还应从提升新型消费环境、优化商品服务供给质量、完善市场秩序、增加居民收入等方面共同发力。

6.4.5　夜间消费发展应因地制宜创新

自成一格“烟火气”，即有自己独特风格的生活气息，是夜经济的发展之本。缺少“烟火气”的夜经济，会失去生机和活力，变得冷清萧瑟；而缺少独特风格“烟火气”的夜经济，则会泯然于众，无法给消费者留下深刻与难忘的记忆印记，吸引力难以持久。要打造具有独特烟火气息的夜间消费聚集区，应做到以下四点：

一是要呈现浓厚的本地生活气息。夜间生活场景打造必须符合本地居民夜间休闲消费的需要，能够呈现其自然的夜间生活状态，这是形成人气吸引力的基础。当前，一些古镇夜经济发展之所以遭受挫折，就是因为规划时让原住户整体搬迁，失去了本地特色生活元素，远离了市井生活场景。事实上，作为当地人文风情的一个展示画卷，繁华热闹的本地夜间生活场景就是吸引游客纷至沓来的魅力风景。而夜游项目的消费生活场景营造和创新升级又会带动本地居民的高频消费。河南浚县古城在考虑 3 万多原住民生活需要的基础上，充分融合了周边居民和异地游客的消费需求，将运河文化元素、古城特色生活元素和现代艺术元素巧妙结合，打造出了雅俗共赏、人气旺盛的夜间休闲新空间。

二是要与当地消费力相匹配，适合本地人的消费生活方式。夜经济的格调可以是阳春白雪般的高大上，也可以是下里巴人式的接地气儿，关键是因地制宜，与目标人群的消费力相匹配，与其多元消费需求相适应。①基础条件好、消费潜力大的一二线城市，可以着力打造地标性高端夜经济品牌。但即使这样的市场定位，也可以辅之以多层次的消费业态组合来聚拢人气。一方面，广阔的商业街道是宝贵的场地资源，可以允许店铺外摆，通过打折或推出高性价比的产品与服务来营造商业氛围，也可允许提供多样化产品与服务的小摊点经营，以便增加人气和吸引客流；另一方面，露天的室外摊点儿脱离了室内盒子式购物场景的封闭感和沉闷感，能够营造一种自由、休闲的氛围，可以带来更加高效的消费和热闹的氛围。②三四线城市和县乡地区，适宜发展富有本地特色的大众休闲聚集地。例如，滑县的明福寺塔小摊点夜市，虽然它属于比较低档的消费聚集区，但也涉及了小吃、衣服、饮品、饰品、儿童游乐场等多种丰富的消费业态，到了晚上便人群熙攘，有光着膀子撸串喝啤酒的壮汉、三五成群的小青年、挺着大肚子的孕妇、嬉笑玩闹的儿童，是契合普通民众休闲需求的好去处。

三是要营造亲民、便民的体验氛围。首先，价格要亲民。很多地方的夜经济主打餐饮、特产和纪念品，但是价格却让消费者产生“宰客”的感觉，成为“知情”的本地人很少光顾的地方。这对于当地夜经济品牌打造是极为不利的情况，必然缺乏持续发展的内生动力。很多去过西安“大唐不夜城”的游客都有一个深切的感受——价格真不贵，这无疑是对它最大的肯定。其次，配套服务要便民。诸如夜间公共交通、停车、座椅与休憩地、厕所、垃圾桶、消费标识、移动支付与信息引导等配套服务要完善，能够切实满足消费者的各种需要。

四是要确保放心、安心、舒心的夜间消费环境。有很多限制人们夜间消费的因素，如夜间售卖的食品是否卫生、夜间消费和出行是否安全、疫情防控措施是否到位、出现问题是否能够找到主管负责单位、会不会过于拥挤等，因此政府相关部门需要做好消费环境保障和监督管理工作。①建立夜经济管理协调机制，基于夜间工作委员会等类似组织体系来加强政府的领导监督作用；②引导企业与商家履行安全主体责任、进行诚信经营，加大质量监管力度，深入开展“放心消费创建”活动，畅通消费投诉和维权渠道，做好消费者权益保护工作；③加强夜间巡控警力，完善社会安保联防联控体系，制定应急预案，提高夜间安全保障水平，营造安全有序的夜间消费环境；④创新智慧综合服务，建设智能监控系统和信息服务平台，加强客流统计和信息引导服务，合理分流，防止人流密度过大产生拥挤现象，确保消费体验舒适。

总之，夜经济要想形成人气磁场，具有持久发展动力，必须聆听消费者需求，形成自成一格的“烟火气息”。只有这样，才能赢得本地居民认可，获得周边居民和异地游客的青睐，真正在消费者脑子里留下深刻的、难忘的印记，一想起这个地方就眼前一亮，产生快乐、舒服甚至享受的感觉。

6.5 本章小结

政府主管部门是新型消费发展管理服务组织的主要代表，能够通过制度设计、政策制定、规划引导、市场监管等手段，来引导和推动新型消费快速发展。本章以河南省为例，调查政府在推动新型消费发展中的工作进展，识别并阐释新型消费发展过程中的重要问题，在此基础上提出政府关于加强新型消费管理服务的工作思路与任务。

本章研究调查发现，河南省及各地市政府围绕现代服务消费、文旅消费、健身与体育消费、绿色消费、直播与电商消费等主题发布了系列政策文件，为当地新型消费促进工作提供了坚实的政策支持和引导；河南省郑州市将消费券视为引导和提振新型消费的重要工具，在消费券发放金额、核销率及引致关联消费金额方面都比较高，消费券的杠杆效应比较显著，但是其他地区在消费券发放态度和行动上存在差异，尤其是县域地区政府在新型消费促进方面的工作主动性不够；河南各地都鼓励消费业态创新，重视培育和完善直播产业链条，很多地区通过电商直播节日和赛事的打造来带动新型消费发展；很多地区积极规划和强化新型消费网络节点建设，重视发展各种消费聚集区业态，尝试打造新型消费区域高地。例如，郑州着力建设国际消费中心城市，鹤壁尝试打造豫北地区消费热点，安阳致力于打造区域性消费商圈，濮阳尝试把南乐建设成为豫鲁冀三省交汇处的商贸中心城市等；大多数地区都高度重视并强力推进特色文旅消费，积极开展景区品质提升活动，推出“自然+文化+资源”精品旅游线路，推出“高铁+”“酒店+”“会展和节日活动+”等组合型旅游产品，打造文旅消费聚集区。部分地区还积极开展区域合作机制和企业合作战略，实行资源共享、特色互补和游客互换；在提振汽车、家电等大宗商品消费的过程中，重视对绿色能源消费建设的支持，实施了绿色消费补贴政策，注重绿色消费引导；作为农业大省，河南也非常重视特色农产品优势区的创建，重视特色农产品供给，致力于推进农业全产业链发展；很多地区重视商贸流通基础设施网络建设，一些电商基础较好的地区，正在规划和实施商贸流通基础设施网络建设，开始建设冷链、快递和智能物流园区。

虽然河南各地区在新型消费发展方面取得了不菲的成绩，但仍存在不容忽视的问题。本章调查发现，相当一部分政策实施者对“新型消费促进”的认识还不到位，不能充分领悟它对于国计民生、对于满足人民美好生活期待的重要意义；一些地区在新型消费促进工作方面的领导力不够，存在多头管理现象，缺乏有效的部门间协调和沟通机制；各地区很少针对新型消费问题进行专门的研究，缺乏新型消费数据支撑，因此无法对新型消费项目进行科学谋划和合理布局，很容易造成无效供给和资源浪费；消费券发放及其核销规则也存在一定问题，部分政策实施者对消费券发放持消极态度，部分地区消费券核销率低，成效不理想；

夜间消费发展面临一些挑战和问题，部分地区政策实施者孤立看待夜间小摊点经济业态，低估其在经济链条中的重要作用，相当一部分古城古镇的夜间消费项目建设同质化严重，缺乏人气。

要加强新型消费管理服务，政策实施者必须要将新型消费纳入战略层面，真正领会“消费旺、循环畅、经济兴”的内在逻辑，并以系统、开放的思维方式来看待新型消费促进工作，从消费者对美好生活需求的视角、从民生的视角来理解新型消费需求；各地区新型消费发展工作要有好的成效，有必要建立一个强有力的新型消费发展工作领导中心和常态化的消费研究工作机制，加强针对地区主政者的宣传与培训工作，全力提升其对新型消费促进工作的认同感和内驱力；要强化新型消费数据支撑，建立新型消费数据指标体系，并基于此对新型消费项目进行系统布局和科学谋划，结合实际情况做到精准施策，加强过程管理；在消费券发放和核销方面，券种和杠杆倍数设计要合理，政府可以和市场、企业合作共同探索科学有效的发放和核销模式，针对不同消费群体创新不同的消费券发放方式，并基于数据的精细化管理实现公平与效率的兼顾；对于夜间消费发展，一定要形成本地独特风格的生活气息，符合本地居民夜间休闲消费的需要，与当地消费力相匹配，适合本地人的消费生活方式，塑造亲民、便民的体验氛围，确保放心、安心、舒心的夜间消费环境。

第5部分

政策建议

PART FIVE

第7章　新型消费发展的启示与建议

中国经济由投资增长驱动的高速增长阶段日益转向立足于消费驱动的高质量发展阶段，扩大内需成为构建“以国内大循环为主体、国内国际双循环相互促进的新发展格局”的战略基点。在这样的背景下，新型消费的引领性发展就成为激发消费活力、促进消费稳定增长和推动经济持续健康发展的重要动力源。本章关注推动新型消费市场发展的工作思路与对策路径，在总结中国其他省市地区在促进新型消费发展的成功经验与做法基础上，从新型消费供给的企业端和新型消费发展管理的政府端提出推动河南省新型消费市场发展的建议与措施。

7.1　各省市在推进新型消费发展中的政策措施与经验启示

新型消费是民生改善的重要内容，也是经济增长的强劲动能。当前，中国各省市都非常重视拓展新型消费的潜力，将发展新型消费视为一个长期战略。而作为新型消费发展水平的一个重要指标，网络零售额的高低可以在一定程度上反映出特定地区在推动新型消费发展方面的成效。2022年，中国网络零售额占比排名前五位的省市地区为广东、浙江、北京、上海、江苏①，因此本章认为它们在新型消费发展方面的政策与经验是值得借鉴的。另外，武汉、长沙和成都在消费活跃度和商业成熟度方面都是颇具盛名的城市，在2023年福布斯中国消费活力

① 2022年中国网络零售市场规模及全国各地区市场占比数据分析［EB/OL］. 百度，［2023-06-16］. https：//baijiahao. baidu. com/s? id=1768812430425397631&wfr=spider&for=pc.

城市名单中都位列前十①，其新型消费发展在全国也起到参考标杆的作用，因此本章也非常关注这些地区的新型消费发展。基于这种考虑，本章选取了北京、上海、广东、江苏、浙江、湖北和四川这7个省市地区进行新型消费发展的政策与经验总结。

7.1.1 各省市关于新型消费技术发展的规划

移动互联网、大数据、云计算、人工智能、区块链和物联网等新一代信息技术是新型消费发展的重要依托，只有新型基础设施规划建设好了，才能为新型消费发展壮大提供持久动力。当前，各省市都在积极发展和部署新型消费前沿技术。

7.1.1.1 北京：新型消费技术高精尖

北京的新型消费技术发展呈现高精尖趋势，致力于打造全球领先的数字经济新体系和超前布局领先一代的数字技术创新，力争国际先进或国际标杆地位②。北京主要聚焦突破高端芯片、基础软硬件、开发平台、基本算法、量子科技、脑机科学等“卡脖子”和前沿核心技术，在6G网络、量子科技、算法创新、区块链、人工智能与生物仿真技术等领域都有超前布局，目的是推出世界一流的首创技术、首制产品，积极争取政策先行先试和数据资源汇聚，成为全球数字技术、人工智能和智能网联汽车科技创新策源高地和产业孵化与发展高地。北京注重培育新一代数字化出行、新型数字化健康服务、“虚拟现实+”产品与服务、智能制造等新兴产业集群，重视创新数字技术的应用场景，提出将智能网联汽车、区块链等打造成为“北京智造”“北京服务”的新名片，建成新兴数字产业孵化引领高地，加大数字化智能化产品和服务创新，增加消费新供给。

7.1.1.2 上海：新型消费技术在世界范围内具有影响力

上海坚持全球视野，要在全球数字化发展大趋势和数字时代国际大格局中，通过新型消费技术全面提升数字消费能级，打造具有世界影响力的国际消费之都。因此，上海提出要加快形成具有核心竞争力的数字技术创新体系，在软件与算法、云原生与智能计算、新一代网络设施部署与技术研发及应用创新、“区块链+”技术研发和应用落地、元宇宙全链条布局与内容场景创新等方面，集中突

---

① 2023福布斯中国·消费活力城市榜正式发布［EB/OL］. 百度，［2023-05-19］. https://baijiahao.baidu.com/s?id=1766314971148717697&wfr=spider&for=pc.

② 北京市人民政府．北京市人民政府关于印发《北京市“十四五”时期高精尖产业发展规划》的通知［EB/OL］. 北京市人民政府网，［2021-08-18］. https://www.beijing.gov.cn/zhengce/zhengcefagui/202108/t20210818_2471375.html.

破一批关键技术、培育一批重磅产品，显著提升新型消费技术创新和产品供给能力①。

7.1.1.3 广东：新型消费技术发展走在全国前列

广东携手港澳，主张在创新资源方面协同融合，瞄准世界科技和产业发展前沿，联合攻克信息通信、人工智能、车联网等领域关键环节核心技术难题，形成全球领先科技成果，建设全国一体化大数据中心体系粤港澳大湾区国家枢纽节点和大数据中心集群，打造世界级5G产业创新高地、新一代人工智能创新发展战略高地，打造物联网与人工智能等技术及其深度融合应用场景的示范区，加快形成以创新为主要动力和支撑的新型消费发展体系，实现强省建设新突破，并能在全球价值链高端不断攀升②。

7.1.1.4 江苏：新型消费技术创新的开路先锋

江苏要继续保持在我国现代化建设全局中的先行优势，践行“争当表率、争做示范、走在前列”的使命要求，勇当新型消费技术创新开路先锋。江苏主张深入实施前沿引领技术基础研究，在物联网、人工智能、区块链、云计算与大数据未来网络等领域突破一批关键技术，超前部署量子科技、人工智能、区块链、6G、智能物联网等前沿技术研发，实现引领性原创成果重大突破，推动国家级技术创新先行示范区建设，为新型消费发展提供有力的技术创新支撑③。

7.1.1.5 浙江：新型消费技术水平领跑全国

浙江省在新业态新模式发展方面在整个国家范围内具有引领性，主张以改革创新为根本动力，将其建成全球数字变革高地，成为中国展示坚持和完善社会主义市场经济体制的“重要窗口”，充分体现中国新型消费经济发展的活力、灵性和韧性。因此，浙江深入实施基础研究专项和产业关键核心技术攻坚工程，力争在移动互联网、物联网、大数据、云计算、人工智能、区块链和虚拟现实等技术领域实现自主创新的重大突破，形成较为完备的科技创新体系和一批标志性创新成果，建成具有全球影响力的数字科技创新中心，在全国范围内具有先行性和示

---

① 上海市人民政府．上海市人民政府办公厅关于印发《上海市数字经济发展“十四五”规划》的通知［EB/OL］．上海市人民政府网，［2022-06-12］．https：//www.shanghai.gov.cn/202213bgtwj/20220715/1be66c6bc12243459bd7b1182bc4f9ab.html.

② 具体见《广东省国民经济和社会发展第十四个五年规划和2035年远景目标纲要》《2023年广东省数字经济工作要点》《广东省新一代人工智能创新发展行动计划（2022~2025年）》等文件。

③ 江苏省人民政府办公厅．省政府办公厅关于印发江苏省“十四五”数字经济发展规划的通知［EB/OL］．江苏省人民政府网，［2021-08-10］．http：//www.jiangsu.gov.cn/art/2021/8/26/art_46144_9989328.html.

范性[①]。

7.1.1.6 湖北：新型消费技术创新应用引领中部地区

湖北致力于构建立足中国、面向世界、引领未来的“国家数字经济中部脊梁”，主张发挥其在新一代光通信领域的技术和产品优势，加快建设大规模光通信系统，建构全光传输网络，打造湖北“光立交”；主张积极抢占卫星互联网发展高地，加快发展星间高速激光互联、星载高速基带处理及路由交换等卫星互联网核心关键技术研发与应用。湖北重视在光通信、新型显示、人工智能等领域的科技成果转化和创新应用，支持加快推动5G网络建设应用、先进物联感知体系建设和部署、区块链和人工智能技术应用先导区打造，这为湖北新型消费业态发展和场景的丰富创新等提供了坚实的技术支撑[②]。

7.1.1.7 四川：新型消费技术在全国具有影响力

四川省新型消费技术水平处于中国西部地区前列，致力于打造中国“存储谷”，提出加速发展“芯屏存端软智网”（集成电路+新型显示+存储+智能终端+软件与信息服务+人工智能+新一代信息网络）技术和核心产业，尤其是提出要实现5G、千兆光网、物联网等全面覆盖，并在北斗应用、太赫兹通信、量子通信等领域取得突破性进展，成为全国核心通信网络枢纽和国际互联网出入口重要节点。注重人工智能、区块链、工业互联网、高分卫星等广泛应用，建成国家级算力服务体系和全国一体化算力网络国家枢纽节点，构建数字中心集群和城市内部数据中心两级、云计算和边缘计算协同的一体化大数据中心协同创新体系[③]。

如上所述，互联网、大数据、云计算、人工智能、区块链等技术加速创新，快速推动新型消费业态、模式和场景等发生深刻变革，各省市都在加快抢占新型消费市场的制高点。在这个大背景下，河南省也不甘落后，紧抓中部地区崛起和新发展格局的战略机遇，鼓励人工智能、量子信息、区块链等新兴信息技术研发投入和前瞻性布局。

---

① 浙江省人民政府办公厅．浙江省人民政府办公厅关于印发浙江省数字经济发展“十四五”规划的通知［EB/OL］．浙江省人民政府网，［2021-06-29］．https：//www.zj.gov.cn/art/2021/6/29/art_1229019365_2306544.html.

② 湖北省人民政府．省人民政府关于印发湖北省数字经济发展“十四五”规划的通知［EB/OL］．湖北省人民政府网，［2021-11-19］．http：//www.hubei.gov.cn/zfwj/ezf/202111/t20211119_3870661.shtml.

③ 四川省人民政府．四川省人民政府关于印发《四川省“十四五”新型基础设施建设规划》的通知［EB/OL］．四川省人民政府网，［2021-09-10］．https：//www.sc.gov.cn/10462/zfwjts/2021/9/10/ff0c000e339b4bd8b83dc2f24e9c88ed.shtml.

7.1.2　各省市关于新型消费业态的培育

新一轮科技革命和产业变革形成消费加速升级机遇，以数字化消费为引领的新型消费正在深刻重塑人们的消费生活结构，也成为消费的主要内容和形式。各省市都非常注重培育新型消费业态和消费模式，借此来提升消费的聚集力、吸引力和影响力，增强经济发展新动能。

7.1.2.1　北京：以数字赋能消费创新发展为主线，促进“文化+科技”深度融合

北京着力推动消费“上台阶、提质量”，强调发挥在数字消费、服务消费、绿色消费、国际消费等方面的优势，在国际消费中心城市建设中走在前列。就数字新型消费而言，提出建立一批北京特色直播电商基地，鼓励企业依托人工智能等技术开发消费类电子产品、搭建虚拟现实数字生态，激活科幻消费潜力，建设全球科幻创意争相迸发的中心节点；就绿色消费而言，聚焦于新能源汽车使用、高质量充电基础设施体系构建和废旧家电回收处理体系建设；就服务消费而言，推进产品服务品质化，聚焦以“吃喝玩乐游购娱”为代表的服务新零售，注重围绕智能网联汽车、机器人、智能终端等领域开展产品与行业质量状况调查；就国际消费而言，注重建设大型国际会展中心和国际消费枢纽项目，融合星级酒店和康养、休闲娱乐等丰富消费业态，拓展机场消费场景等；就文旅发展而言，提出加强文物数字化保护和展示，打造“首演首秀首发”平台，提升“演艺之都”国际影响力，打造一批体育消费聚集区①。

7.1.2.2　上海：构建消费新生态，培育消费新热点

上海致力于深化国际级消费中心城市和消费集聚区建设。强调优化供给，构建消费新生态，打造各具特色的“全球新品首发地示范区”，完善首发经济生态链；做响品牌经济，引进一批国际中高端新品牌落沪，培育一批具有国际影响力和竞争力的本土品牌；围绕“24 小时城市”愿景做亮夜经济，推进国家级夜间文旅消费集聚区建设；做优直播经济，打造国内领先、具有全球影响力的直播电商高地；支持消费市场创新发展，围绕数字商圈、信息消费、IP 跨界联名创新、文旅消费、数字体育消费和绿色消费，培育消费新热点；打造线上线下一体化、服务深度定制化、场景交易个性化、行业界限融合化的“无边界”新零售模式，

---

①　北京市人民政府．北京市人民政府关于印发《北京市“十四五”时期高精尖产业发展规划》的通知［EB/OL］．北京市人民政府网，［2021-08-18］．https：//www.beijing.gov.cn/zhengce/zhengcefagui/202108/t20210818_2471375.html.

创新社区零售模式，拓展零售“即时到家”服务；加强数字内容企业及应用场景集聚，打造具有国际竞争力的数字IP生态环境，着力提升数字设计支撑能力，打造全球数字设计城市典范；发展数字健康产业，打造智能新终端，加快推进智能网联汽车、智能穿戴产品、服务机器人等高端产品供给①。

7.1.2.3 江苏：大力发展“互联网+服务”，推动电商消费线上线下加速融合

江苏省致力于推动新型消费扩容提质，提出要大力发展在线教育、互联网健康医疗服务、在线文娱、数字内容、智慧旅游、智慧体育等“互联网+服务”消费，鼓励智能共享出行，加快发展数字化生活服务业。尤其注重发展动态感知、实时响应消费需求的个性化定制新模式，以及新型数字产品与数字文化消费。注重推动电商消费线上线下加速融合，培育垂直电商、社区社群电商、微商电商、直播电商、O2O等新模式新业态，支持省电商直播基地联盟加快集聚优质直播资源，打造具有全国影响力的直播品牌。鼓励开启社交营销、直播带货、“云逛街”等云端零售新模式。创新开展无接触购物、无接触配送等新模式，探索发展智慧超市、智慧商店、智慧餐厅等智慧零售新业态，鼓励发展新个体经济。重视实施“互联网+”农产品出村进城工程，推广“网络化冷库+生鲜加工配送”“生鲜电商+冷链宅配”“生产基地+中央厨房+食材冷链配送”等新模式，发展创意农业、观光农业、认养农业、都市农业、分享农业等新业态②。

7.1.2.4 广东：发挥信息服务优势，推动线上线下消费有机融合

广东提出充分发挥广东信息服务优势，大力培育新型消费，重点是加快推动线上线下消费有机融合。具体包括：培育壮大新型零售，拓展无接触式消费体验，构建智慧餐饮新生态，推动餐饮公域+私域外卖融合发展，培育智慧示范餐厅标杆企业；积极发展“互联网+医疗”，推动智慧医疗、智慧服务、智慧管理三位一体的智慧医院建设，推进“互联网+医疗健康”示范省建设；深入发展智慧文旅，推进文化大数据体系和数字文化场馆建设，发展线上演播、云旅游、数字艺术、数字文化创意、沉浸式体验等新型文旅业态，鼓励支持国产原创网络动漫、音乐制作，增强优秀网络文化产品供给能力；发展智慧养老，加强推广和使用居家养老信息化服务平台，以社区为平台、需求为指引、居家为终端，实现养老服务需求和供给精准对接；有序发展“互联网+教育”，推动数字校园、智慧

① 具体见《上海市建设国际消费中心城市实施方案》《上海市数字经济发展“十四五”规划》等文件。

② 江苏省人民政府办公厅．省政府办公厅关于印发江苏省“十四五”数字经济发展规划的通知[EB/OL]．江苏省人民政府网，[2021-08-10]. http：//www. jiangsu. gov. cn/art/2021/8/26/art_46144_9989328. html.

校园和智慧课室发展，形成开放协同的现代化校园生态；大力发展数字体育、在线健身、线上培训等“互联网+体育”新业态，支持平台型、分享型经济做大做强，积极培育定制、体验、共享、“智能+”及直播带货等消费新模式①。

7.1.2.5 浙江：培育壮大具有浙江特色的新业态新模式

浙江是数字经济的先发地，致力于围绕构建数字化消费生态体系，培育壮大具有本地特色的新业态新模式。重点提出要大力培育平台型企业，打造数字经济总部高地；培育智能融合产品，重点发展智能网联汽车、智能机器人、智能医疗装备、智能消费电子、智能家居生态体系等；培育数字文化产业，发展数字视听、动漫游戏、电竞产业、网络文学、数字演艺等新业态新模式，培育具有国际竞争力的文化 IP 和品牌；发展个性化定制，建设个性化定制平台和制造系统，实现供需精准对接、高效匹配；发展数字生活新服务，促进跨界融合消费，鼓励生活服务业等场所“云化”改造，发展新零售、数字教育、智慧出行、智慧健康、智慧旅游和数字养老，建成数字生活服务强省和具有国际水准的新型消费中心；构建文化和旅游数字服务矩阵，发展云看展、云演出、云阅读、云旅游等新业态，做实做强“诗画浙江”品牌形象；着力发展智慧农业，发展体验农业、众筹农业、定制农业、共享农业等新业态新模式，推动农文旅互联网融合发展②。

7.1.2.6 湖北：推动消费新业态新场景发展，促进线上线下消费融合

湖北围绕打造区域性消费中心，大力推动新能源汽车、绿色家电、智慧养老、数字家政等新型消费产品与服务，加快发展社交电商、即时零售、线上服务等消费新业态，并着力拓展新型消费场景。提出要重点发展智能手机、平板电脑、智能电视、可穿戴设备等终端产品，建成全国重要的智能终端生产基地；加快农业生产经营数字化转型，推动“互联网+”农产品出村进城，支持建设智慧休闲农业平台；培育数字化新业态新模式，引导平台企业与实体企业发展跨界业务融合新模式，实现信息消费新增长。鼓励引导新零售、跨境电商、在线教育、智慧康养、智慧文旅、分享经济等新业态健康发展，推广定制化生产和精准化营销新模式；加强荆楚特色数字文化内容建设，打造多元数字化和 O2O 消费场景；发展智慧健康，推进健康与养老、文化、旅游、健身、食品等深度融合，推动健

---

① 具体见《广东省国民经济和社会发展第十四个五年规划和 2035 年远景目标纲要》《2023 年广东省数字经济工作要点》等文件。

② 浙江省人民政府办公厅．浙江省人民政府办公厅关于印发浙江省数字经济发展“十四五”规划的通知［EB/OL］．浙江省人民政府网，［2021-06-29］．https：//www.zj.gov.cn/art/2021/6/29/art_1229019365_2306544.html.

康新产业、新业态和新模式发展①。

7.1.2.7 四川：重点关注特色文旅等五大领域新型消费发展

四川重点关注五大新型消费领域。一是要丰富特色文旅产品，提升文化体验和沉浸式体验，提升文旅智慧服务水平，推动“智慧文旅城市”“智慧旅游景区”建设；二是推动信息消费，加快建设新一代信息基础设施，推进智能机器人、可穿戴设备、数字家庭产品、婴幼儿监护、适老化健康养老等新型前沿信息产品生产应用，拓展信息消费服务新场景，逐步实现设备智能化、生活智慧化；三是促进健康消费，开展新型养老服务，提升医疗数字化服务能力和体育消费水平；四是实施夜间消费创新行动，发展夜市、夜食、夜展、夜秀等夜间消费场景；五是促进时尚消费引领，推动时尚设计与产品设计、数字创意对接，打造时尚创新中心和文化特色街区，培育时尚品牌，支持成都建设国际音乐之都、中国动漫之城，鼓励时尚消费等②。

7.1.3 各省市推进新型消费市场发展的措施与经验

7.1.3.1 成立新型消费专班，统筹部署和协同推进各项新型消费工作

为了统筹部署、系统推进新型消费工作，成立专门的领导工作小组非常有必要。浙江省由商务厅牵头成立了消费专班办公室，建立了常态化工作机制和重点工作清单，细化责任分工，推动项目化清单闭环管理③，保证专班对全省新型消费工作清楚，具有较强的指导力。同时还加强督查考评，将促消费工作纳入政府重要议事日程和年度目标考核，并跟踪评估工作推进情况，推广各地、各部门典型经验做法，对工作推进有力的地区进行激励。推动各地、各部门加强企业调研和为企服务，跟踪分析政策落实和形势变化情况，及时掌握消费升级新趋势，引导企业优化供给，满足消费新需求。

7.1.3.2 积极培育新型消费业态主体

上海提出要引进和培育100家以上数字经济领军企业和高成长性企业，每年新增1万家以上数字经济新兴企业主体，以便确保高价值的新产业新业态新模式

---

① 湖北省人民政府．省人民政府关于印发湖北省数字经济发展“十四五”规划的通知［EB/OL］．湖北省人民政府网，［2021-11-19］．http：//www.hubei.gov.cn/zfwj/ezf/202111/t20211119_3870661.shtml.

② 四川省人民政府办公厅．四川省人民政府办公厅关于印发《四川省培育发展新消费三年行动方案（2020—2022年）》的通知［EB/OL］．四川省人民政府网，［2020-08-06］．http：//www.sczwfw.gov.cn/art/2020/8/6/art_15330_108500.html？areaCode=510000000000.

③ 湖州市商务局．浙江省消费专班关于印发2021年省消费专班工作要点的通知［EB/OL］．湖州市商务局网，［2022-05-19］．http：//swj.huzhou.gov.cn/art/2022/5/19/art_1229561986_1666028.html.

不断涌现，多元市场主体创新活力不断增强[①]。广东提出到2025年要培育形成40家以上技术创新能力处于国内领先水平的龙头企业，培育300家以上人工智能技术、产品制造、应用和服务领域的领军企业，以便形成若干具有国际竞争力的人工智能创新型产业集群[②]。

7.1.3.3　打造消费平台，加强优质品牌建设和质量管理

浙江重视消费平台打造，他们实施了“浙货行天下”行动，紧盯北上广等国内消费中心城市，开展北上、南下、东进、西拓等系列市场拓展工作，组织开展“百城千企万亿销售”工程，推动形成“品质浙货销全国”新格局，积极融入全国统一大市场。同时，还推出“浙里来消费”金名片，打造“消费促进月”“金秋购物节”“浙里好玩”等品牌展会及服务平台[③]。广东提出实施“粤贸全球”品牌工程计划，提出要集中优势资源打造一批有影响力的境外品牌展会，集中优势资源推动海上丝绸之路国际博览会、中国加工贸易产品博览会等向国际高端展会升级，增强会展经济的“虹吸效应”。江苏深入实施“增品种、提品质、创品牌”行动，开展以质量和服务为重点的品牌建设，提出要打造一批具有较强国际竞争力和市场影响力的江苏品牌群体，培育发布一批“江苏精品”品牌[④]。

7.1.3.4　构建新型消费标准体系，加强制度建设和法治保障

北京提出打造高精尖产业“北京标准”，鼓励企业和社会团体制定满足高层次市场需求的先进标准，培育企业标准“领跑者”[⑤]，强调要根据各行业领域需求，制定发布符合国际消费中心建设需求、促进行业高质量发展的先进服务标

---

① 上海市人民政府办公厅．上海市人民政府办公厅关于印发上海市数字经济发展“十四五”规划的通知［EB/OL］．上海市人民政府网，［2022-06-12］．https：//www.shanghai.gov.cn/202213bgtwj/20220715/1be66c6bc12243459bd7b1182bc4f9ab.html.

② 广东省科学技术厅．广东省科学技术厅　广东省工业和信息化厅关于印发《广东省新一代人工智能创新发展行动计划（2022—2025年）》的通知［EB/OL］．广东省科学技术厅网，［2022-12-30］．http：//gdstc.gd.gov.cn/gkmlpt/content/4/4073/mmpost_4073630.html#723.

③ 浙江省人民政府办公厅．浙江省人民政府办公厅印发关于进一步扩大消费促进高质量发展若干举措的通知［EB/OL］．浙江省人民政府网，［2023-04-18］．https：//www.zj.gov.cn/art/2023/4/18/art_1229569592_2475780.html.

④ 江苏省人民政府办公厅．省政府办公厅关于印发江苏省“十四五”消费促进规划的通知［EB/OL］．江苏省人民政府网，［2021-08-03］．http：//www.jiangsu.gov.cn/art/2021/8/23/art_46144_9984126.html.

⑤ 北京市人民政府．北京市人民政府关于印发《北京市“十四五”时期高精尖产业发展规划》的通知［EB/OL］．北京市人民政府网，［2021-08-18］．https：//www.beijing.gov.cn/zhengce/zhengcefagui/202108/t20210818_2471375.html.

准，并对符合首都城市战略定位的现代服务业标准给予支持[①]。上海提出加强对直播电商等新型消费业态规范和标准的研究制定，形成一批具有国际领先水平的商品服务标准与行业规范，建立消费品测评与遴选机制，鼓励平台企业、行业组织、研究机构等研究制定支撑新型消费的服务标准[②]。江苏提出深入实施企业标准“领跑者”制度和标准领航质量提升工程，支持国际国内标准对接，鼓励企业制定并实施高于国际、国家或行业标准的企业标准，尤其提出要探索开展可穿戴产品、适老化产品、智能家居、数字家庭等新兴消费品领域标准研制，推动电子商务、共享经济、房屋租赁、消费金融和相关新兴服务业等重要领域的地方立法，进一步完善促进消费的法规制度。江苏还提出要推动及时修订、废止不适应新型消费发展要求的法规规章和政策文件，加快推进新型业态领域反垄断和反不正当竞争规制建设，建立健全数字经济依法治理体系[③]。

7.1.3.5　解决老年人等特殊人群的新型消费需求问题

浙江提出要为老年人提供更加优质的打车出行服务和更为便利的公共交通服务，切实保障老年人日常就医和网络消费便利；鼓励企业积极开展智慧健康养老产品开发，扩大适老化智能终端产品供给；积极开展老年人智能技术日常应用教育培训活动，组织招募熟悉智能技术应用的教师、学生和其他社会志愿者，开展志愿服务送教上门活动；利用社区老年学堂、老年大学（学校）等，开展“以老助老”活动；针对辖区内老年人运用智能技术高频事项和使用场景设计简单易学的培训课程、使用指南，方便有意愿的老年人尽快掌握基本的智能技术，助推其跨越数字鸿沟；进行老年人智能技术教育，引导老年人了解新事物、体验新科技，积极融入智慧社会。另外，浙江还积极开展互联网安全保护专项行动，严厉打击电信网络诈骗、公民个人信息泄露等违法犯罪行为，突出老年人网络安全防护，切实营造老年人使用智能化产品、享受智能化服务的安全环境[④]。

---

① 北京市市场监督管理局．优化提升消费环境　推进北京国际消费中心城市建设工作方案［EB/OL］．北京市人民政府网，［2021-10-15］．https：//www.beijing.gov.cn/zhengce/zhengcefagui/qtwj/202204/t20220415_2678719.html.

② 上海市人民政府办公厅．上海市人民政府办公厅关于印发《上海市建设国际消费中心城市实施方案》的通知［EB/OL］．上海市人民政府网，［2021-09-18］．https：//www.shanghai.gov.cn/nw12344/20210918/1e04ac458e5c4ccb9a1ed0533ace1717.html.

③ 江苏省人民政府办公厅．省政府办公厅关于印发江苏省“十四五”消费促进规划的通知［EB/OL］．江苏省人民政府网，［2021-08-03］．http：//www.jiangsu.gov.cn/art/2021/8/23/art_40144_9984126.html.

④ 浙江省人民政府办公厅．浙江省人民政府办公厅关于印发浙江省切实解决老年人运用智能技术困难实施方案的通知［EB/OL］．浙江省人民政府网，［2021-07-06］．https：//www.zj.gov.cn/art/2021/7/6/art_1229019365_2309949.html.

7.1.3.6　加强新型消费统计与分析研判

上海提出要完善消费监测体系，构建融合政府端和市场端、供给侧和消费侧大数据于一体的监测体系，尤其要针对网络消费、服务消费、外来消费、夜间消费等重点领域加强统计指标研究，多维度反映消费市场发展新趋势①。浙江提出要探索建立消费统计监测协同体系，顺应消费升级趋势，加快社会消费品零售总额统计改革试点，研究形成多指标评估、多维度监测的消费市场分析体系，并加大对网络直播、城市商业综合体等新兴消费业态应统尽统方面的研究②。江苏提出要建立健全消费市场统计监测体系，改进优化相关行业领域统计监测制度，研究制定消费新业态新模式统计分类，推动建立消费领域数据服务、数据开放与数据发布机制，推进江苏省消费研究院建设，建立江苏省消费数据监测平台、研究课题库和成果发布机制，强化对消费运行的监测、预测、预警分析，研判消费市场发展现状、制约瓶颈、发展趋势等，以便为政府决策提供科学可靠依据③。

7.1.3.7　强化政策支持，实施消费补贴

浙江提出要积极发挥财政政策和财政资金的引导支持作用，完善稳企惠企政策措施，落实各项税收优惠政策，加强对消费业态的用地保障，重点保障消费领域重大项目建设用地需求，加强财税、土地、人才、数据、金融等要素保障和政策协同配合④。北京提出对开展网络零售业务的批发和零售企业、互联网生活服务平台企业、网络零售企业等给予资金支持⑤。上海提出对2023年6月底前置换购买纯电动汽车的消费者，给予每辆车1万元财政补贴，对消费者购买绿色智能

---

① 上海市人民政府办公厅．上海市人民政府办公厅关于印发《上海市建设国际消费中心城市实施方案》的通知［EB/OL］．上海市人民政府网，［2021-09-18］．https：//www.shanghai.gov.cn/nw12344/20210918/1e04ac458e5c4ccb9a1ed0533ace1717.html.

② 湖州市商务局．浙江省消费专班关于印发2021年省消费专班工作要点的通知［EB/OL］．湖州市商务局网，［2022-05-19］．http：//swj.huzhou.gov.cn/art/2022/5/19/art_1229561986_1666028.html.

③ 江苏省人民政府办公厅．省政府办公厅关于印发江苏省“十四五”消费促进规划的通知［EB/OL］．江苏省人民政府网，［2021-08-03］．http：//www.jiangsu.gov.cn/art/2021/8/23/art_46144_9984126.html.

④ 浙江省人民政府办公厅．浙江省人民政府办公厅印发关于进一步扩大消费促进高质量发展若干举措的通知［EB/OL］．浙江省人民政府网，［2023-04-18］．https：//www.zj.gov.cn/art/2023/4/18/art_1229569592_2475780.html.

⑤ 北京市商务局．北京市商务局关于鼓励开展网络促销、直播电商活动培育壮大网络消费市场的通知［EB/OL］．北京市人民政府网，［2023-03-22］．https：//www.beijing.gov.cn/zhengce/zhengcefagui/202303/t20230323_2942641.html.

家电给予支付额10%、最高1000元一次性补贴[①]。江苏支持绿色消费和新型消费加快发展和中低收入群体消费升级，鼓励各地因地制宜运用财政补贴、贷款贴息等方式支持城乡居民购买使用绿色低碳产品，提出对新能源汽车购置补贴和税收优惠等政策，鼓励有条件的地方对消费者购买新能源汽车给予充电、通行、停车等使用环节一次性综合补贴，还提出实施绿色节能家电阶段性补贴政策，对购买符合条件的节能家电产品按照实际售价的10%给予财政补贴[②]。

7.1.3.8　优化营商环境和消费环境

市场主体活力的激发需要良好的营商环境。浙江致力于构建高效的政府运行体系，通过"掌上办事之省、掌上办公之省、掌上治理之省"的创建活动，推进政务服务"一网通办"和行政执法"一网通管"，提升政府服务效能，浙江提出要探索以承诺制为核心的极简审批，搭建完善公共服务平台，健全社会化中介服务体系，健全多元化金融服务，加强应用场景供给，实施"滴灌"式精准减负，全面激发市场主体活力[③]；还提出要以市场主体感受为第一感受，深入实施优化营商环境的"10+N"便利化行动，把浙江建成最优营商环境省[④]。上海提出要营造国际一流营商环境，深化国家营商环境创新试点，对标世界银行营商环境新评估体系推出一批含金量高、市场主体获得感强的改革举措；提出要加强要素服务保障，尤其要确保优质产业项目用地，支持符合功能导向的成片战略预留区加快整体启动使用，市区联动、政企联手制订国企低效用地转型升级方案[⑤]。江苏提出要简化优化证照办理，对从事新型消费业态的企业探索实行"一照多址"；优化"互联网+政务服务"，深化"不见面审批（服务）"改革，提升"一网通办"服务效能；加快建立适应新型消费发展的监管服务体系，对新型业态实行包容审慎监管，加强风险评估。强化反垄断和反不正当竞争执法，更好规范和促进数字

---

①⑤　上海市政府新闻办．《上海市提信心扩需求稳增长促发展行动方案》相关情况［EB/OL］．上海市人民政府网，［2023-01-30］．https：//www.shanghai.gov.cn/nw9822/20230130/5da90b28f76645499eb0754798497712.html.

②　江苏省人民政府办公厅．省政府办公厅关于进一步释放消费潜力促进消费加快恢复和高质量发展的实施意见（2022）［EB/OL］．江苏省人民政府网，［2022-06-25］．http：//www.jiangsu.gov.cn/art/2022/6/30/art_46144_10524365.html.

③　浙江省人民政府办公厅．浙江省人民政府办公厅关于印发浙江省数字经济发展"十四五"规划的通知［EB/OL］．浙江省人民政府网，［2021-06-29］．https：//www.zj.gov.cn/art/2021/6/29/art_1229019365_2306544.html.

④　省发展改革委等9部门关于印发《浙江省实施优化营商环境"10+N"便利化行动方案（2.0版）》的通知［EB/OL］．浙江省发展和改革委员会网，［2020-08-18］．https：//fzggw.zj.gov.cn/art/2020/8/18/art_1599544_54548308.html.

经济平台企业发展[①]。

江苏提出营造放心诚信消费环境，构建完善重要产品追溯体系，加大对网络交易违法行为的查处力度，净化优化网络消费环境，着力构建网上跨境消费者争议解决机制，建立健全基层消费维权网络体系，及时调解处理消费纠纷[②]。浙江强调加强消费者权益保护，提出要加强互联网平台经济领域消费者权益保护，引导平台建立争议在线解决机制，同时加强消费领域信用建设，完善个人信息保护制度，打击网络刷单炒信、电信网络诈骗等黑灰产业链[③]。

7.1.3.9　强调夯实新型消费基础，提升居民消费能力

新型消费业态的发展，离不开人才的支撑，离不开具有消费能力和消费兴趣的消费者支持。对此，很多先行的地区纷纷提出了人才吸引和消费能力提升的方案。湖北实施“才聚荆楚、技兴荆楚”工程，打造“博聚楚天”引博品牌，着力培养高层次创新型青年科技人才，完成补贴性职业技能培训 40 万人次[④]。广东提出要提升全民数字素养和技能，推进数字化人才培养计划，建立大数据工程领域专业技术人才职称评价体系，用好高层次人才专项编制周转池，引育更多数字经济人才[⑤]。上海提出要强化人才支撑体系，加大复合型创新型商业人才引进培育力度，重点引进紧缺的复合型商业运营管理、物流供应链、电商、新零售等领域以及时尚职业经理人、时尚设计师等高端专业人才，吸引国内外优秀商业人才投资创业[⑥]。

就消费能力提升方面，浙江提出要深化收入分配体制改革，壮大中等收入群体，尽力完善居民收入与经济协同增长的长效机制，切实改善居民消费预期，坚持稳就业稳房价与促消费扩内需双管齐下，完善医疗、教育、养老等社会保障体

①② 江苏省人民政府办公厅．省政府办公厅关于印发江苏省“十四五”消费促进规划的通知［EB/OL］．江苏省人民政府网，［2021-08-03］．http：//www. jiangsu. gov. cn/art/2021/8/23/art_46144_9984126. html.

③ 湖州市商务局．浙江省消费专班关于印发 2021 年省消费专班工作要点的通知［EB/OL］．湖州市商务局网，［2022-05-19］．http：//swj. huzhou. gov. cn/art/2022/5/19/art_1229561986_1666028. html.

④ 湖北省人民政府办公厅．省人民政府办公厅关于印发 2023 年全省“稳预期、扩内需、促消费”工作方案的通知［EB/OL］．湖北省人民政府网，［2023-03-10］．http：//www. hubei. gov. cn/zfwj/ezbh/202303/t20230310_4579443. shtml.

⑤ 广东省工业和信息化厅．广东省数字经济发展工作领导小组办公室关于印发《2023 年广东省数字经济工作要点》的通知［EB/OL］．广东省工业和信息化厅网，［2023-03-30］．http：//gdii. gd. gov. cn/gkmlpt/content/4/4146/mmpost_4146389. html#2896.

⑥ 上海市人民政府办公厅．上海市人民政府办公厅关于印发《上海市建设国际消费中心城市实施方案》的通知［EB/OL］．上海市人民政府网，［2021-09-18］．https：//www. shanghai. gov. cn/nw12344/20210918/1e04ac458e5c4ccb9a1ed0533ace1717. html.

系，让居民消费无后顾之忧①。江苏提出稳定和增加居民财产性收入，拓宽“云招聘”渠道，加强线上就业服务和技能培训，促进高校毕业生、退役军人等重点群体就业，鼓励工商资本、各类人才返乡入乡投资创业，按规定落实一次性创业补贴政策②。湖北提出要稳岗就业，出台实施提高居民可支配收入的若干措施，落实对农民直接补贴政策，严格落实最低工资标准制度，实现城乡居民收入增速高于经济增速③。

7.2 企业优化新型消费供给的建议与对策

企业作为新型消费的供给方，对新型消费发展起到关键作用。加强新型产品和服务的有效供给，给消费者提供更多更好的选择，是新型消费提振的前提和基础。如果新型产品和服务的供给数量不够、供给质量和层次低，就不能激活潜在的新型消费需求和欲望，会对人们的新型消费意愿产生极大的制约作用。因此，新型消费供给企业要着力挖掘新型消费领域增长点，满足人们不断升级的消费需求。

7.2.1 企业家认知引领是优质供给的主导性动力

企业家是企业重大事务的最终决策者，其关于新型消费供给“量”与“质”的认知，直接影响了企业供给发展的具体走向与成效。有研究指出，提高供给质量，促进供给结构对需求变化的适应性与灵活性，关键在于落实创新驱动发展。而以企业家认知性劳动引领的垂直创新（新产品挤出旧产品），正是高度不确定环境下创新推动经济增长的要义，它不仅能够正确认知商业化应用的方向，还能引领研发性劳动在这一方向下的定向努力，因此被视为供给结构改革的关键切入点（周密等，2018）。还有研究指出，企业家基于满足并创造市场需求的创新活

---

① 湖州市商务局．浙江省消费专班关于印发 2021 年省消费专班工作要点的通知［EB/OL］．湖州市商务局网，［2022-05-19］．http：//swj. huzhou. gov. cn/art/2022/5/19/art_1229561986_1666028. html.

② 浙江省人民政府办公厅．浙江省人民政府办公厅关于促进消费扩容提质加快激发居民消费潜力的实施意见（浙政办发〔2020〕38 号）［EB/OL］．浙江省人民政府网，［2020-10-10］．https：//www. zj. gov. cn/art/2020/10/16/art_1229408083_59025433. html.

③ 湖北省人民政府办公厅．省人民政府办公厅关于印发 2023 年全省“稳预期、扩内需、促消费”工作方案的通知［EB/OL］．湖北省人民政府网，［2023-03-10］．http：//www. hubei. gov. cn/zfwj/ezbh/202303/t20230310_4579443. shtml.

动，会推动既有产品质量阶梯从低端向高端不断延长，进而进一步改善企业绩效（Aghion et al.，2014；李唐等，2018）。因此，应重视企业家认知性劳动在推动供给侧结构性改革成效过程中的关键作用。企业家自身也应主动增强自身对新型消费供给的认知能力，积极参加关于新型消费发展方面的学习培训，及时洞察新型消费市场需求。

7.2.2　加强消费者研究才能创造真正契合需求的价值

新型消费的最终目的是满足人们对美好生活的需要。因此，要促进新型消费发展，必须加强对消费者的研究，换位思考，贴近消费生活，站在消费者的角度去分析和思考他们的消费需求及期望。只有真正做消费者利益的代言人，才能获得长久的发展。在很大程度上，消费者是新型消费市场创新和供给结构优化的起点，也是实现交易价值的源点和推动企业不断向前发展的基石。如何围绕消费者的需求来优化供给是企业建立可持续竞争优势的一个重要命题。企业需要加强对消费者的研究，根据消费者的心理路径来分析企业的着力点，最终将消费者的需求转化为清晰的场景和价值。在这个方面，有一个非常实用的理论框架，即客户—场景—需求 JTBD（Job-To-Be-Done）框架。JTBD 从用户需求的视角来界定产品与服务，其理论逻辑是：顾客在某种情境下想要寻求某项积极正向的改变，但因为存在困难或限制导致其还未达成这一目标，于是产生了一个待办任务，因此需要一个产品/一项任务来帮助其完成这项任务。JTBD 能够更清晰地解析新型消费价值诉求，提供了一个洞察新型消费市场需求及价值创新方向的有用视角。具体如表 7-1 所示。

表 7-1　顾客—场景—需求 JTBD 框架

	场景（Context）	欲望（Desire）	痛点（Pains）	利益（Gains）	情感（Feelings）	分享（Sharing）
顾客主要心理路径	当处在某情境或某场合（某时某地）……	我想要……	因为……我不能/无法……	这样，我就可以……	这样，让我感觉……	这样，其他人会认为我……
企业分析的着力点	激活顾客需求的场景按钮是什么？解析诱人的场景要素	分析顾客尚未得到满足或服务不周的需求	顾客遇到什么问题、纠结和抱怨？现有市场竞争者为什么不能解决	顾客期待什么样的结果？解析能够满足顾客的功能价值	顾客的情绪状态是怎样的？分析顾客的情绪兴奋点	其他人会如何看待我？考虑顾客的社会价值

续表

	场景（Context）	欲望（Desire）	痛点（Pains）	利益（Gains）	情感（Feelings）	分享（Sharing）
潜在创新点发掘	回答什么样的场景能刺激消费欲望；进行场景创新	回答什么样的消费者会产生什么样的欲望；洞察顾客心理	回答顾客如何才会相信/选择企业而非竞争对手，提出价值主张	回答什么样的焦点价值能打动消费者；进行价值创新	回答如何激发兴奋和留恋的情绪状态；挖掘情绪体验	回答如何引发他人关注和认同；挖掘基于社会价值的口碑分享点

加强对消费市场的研究，企业尤其要关注消费者偏好、价格和竞争对手三个因素，因为特定企业新型消费产品与服务的需求量主要取决于这三个因素。

一是消费者的偏好。消费者对性能、品质和功效适应自己偏好的产品与服务的评价是比较高的，也会产生强烈的购买和消费欲望。因此，企业应加强对消费者心理与行为的研究，洞察消费者心理偏好。

二是价格与收入之比。即便是消费者偏好的新型产品与服务，如果价格昂贵，那么就只是极少数高收入者才能买得起。一般而言，如果消费者所欲求的产品与服务的价格与其可支配收入（扣除日常开支和未来必须支出之后所节余的收入）相适应，就能推动消费者将其可支配的节余收入转化为新型消费产品与服务的购买支出，否则就只能转化为储蓄。本书调查表明，即使愿意为品质和体验买单的年轻人，在花钱上也并不任性。他们作为互联网原生冲浪者，秉承着“不该花的钱一分不花”的原则，熟练穿梭在微博、微信、小红书、B 站、淘宝、拼多多等各个平台和 App 之间，对比产品和渠道的优劣。因此，企业应制定合理的价格策略，不能因为属于新型消费产品与服务就一味采取高价，让消费者产生“高不可攀”的感觉。

三是竞争对手的行为。随着市场经济的充分发展，当前企业很难找到一个完全不存在竞争的空白市场。在更多的时候，企业需要回答的是，同样为消费者提供新型产品与服务，自己凭什么能够取胜？因此，企业在新型消费供给方面，需要在顾客可选择范围内做到最好，超越竞争对手，这样才能生存发展。

7.2.3 科技与文化创新赋能强势品牌打造

当品牌被塑造为所在领域独一无二或领先的价值提供者时，就会获得大量消费者的青睐。而将品牌塑造为这种差异化形象的两个关键武器就是科技与文化。事实上，品牌创新有两种创新范式，即“制造更好的捕鼠器”式的技术创新逻辑和文化创新逻辑，前者主要展现了技术层面的显性因素与机制，强调新技术和新工具的采用，聚焦于新创意、新产品开发（Miceli and Raimondo，2020）、基于信息媒体技术的传播和分销创新（唐小飞等，2019；杨媛媛、王卫红，2017）以及消费新场景的塑造，受到了学界和实业界的普遍关注；后者关注消费者对品牌价值本身观念的改变，强调其对品牌意识形态的回应（Holt，2020）。自 20 世纪 90 年代文化创意产业的出现和快速兴起，品牌创新就超越了生产组织管理与运营，延伸至对文化意义及价值的创造性反应（蒋德嵩，2021）。当前，以“95 后”为代表的“Z 时代”消费者的本土审美意识已苏醒，愿意为那些具有文化底蕴的国货品牌买单，并承担更多的价格溢价。在这种情况下，品牌的文化创新逻辑也受到了越来越多的关注。

科技创新是品牌竞争力提升的关键，也是品牌形成优势壁垒的关键路径。南方产业智库的《新能源汽车产品价值指数报告（2022）》指出，新能源汽车的智能化程度不断走高，其价值与智能化呈正相关。小鹏 G9、蔚来 ET7 等车型之所以排名靠前，正是因为其智能技术优势突出。以小鹏城市 NGP 智能导航辅助驾驶系统为例，它首次拓展至全场景，可以覆盖近 90%的日常出行场景，大幅改善消费者的智能出行体验。由此可见，品牌创新需要加强科研投入。华为的 2022 年度报告数据显示，华为全年实现销售收入 6423 亿元，增长 0.9%，净利润 356 亿元，研发投入 1615 亿元，研发费用率达到 25.1%，用于多种技术要素（芯、软、硬、端、网、云）的协同创新。华为轮值董事长徐直军在华为年报中强调，“只有确保和增强研发投入，才能不断创新。通过架构重构、系统工程、优化设计等提升产品竞争力”①。

尽管科技创新是品牌核心竞争力的关键来源，但它并不能完全解决和解释某些重要的品牌实践问题，比如一些品牌即便积累了一定技术基础却依然遭受市场歧视、客户偏见和消费者思维定式等隐性认知因素制约，陷入“低品质”产品概念、“中低端”品牌声誉等“低端锁定”的局面（彭新敏、刘电光，2021）。因此，要扭转这种局面，还需要基于文化创新逻辑，从根本上改变市场认知，重构品牌形象、重塑用户心智，即改变消费者对品牌概念和价值本身的观念（Holt，2020）。

从品牌管理理论角度来看，通过融入传统文化元素、传播并彰显品牌独特的文化资源优势来获得消费者的认可，不仅有利于构筑品牌的差异化竞争优势，也

① 王震．华为发布 2022 年报：十年研发投入近万亿　创新成为生存与发展的关键［EB/OL］．人民网，［2023-04-01］．http：//finance.people.com.cn/n1/2023/0401/c1004-32655831.html.

是增进文化自信和积累品牌资产的重要战略方向（Kapferer，2005；刘英为等，2020）。有学者指出，优秀文化会让品牌变得更有思想、生命力和竞争力，呼吁中国文化价值观应内蕴于品牌概念（何佳讯、吴漪，2015），让品牌成为中华文化的典型性符号（牟宇鹏等，2020），并开始关注全球化背景下中国文化元素在吸引消费者、构建差异化竞争优势和品牌独特利益方面的重要作用（Torelli，2013；黄海洋、何佳讯，2017；孟繁怡、傅慧芬，2016）。近年来，品牌 IP 文化由于有助于品牌进行“去商业化式”重塑，受到了广泛的关注，很多新消费品牌都推出了品牌 IP。品牌 IP 一方面增加了内容营销的切入点，可以实现内容强关联输出；另一方面通过形象的视觉输出，在消费者心目中树立好的印象，缩短心理距离。好的品牌 IP 自带话题和流量，能够表征品牌个性和人格化元素，并通过持续的文化内容生产和分发，持续吸引消费者参与并引发情感共鸣。

7.2.4 强化品控和性价比，创造高效品质生活

品质控制对于新型消费产品与服务而言非常重要。当前，消费需求的发展从追求温饱到追求“量”的满足，又到了追求“质”的提升的阶段。因此，要真正赢得消费者的认可、信任和支持，还得在产品和服务品质上下功夫，必须实实在在的好用，真正为消费者带来利益和价值。当前，新型消费供给与需求不适应的一个重要方面就体现在性能质量低的产品大量过剩，而性能质量高的产品却严重不足。另外，企业在所有与潜在顾客的接触点都应表现出细致、耐心和诚心，要做好细节，用真诚和贴心的服务给消费者带来深刻触动。如果企业的品控好，在品质和性能等各个方面都符合技术标准和消费者要求，就无须费力去推销产品，也不必承担因质量危机而带来的返工与赔偿成本、顾客抱怨及品牌声誉受损。真正的品牌建设绝对不是在广告促销上的巨资投入结果，而是在对品质的不懈追求中逐步树立，正所谓“打铁还得自身硬”。

本书研究调查表明，很多消费者趋于理性，消费决策过程中会多方寻求“性价比”最高的产品和服务。知萌咨询机构发布的《2023 中国消费趋势报告》也指出，消费者更加关注所购买的产品的实际价值和能够给生活带来的改变，当前保持“人间清醒”的理性消费者越来越多，他们不冲动消费、不花冤枉钱，追求“物有所值”，冲动消费、超前消费均让位于理智消费，“买精买好”“用合适的价格高效地选到有用的好东西”是当前消费者的主要消费观[①]。另外，现代快

① 知萌《2023 中国消费趋势报告》：理性消费，感性生活［EB/OL］. 金融界网，［2023-02-07］. https：//biz. jrj. com. cn/2023/02/07114137321041. shtml.

节奏的生活必然要求方便快捷的高效品质生活，当代青年的一个新消费理念就是追求方便、快捷和高效，他们致力于把生活变得简单轻松又时尚，愿意花钱享受智能科技和智慧服务带来的便利省心的“懒人生活”。这促进了外卖、快手料理、智能家电和家居等兼具“懒”与“质”的新兴消费的迅速发展，也说明进一步提升产品与服务的便捷化和智能化水平非常重要。因此，企业应进一步简化新兴消费的程序和流程，让消费者变得更省心，也便于更多年龄段消费者的理解与使用。

7.2.5　讲好品牌故事，助推朋友圈交互效应

故事是品牌与消费者进行沟通的重要方式之一（Granitz and Forman，2015）。好的品牌故事，是抢占消费者心智的最有效工作，它能够吸引消费者的关注和兴趣，让消费者投入更多认知努力（Van Laer et al.，2014），并与消费者建立联系、产生情感共鸣和价值认同。讲事实和讲道理的品牌故事能够说服人、影响人，实现以理服人；讲形象和讲情感的品牌故事能够打动人、感染人，实现以情感人。现实中有越来越多的企业开始挖掘品牌内涵创作品牌故事，并利用新媒体实现品牌理念、文化和价值主张等的快速传播。但是在创作品牌故事时，应该注意故事素材的真实性。取自真实事件的故事往往能够打动消费者，而虚构的故事则会让消费者产生怀疑。尤其是对于以功能性价值为核心焦点的品牌而言，应注重对真实的消费者故事素材的收集和整理，并在故事讲述过程中突出其情节的真实性。事实上，一个好的品牌故事需要具备真实、承诺、共识和情感四大要素（汪涛等，2011）。因此，企业要学会讲品牌故事，挖掘在品牌成长、品牌科技研发、品牌与消费者互动等过程当中发生的真实品牌事件，以此为基础通过多种形式与表现手段创作品牌故事。同时，在品牌故事传播时，需要关注渠道整合，特别是新媒体中的两微一端[①]、抖音、哔哩哔哩（B 站）等消费者喜闻乐见的平台，保证品牌故事在各平台的同一时间段内进入消费者视线，使每个消费者都觉得自己是“第一个发现故事的人”，从而极大增强其与故事的自我关联性，形成更为积极的品牌态度（杨志浩等，2023）。

消费者交互效应和口碑裂变是一个企业快速吸粉、打动顾客并获得健康成长的密钥。新型消费领域的人群非常重视在线评论、博主推荐和消费测评，容易受到参照群体的影响，因此企业应发挥关键意见领袖的导引作用，并利用新媒体传播效应促进消费者社交圈的口碑裂变；同时，还应鼓励朋友陪同式消费模式，为

① 两微一端：微博、微信、新闻客户端。

那些邀请或带领朋友一起消费的顾客提供一定的优惠或折扣；也可以创建和培育独特的品牌社群，以便为消费者之间的交流、评论和沟通提供高效平台。例如，小米运动消费者常将自己使用小米产品的经验以及运动生活的状态、经历、情境和独特见解以照片、文字等方式分享到小米运动的“米动圈”，并从中获得快乐和认同，而小米运动也借此吸引了更多的流量与关注；另外，还应给那些超级用户提供物质和精神奖励，以便鼓励其创造优质内容和主动安利或“种草”他人。

7.2.6 创新消费场景，建立连接触达顾客

在新消费时代，场景成为连接用户与产品服务的桥梁。所谓场景，是由时间、地点、情感等特定场景元素以及企业、用户及其他利益相关主体之间的关系和行为所构成的具体画面或特定过程（吴声，2015）。消费场景的创新尤其要注重从时间和空间的维度来动态地理解顾客及其待办事项。从时间维度上看，移动互联网时代消费者的时间呈现碎片化趋势，其在不同时点会有不同的购买欲望和行为，从时间维度来理解场景创新，有利于深刻洞察并精准定位顾客在特定时点的碎片化需求与行为，以及即时的、更为动态化的需求场景；从空间维度上看，是根据线上虚拟空间与线下物理空间、区域或城市分布，以及场合和地点等方面的不同，细分不同消费者的需求与行动，开发更为多样化和立体化的需求场景。

具体而言，在时间上，要考虑产品的即时需要、随时间的情感需求变化以及通过数字空间（如在线社群）来实现即时互动，使产品与服务更具有“温度”和“人格化”；在空间上，通过设计不同地点的产品与服务组合，将产品、服务与消费者在不同空间和行为等内容连接起来，更好地洞察消费者的需求，同时赋予产品以新的意义和价值，往往会突破单一产品的固定边界而形成产品组合，甚至突破产业边界（江积海，2019）。例如，海尔智家股份有限公司（以下简称“海尔智家”）将原本看似并不相关的家用电器、智能卫浴、起居产品等不同产业供应链进行场景化连接，基于阳台场景、客厅场景、洗浴场景、厨房场景和空气场景为用户提供“产品功能—服务效用—场景体验”的立体化价值。

数智消费时代的场景创新不必拘泥于单一企业的场景创新，可以是同一产业供应链上的企业合作，甚至是不同产业供应链之间的企业合作。王福等（2023）提出了“场景链”的概念，强调不同产业供应链集群围绕用户应用场景的切换，进行动态的跨界连接和交叉混搭，将原本“碎片化”和“孤岛型”的场景连接

形成“场景链”，从而使新型消费供给端可以更好地感知用户时空化的消费期望及其变化，还可以通过叠加式和矩阵式场景链为用户提供无缝的消费体验所形成的情绪价值。也就是说，不同产业供应链节点集群能够基于场景链形成的生态共同体协同打造和深耕场景，通过场景细分、场景关联、场景叠加和场景嫁接实现“知人”“知货”和“知场”，从而满足用户越来越个性化和精细化的消费需求、消费习惯和消费偏好。

7.2.7　加强顾客关系管理，提升服务能力和质量

在数智化时代，企业的顾客关系管理能力主要体现在信息生成、互动及响应能力方面（曾雪云等，2021）。①信息生成。强调通过内容生产与顾客进行交流和沟通，提供给顾客更多数量和更高质量的信息，以一个较高的频率来提醒顾客对企业存在性的感知，满足顾客的信息寻求需要并培养用户情感（Taneja and Toombs，2014）。②信息互动。关键在于唤醒顾客对企业相关信息的认可、共鸣与分享意愿，并借此将信息传递到更大规模的潜在顾客。当企业表现出与顾客进行交流和互动的意图，鼓励其主动获取、交换和分享数字内容信息时，顾客将会从中感知到自己的努力能得到回报而有更高参与意愿。而当顾客分享与他人互动的积极感受，并成为产品、服务或品牌企业的倡导者时，市场口碑效应会达到最大化。③信息响应。强调积极地、及时地、有效地对顾客提出的诉求、建议及意见进行响应和策略改建，这有利于提升顾客的满意度和消费体验，还可以针对特定的顾客需求和偏好提供精准的服务和关系维护。并且，新媒体和数智技术的快速发展强化了企业信息的可访问性以及企业对消费数据的集成性，为顾客参与价值创造提供便利，并为进一步的服务技术和顾客关系管理提供必要的信息资源与支持。

就服务质量能力和质量提升而言，处理好六个问题显得非常重要：①企业公布的联系方式必须真实有效，要尽可能通过多途径来连接消费者，以免错过消费者的诉求；②赠送运费险或者实施免费退换货，并且要简化流程和手续，给消费者后悔留出余地，消除其后顾之忧；③所有与消费者接触的人员的服务态度要好，要确保细致、耐心和专业的服务；④当出现问题和消费投诉时，不能相互推诿，应迅速响应和解决；⑤选择有效的物流方案，确保运输过程中物品的完好无损，实现快速且精准无误的发货到货；⑥保证不泄露消费者隐私，合理使用消费大数据，保持科学的联系和连接频率，不过度打扰消费者的生活。

7.3 政府加强新型消费管理服务的建议与对策

新型消费供给与需求的匹配与均衡，是一个系统工程，涉及产业企业、消费者、高校和科研机构、中介服务组织、当地社区公众和居民等诸多利益相关者，需要政府通过柔性服务管理，对产业、市场供给与需求进行有效引导，推动彼此间的联系、协作和黏性，最终达成价值共识，形成一个良好的新型消费供求生态。

7.3.1 提升柔性管理能力，增强资源整合与协调力

在快速发展和迭代的数智化时代背景中，政府实施柔性管理模式，更能适应复杂的新型消费市场供需环境，也更宜于促成多元主体交互协作的价值共创网络，形成“命运共同体”。实施柔性管理，需要当地政府职能部门提升整体服务水平，结合本地实际情况，进行灵活资源配置和要素供给；需要政府成为对话的组织者、关系的协调者、合作的促进者、价值的引领者，推动多元主体间的相互协作、彼此互惠（谭英俊，2014）。

柔性管理模式可分为功能型、关系型和结构型三种类型，且其柔性化水平依次增强（韦鸣秋等，2021）。①功能型柔性管理模式，柔性化水平主要体现在具体的服务功能或服务项目上。政府扮演核心管理者角色，具有较强的治理能力，能对新型消费供求各项工作进行统筹引导和前瞻式的设计，会较多介入新型消费产业布局、供给质量监管、产品要素创新等方面。②关系型柔性管理模式，强调多元主体间的和谐关系、紧密联系与积极协作。政府扮演资源协调者的角色，需要建立有效的利益表达机制和沟通渠道，加强与多方主体的交互沟通，甚至提供“跟踪式”的服务供给过程。③结构型柔性管理模式，强调各方主体融洽的松散耦合关系、有序互动、规范互惠和价值共识。政府扮演价值引导者的角色，通过柔性、隐蔽的“嵌入式”服务供给模式，对产业、市场和供给进行适度引导，最终形成以消费者为中心的新型消费价值共创生态。

根据政府精益服务供给理论（白长虹、刘欢，2019；韦鸣秋等，2021），柔性管理能力的提升，有两个要素特别重要，即技术摄入和文化契合。技术摄入是指大数据、物联网、智能移动终端、管理信息系统等技术手段在新型消费供给管

理中的综合应用，它有助于打破碎片化的管理格局，最大限度整合各级职能部门、多元主体（企业、高校、科研机构、居民个体）等，创造信息化的协作平台和合作窗口，共同推进新型消费供给优化；文化契合强调从根本上引导新型消费供给相关主体形成价值共识，稳固互惠合作的协同关系，避免信任危机。这需要政府注重本地文化要素的挖掘与传播，通过文化要素、服务理念、价值观的传播和投射，与新型消费市场主体形成共鸣、共情和身份认同，提升参与度和支持意愿。各地政府可以通过政策引导、媒介宣传、内部营销等方式，实现本地特色文化理念的有效推广，提升多元主体的主人翁意识和协作意识，形成高质量供给的文化氛围。

7.3.2　增强政策制度创新能力，为新型消费发展保驾护航

政府既扮演着引导新型消费供给企业前行的“领路人”角色，又作为新型消费市场的“守夜人”，起着协调和规范新型消费市场健康有序发展等作用，需要不断增强政策制度创新能力，为新型消费发展保驾护航。

一是法律法规。要打破制约数智经济发展的政策障碍，审查现有法律法规对数字经济的包容性和容忍度，及时废止有违创新规律、阻碍数字经济新业态发展的政策条款。针对涌现出来的数字经济新兴业态，及时制定行业管理规章制度，完善知识产权保护相关法律，将侵权行为纳入社会信用记录，为新型消费产品与服务创造公平参与竞争的市场环境。

二是消费供给标准。要加强数字技术标准供给，推动关键技术标准的研制与推广，鼓励领军型企业在大数据、物联网、云计算等数字经济新领域的国际标准制定中发挥先行者作用，探索开展可穿戴产品、适老化产品、智能化产品、数字家庭、文旅融合旅游、智慧医疗、体育健康、绿色消费、共享消费等新型消费品与服务领域标准研制。

三是财税资金政策。要借助税收政策、财政补贴等相关产业扶持政策及多种专项基金，支持新型消费领域行业龙头企业发展，扶持具有本地文化特色的中小型新型消费供给企业以及符合区域发展定位的企业品牌。支持金融机构开展以知识产权、数据资产等无形资产抵押贷款业务。探索推动新型消费供给发展的税收征管制度，如对新型消费产品与服务研发费用在计算应纳税所得额时加计扣除等，降低企业税、费、利息和社会负担。

四是市场监管和统计监测。利用大数据、人工智能等技术手段，建立以信用为基础的、快速响应的新型消费市场监管反馈机制。开展针对新型消费新领域中

的专项统计，构建反映新型消费市场发展全貌和动态变动的多维指标体系，对新型消费市场核心指标数据进行公开发布。

五是资源配置。要加强要素服务保障，加强对消费业态的用地保障，降低新型消费供给企业用电、用气、物流、房租等成本，加强财税、土地、人才、数据、金融等要素保障和政策协同配合。尤其是要强化人才支撑体系，提升人才引进和激励政策创新能力，着力吸引、培养高层次创新型青年科技人才，加大复合型、创新型商业高端人才引进培育力度。

7.3.3 加强两类顶层统筹，做好新型消费布局规划

加强两类顶层统筹，是指加强新型消费供给产业布局和新型消费空间创新规划。就前者而言，要确保优势资源向新型高端消费供给产业转移，尽快实现自主创新、产业结构高级化和消费升级的良性互动。这需要：①重视高技术产业自主创新能力的培育和战略性新兴特色消费产业的发展。这需要集中力量开展战略性前沿技术攻关，提升新型消费供给企业的自主创新能力。②培育一批新型消费业态细分领域的龙头企业、领军企业、“链主”企业、“小巨人”企业、数字经济航母级平台型企业等多元化优质新型消费供给主体，全力支持经营模式先进、线上线下融合发展且创新业绩显著的数字转型示范企业做大做强，激发市场主体的活力。这需要激发和保护企业家精神，尊重和激励企业家干事创业，营造依法保护企业家合法权益的法治环境和营商环境，并对具有引领性、示范性和带动性的优质新型消费领域企业或从业者提供适当财政资金奖励或补助。

就新型消费空间创新规划而言，应注重打造线上线下融合式数智化消费生态圈，创新多元主题的沉浸式体验消费场景，深化新型消费集聚区建设。首先，要推广互联网平台服务和各种数字化解决方案，有效组织本地提供信息网络技术和服务的公司，帮助企业实现生产、加工、流通和服务的全链条数字化改造等，助推各类消费场景和细分消费领域融合；其次，鼓励企业依托人工智能等技术开发消费类电子产品、搭建虚拟现实数字生态，创新各种沉浸式体验消费场景；再次，全力打造一批如大型国际会展中心和国际消费枢纽项目等具有标志性的新型消费体验载体，打造一批“吃住行、游购娱”一体的多元化消费场景；最后，要深化国际级或国家级消费中心城市和消费集聚区建设，建设一批特色消费街区，布局一批高品质消费设施，打造消费新地标和新品牌，促进时尚消费引领。

7.3.4 打造两类数据平台，为新型消费发展提供数据中台

当前，数据作为关键生产要素已经渗透到新型消费供给的研发、设计、生

产、加工、流通与消费等各环节中，能够通过发挥乘数效应和协同效应提高生产要素的配置和利用效率，有效提升新型产品与服务的科技含量和附加值，甚至重塑产业链、生产链和价值链。因此，政府要重视大数据技术的设施支撑作用，大力推动新型消费供求大数据平台和政府智慧服务平台等两类重要数据平台的建设。

就新型消费供求大数据平台建设而言，一方面，要根据大数据的分析决策和用户画像细化各类新型消费供给主体所能提供的产品与服务需求，实现市场的精准定位与投放，及时分发用户搜索智能追踪的内容，开展精品展示或品牌活动，提供高效的信息渠道、沟通渠道甚至对接便捷的购买渠道，为消费者提供个性化、多元化、差异化的供给服务和良好的消费体验；另一方面，要重视对消费需求的动态监测，实时采集有关新型消费供给资源、顾客流量时空动态数据，实现新型消费市场数据价值在分析和决策方面的最大化，有效降低新型消费产品与服务资源错配率，为政府相关部门完善政策提供导向依据，实现供求端的高效连接、匹配并促进交易的达成。另外，还可以借此平台实现新型消费主体之间的信息互联和协作链条管理创新，并利用区块链信息不可篡改、可追溯、公开透明的属性和智能合约的支持，建立可信任流通的全新诚信与协作机制，健全守信激励和失信惩戒机制。

就政府智慧服务平台建设而言，要注重优化新型消费市场主体全生命周期管理与服务，为新型消费供给高质量发展模式提供保障。这需要加强互联网与政务服务的深度融合，必要时可成立专门的大数据管理部门，组建跨部门且上下协同的信息化管理队伍，将原先分散在不同部门的公共数据管理、电子政务管理、政务信息化建设等职责进行整合，形成上下贯通、技术与业务融合的集约化管理体制，进而提升相关政务服务质量和服务效能，并实现跨部门数字化协同办公。例如，浙江省自 2014 年就开始实施“四张清单一张网”和电子政务“云基础设施”战略，建设政务服务网和“政务一朵云”，实现跨部门、跨层级、跨地域的信息整合与共享，形成了大平台共享、大数据慧智、大系统共治的顶层架构，建立了省、市、县、乡、村五级联动的浙江政务服务网，并联合阿里巴巴开发了“浙里办”办公 App 和掌上办公“浙政钉”，将重大项目全部整合至“浙政钉”，实现“一窗受理、一网通办、一证通办、一次办成”全覆盖，打造了一个全天候在线的数字服务政府（蒋敏娟，2021）。

7.3.5 启动两项新型消费工程，助力品牌打造和质量提升

当前，我国人民的消费需求已经从温饱诉求转向品质诉求，更为关注美丽健

康、智能科技、绿色生态、时尚高端、精神情感等方面的需求。因此，政府有必要继续推动新型消费供给侧结构性改革，优化现有生产要素配置和组合，启动优质品牌打造和质量提升工程。

就品牌打造而言，可行做法有三点：①依托本区域主导产业，加快培育本地名品名企，打造高端品牌、优质新锐品牌和本地品牌示范企业标杆，培育强势区域公共品牌，大力提升本地品牌在国内外、海内外的知名度、美誉度和影响力。例如，浙江推出“浙里来消费”金名片，广东提出“粤贸全球”品牌工程，江苏提出把“江苏精品”打造成一块“金字招牌”。②扩大高端消费品产业链带动效应，引进具备独特品牌价值和先进品牌运营模式的国内外知名商业企业品牌，积极借鉴这些强势品牌在设计、生产、供应链管理、品牌塑造、制造工艺等方面的先进经验。③高度重视品牌的文化内涵，注重在品牌建设过程中挖掘和融入中国传统文化因素和区域特色文化元素，诱发消费者的情感共鸣和文化认同，更好地满足其情感体验需求。

质量提升与品牌打造息息相关，品牌的健康发展必须有过硬的质量根基。因此，政府一定要重视质量能力升级工程，重视管理效率改进对质量能力升级的重要推动作用（李唐等，2018），引导企业家广泛参加各类管理培训，提高企业的管理创新意识，通过管理升级驱动质量要素配置效率、产品质量竞争力不断提高；同时，还需加大科技投入力度，推动企业等相关主体与高校及科研单位建立合作关系，充分利用科学技术更新改造设备，改善工艺，提升产品质量与优势；另外，还要注重提升新型消费领域中从业人员的整体素质，大力弘扬劳模精神和工匠精神，鼓励营造精益求精的敬业风气，着力解决新型消费供给的质量、安全和卫生问题，为消费者提供值得信赖的产品和服务。

7.3.6 维护好供给秩序和消费秩序，营造良好发展环境

良好的供给秩序和消费秩序是确保高品质新型消费实现的前提，也是推动新型供给端完成销售与再生产的重要保障。创建良好的新型消费生态环境要关注以下几个方面：

一是加快新型消费领域基础设施建设，形成高速便利的交通和信息网络条件，降低产品与服务流动成本，提供供给端与消费端的循环效率。一方面，要推动以数智技术赋能传统仓储物流基础设施改造，在存储和运输环节实现对新型消费产品质量的实时监测，避免因产品质量损失而造成的交易失败和成本虚耗；另一方面，要注重建设、完善以通信交流网络为代表的新型基础设施，降低消费和

供给两端的信息传递和产品反馈成本，提升供给端产业对产品的优化速度。

二是推动营商环境高质量发展，依法保障新型消费市场主体的合法权利，确保其经济消费活动的稳定性和可预见性。另外，要优化各种政务服务审批，让企业办事更“简便”，还要围绕新型消费供给企业“政策应享尽享、快速兑现”，强化惠企政策共享与直达力度以及兑现速度。

三是利用元宇宙相关的智能合约、云交易机制等技术，构建良好的新型消费信用体系，促进企业、产业层面形成有限共享的顺序性交易记录开放机制与自主性监管机制，使生产者、经营者和消费者之间形成网络化连接，掌握更多监督机会和质量信号，有效避免由于信息不对称导致的隐瞒欺诈与道德风险。

四是依托新技术、新规范营造健康的内容生产环境，提升内容创作者信心。鼓励对优质的原创作品予以奖励和扶持，引导资本投向创作周期长的精品内容，杜绝“重流量轻质量”的行业风气。还要制定细化行业规范，对侵犯版权的行为予以严厉打击。

五是优化消费环境，为新型消费发展提供动力支持。①培育或吸引新型消费主体，提升良好的客群基础，尤其要注重“银发”消费群体和县域消费群体；②通过财政制度改革，发挥二次分配对收入分配和福利消费不平等的改善作用，缩小收入分配差距，增强中低收入阶层、下沉市场的消费能力，降低居民消费的支出负担和后顾之忧，推动消费整体升级和持续升级；③开展“放心消费承诺”和“无理由退货承诺”等活动，畅通消费者权益保护渠道，深化在线纠纷解决机制，加强维权服务。

7.4　本章小结

新型消费既是民生改善的重要内容，也是经济增长的强劲动能。当前，中国各省市都非常重视拓展新型消费的潜力，将发展新型消费视为一个长期战略，并积极发展和部署移动互联网、大数据、云计算、人工智能、区块链和物联网等新一代信息技术，为新型消费发展奠定坚实的技术基础。其中，北京、上海致力于在世界范围内布局领先一代的数字技术创新，力争国际先进或国际标杆地位，广东、江苏和浙江致力于在国内保持新型消费技术的领先优势和标杆示范地位，湖北和四川致力于引领中西部地区的新型技术发展。

在新型消费业态和消费模式培育方面，各省市也力争上游，希望借此培育新的经济增长点和发展动能。北京以数字赋能消费创新发展为主线，大力促进“文化+科技”深度融合；上海继续深化国际级消费中心城市和消费集聚区建设，不断培育消费新热点并尝试构建消费新生态体系；江苏大力发展“互联网+服务”消费，推动电商消费线上线下加速融合；广东大力发挥信息服务优势，推动线上线下消费有机融合；浙江是数字经济的先发地，努力培育壮大具有浙江特色的新业态新模式；湖北着力打造区域性消费中心，推动消费新业态新场景发展；四川重点关注特色文旅、信息消费、健康消费、夜间消费和时尚消费五大领域新型消费发展。

综观我国各省市推进新型消费市场发展的措施与经验，可以归结为九个方面：①成立新型消费专班，统筹部署和协同推进各项新型消费工作；②积极培育新型消费业态主体；③打造消费平台，加强优质品牌建设和质量管理；④构建新型消费标准体系，加强制度建设和法治保障；⑤解决老年人等特殊人群的新型消费需求问题；⑥加强新型消费统计与分析研判；⑦强化政策支持，实施消费补贴；⑧优化营商环境和消费环境；⑨强调夯实新型消费基础，提升居民消费能力。

企业作为新型消费的供给方，对新型消费发展具有决定性影响。其中，企业家认知引领是优质供给的主导性动力，企业应选择具有创新型认知风格的企业家，来推动能够满足并创造市场需求的创新活动，推动新型产品与服务质量阶梯从低端向高端不断延长。优化新型消费供给，企业需要加强对消费者的研究，尤其要关注消费者偏好、价格和竞争对手三个因素，唯有如此才能创造真正契合需求的价值。另外，企业还需要加大基于科技和文化赋能的创新力度，强化品控和性价比，打造优质品牌，创造高效品质生活。在新型消费沟通与交易环节，企业还要讲好品牌故事，助推朋友圈交互效应，并通过消费场景创新来建立连接触达顾客，当然还要注意加强顾客关系管理，大力提升服务能力和质量。

就政府加强新型消费管理服务而言，本书提出应大力提升政府柔性管理能力，借助技术摄入和文化契合要素，增强资源整合与协调力，推动多元主体间的相互协作、彼此互惠；要不断增强政策制度创新能力，借助法律法规与规章制度、财税政策供给与要素资源配置、市场监管与统计监测等途径为新型消费发展保驾护航；要加强新型消费供给产业布局和新型消费空间创新规划，打造线上线下融合式数智化消费生态圈、创新型消费场景和新型消费集聚区，确保优势资源向新型高端消费领域转移；要重视大数据技术的设施支撑作用，推动新型消费供求大数据平台和智慧服务平台的建设；要继续推动新型消费供给侧结构性改革，启动优质品牌打造和质量提升两项新型消费工程，推动新型消费供给体系的质量与效率的提升；政府还要维护好供给秩序和消费秩序，加快新型消费领域基础设施建设，构建良好的新型消费信用体系，营造健康的内容生产环境，推动营商环境与新型消费环境的高质量发展。

参考文献

［1］ Aghion P， Akcigit U， Howitt P. Chapter 1-What Do We Learn from Schumpeterian Growth Theory? ［M］ // Handbook of Economic Growth. Amsterdam：Elsevier，2014：515-563.

［2］ Altobello Nasco S，Hale D. Information Search for Home，Medical，And Financial Services by Mature Consumers ［J］. Journal of Services Marketing，2009，23 （4）：226-235.

［3］ Barak B，Schiffman L G. Cognitive Age：A Nonchronological Age Variable ［J］. Advances in Consumer Research，1981，8 （1）：602-606.

［4］ Catterall M，Maclaran P. Body Talk：Questioning the Assumptions in Cognitive Age ［J］. Psychology & Marketing，2001，18 （10）：1117-1133.

［5］ Chaudhuri A，Holbrook M B. The Chain of Effects from Brand Trust and Brand Affect to Brand Performance：The Role of Brand Loyalty ［J］. Journal of Marketing，2001，65 （2）：81-93.

［6］ Cole C A，Balasubramanian S K. Age Differences in Consumers' Search for Information：Public Policy Implications ［J］. Journal of Consumer Research，1993，20 （1）：157-169.

［7］ Cole C A，Houston M J. Encoding and Media Effects on Consumer Learning Deficiencies in the Elderly ［J］. Journal of Marketing Research，1987，24 （1）：55-63.

［8］ Dahl S，Eagle L，Ebrahimjee M. Golden Moves：Developing a Transtheoretical Model-Based Social Marketing Intervention in an Elderly Population ［J］. Social Marketing Quarterly，2013，19 （4）：230-241.

［9］ Fowler J G，Gentry J W，Reisenwitz T H. Analyzing Chinese Older People's

Quality of Life through Their Use of the Internet [J]. International Journal of Consumer Studies, 2015, 39 (4): 324-334.

[10] Gilly M C, Zeithaml V A. The Elderly Consumer and Adoption of Technologies [J]. Journal of Consumer Research, 1985, 12 (3): 353-357.

[11] Granitz N, Forman H. Building Self-Brand Connections: Exploring Brand Stories through a Transmedia Perspective [J]. Journal of Brand Management, 2015, 22 (1): 38-59.

[12] Guido G, Pichierri M, Rizzo C, et al. Information Processing by Elderly Consumers: A Five-Decade Review [J]. Journal of Services Marketing, 2021, 35 (1): 14-28.

[13] Holt D. 文化创新因何制胜 [J]. 哈佛商业评论, 2020 (10): 102-111.

[14] Hough M, Kobylanski A. Increasing Elder Consumer Interactions with Information Technology [J]. Journal of Consumer Marketing, 2009, 26 (1): 39-48.

[15] Jahn S, Gaus H, Kiessling T. Trust, Commitment, and Older Women: Exploring Brand Attachment Differences in the Elderly Segment [J]. Psychology & Marketing, 2012, 29 (6): 445-457.

[16] Kapferer J N. The Post-Global Brand [J]. Journal of Brand Management, 2005, 12 (5): 319-324.

[17] Lambert-Pandraud R, Laurent G, Lapersonne E. Repeat Purchasing of New Automobiles by Older Consumers: Empirical Evidence and Interpretations [J]. Journal of Marketing, 2005, 69 (2): 97-113.

[18] Lambert-Pandraud R, Laurent G. Why do Older Consumers Buy Older Brands? The Role of Attachment and Declining Innovativeness [J]. Journal of Marketing, 2010, 74 (5): 104-121.

[19] Mason J B, Smith B E. An Exploratory Note on the Shopping Behavior of the-Low Income Senior Citizen [J]. The Journal of Consumer Affairs, 1974, 8 (2): 204-210.

[20] Mason S E, Smith A D. Imagery in the Aged [J]. Experimental Aging Research, 1977, 3 (1): 17-32.

[21] Meuter M L, Ostrom A L, Bitner M J, et al. The Influence of Technology Anxiety on Consumer Use and Experiences with Self-Service Technologies [J]. Journal of Business Research, 2003, 56 (11): 899-906.

[22] Miceli G N, Raimondo M A. Creativity in the Marketing and Consumer Behavior Literature: A Structured Review and a Research Agenda [J]. Italian Journal of Marketing, 2020 (2): 85-124.

[23] Morhart F, Malär L, Guèvremont A, et al. Brand Authenticity: An Integrative Framework and Measurement Scale [J]. Journal of Consumer Psychology, 2015, 25 (2): 200-218.

[24] Napoli J, Dickinson S J, Beverland M B, et al. Measuring Consumer-Based Brand Authenticity [J]. Journal of Business Research, 2014, 67 (6): 1090-1098.

[25] Newman G E, Dhar R. Authenticity is Contagious: Brand Essence and the Original Source of Production [J]. Journal of Marketing Research, 2014, 51 (3): 371-386.

[26] Nunan D, Di Domenico M. Older Consumers, Digital Marketing, and Public Policy: A Review and Research Agenda [J]. Journal of Public Policy & Marketing, 2019, 38 (4): 469-483.

[27] Park J, Kim D, Hyun H. Understanding Self-Service Technology Adoption by "Older" Consumers [J]. Journal of Service Marketing, 2021, 35 (1): 78-97.

[28] Phillips L W, Sternthal B. Age Differences in Information Processing: A Perspective on the Aged Consumer [J]. Journal of Marketing Research, 1977, 14 (4): 444-457.

[29] Phua P, Kennedy R, Trinh G, et al. Examining Older Consumers' Loyalty Towards Older Brands in Grocery Retailing [J]. Journal of Retailing and Consumer Services, 2020 (52): 101893.

[30] Reisenwitz T, Iyer R, Kuhlmeier D B, et al. The Elderly's Internet Usage: An Updated Look [J]. Journal of Consumer Marketing, 2007, 24 (7): 406-418.

[31] Sudbury-Riley L, Kohlbacher F, Hofmeister A. Baby Boomers of Different Nations: Identifying Horizontal International Segments Based on Self-Perceived Age [J]. International Marketing Review, 2015, 32 (3): 245-278.

[32] Syverson C. What Determines Productivity [J]. Journal of Economic Literature, 2011, 49 (2): 326-365.

[33] Taneja S, Toombs L. Putting a Face on Small Businesses: Visibility, Viability, and Sustainability the Impact of Social Media on Small Business Marketing [J].

Academy of Marketing Studies Journal, 2014, 18 (1): 249-260.

[34] Tootelian D H, Varshney S B. The Grandparent Consumer: A Financial "Goldmine" with Gray Hair? [J]. Journal of Consumer Marketing, 2010, 27 (1): 57-63.

[35] Torelli C J. Globalization, Culture, and Branding [M]. New York: Palgrave Macmillan, 2013.

[36] VanLaer T, De Ruyter K, Visconti L M, et al. The Extended Transportation-Imagery Model: A Meta-Analysis of the Antecedents and Consequences of Consumers' Narrative Transportation [J]. Journal of Consumer Research, 2014, 40 (5): 797-817.

[37] Yoon C, Cole C A, Lee M P. Consumer Decision Making and Aging: Current Knowledge and Future Directions [J]. Journal of Consumer Psychology, 2009, 19 (1): 2-16.

[38] 敖成兵. Z 世代消费理念的多元特质、现实成因及亚文化意义 [J]. 中国青年研究, 2021 (6): 100-106.

[39] 白长虹, 刘欢. 旅游目的地精益服务模式: 概念与路径——基于扎根理论的多案例探索性研究 [J]. 南开管理评论, 2019, 22 (3): 137-147.

[40] 陈剑, 刘运辉. 数智化使能运营管理变革: 从供应链到供应链生态系统 [J]. 管理世界, 2021, 37 (11): 227-240.

[41] 陈丽芬. 挖掘和释放农村消费潜力空间 [N/OL]. 经济参考报, [2023-06-20]. https://theory.gmw.cn/2023-06/20/content_36641413.htm.

[42] 丁雨桥, 温勇. 互联网的使用对中老年人生活幸福感的影响 [J]. 心理学探新, 2022, 42 (1): 69-75.

[43] 冯丽云. 北京人口老龄化与老年消费行为研究 [J]. 北京联合大学学报 (人文社会科学版), 2004, 2 (1): 100-104.

[44] 葛延风, 王列军, 冯文猛, 等. 我国健康老龄化的挑战与策略选择 [J]. 管理世界, 2020, 36 (4): 86-95.

[45] 郭咏琳, 周延风. 从外部帮扶到内生驱动: 少数民族 BoP 实现包容性创新的案例研究 [J]. 管理世界, 2021, 37 (4): 159-179.

[46] 韩文龙. 数字经济中的消费新内涵与消费力培育 [J]. 福建师范大学学报 (哲学社会科学版), 2020 (5): 98-106.

[47] 何纪周. 我国老年人消费需求和老年消费品市场研究 [J]. 人口学刊,

2004（3）：49-52.

［48］何佳讯，秦翕嫣，才源源．中国文化背景下消费行为的反向代际影响：一种新的品牌资产来源及结构［J］．南开管理评论，2012，15（4）：129-140.

［49］何佳讯，吴漪．品牌价值观：中国国家品牌与企业品牌的联系及战略含义［J］．华东师范大学学报（哲学社会科学版），2015，47（5）：150-166.

［50］黄海洋，何佳讯．融入中国元素：文化认同对全球品牌产品购买可能性的影响机制研究［J］．外国经济与管理，2017，39（4）：84-97.

［51］江积海．商业模式创新中“逢场作戏”能创造价值吗？——场景价值的理论渊源及创造机理［J］．研究与发展管理，2019，31（6）：139-154.

［52］蒋德嵩．新文创重塑企业竞争战略［J］．哈佛商业评论，2021（3）：110-115.

［53］蒋敏娟．地方数字政府建设模式比较——以广东、浙江、贵州三省为例［J］．行政管理改革，2021，6（6）：51-60.

［54］蒋俏蕾，陈宗海．银发冲浪族的积极老龄化：互联网使用提升老年人主观幸福感的作用机制研究［J］．现代传播（中国传媒大学学报），2021，43（12）：41-48.

［55］蒋俏蕾，刘入豪，邱乾．技术赋权下老年人媒介生活的新特征——以老年人智能手机使用为例［J］．新闻与写作，2021（3）：5-13.

［56］金晓彤，张晓路．我国老龄消费的新特征及促进对策［J］．经济纵横，2013（4）：43-46.

［57］孔旭红．新场景消费背景下文旅街区场景的创建与提升——以三坊七巷为例［J］．中国市场，2022（19）：31-33.

［58］乐昕．我国老年消费数量的人群差异研究——以2011年CHARLS全国基线调查数据为例［J］．人口学刊，2015，37（5）：104-112.

［59］李国峰，邹鹏，陈涛．产品伤害危机管理对品牌声誉与品牌忠诚关系的影响研究［J］．中国软科学，2008（1）：108-115+134.

［60］李培林，朱迪．努力形成橄榄型分配格局——基于2006-2013年中国社会状况调查数据的分析［J］．中国社会科学，2015（1）：45-65+203.

［61］李唐，董一鸣，王泽宇．管理效率、质量能力与企业全要素生产率——基于“中国企业——劳动力匹配调查”的实证研究［J］．管理世界，2018，34（7）：86-99+184.

［62］李小玉，卢小祁，薛飞，等．“双循环”背景下居民新兴消费培育策略——以江西为研究案例［J］．企业经济，2020，39（11）：132-139.

［63］李旭东．当前我国农村老年人文化消费水平低的主观原因分析——基于对胶东地区 L 市 Z 村 126 位老年人的调研［J］．老龄科学研究，2018，6（3）：62-72.

［64］梁玲玲，李烨，陈松．数智赋能对企业开放式创新的影响：数智双元能力和资源复合效率的中介作用［J］．技术经济，2022，41（6）：59-69.

［65］林晓珊．新型消费与数字化生活：消费革命的视角［J］．社会科学辑刊，2022（1）：36-45+209.

［66］林毅夫，沈艳，孙昂．中国政府消费券政策的经济效应［J］．经济研究，2020，55（7）：4-20.

［67］刘地久．改善供给：扩大需求，促进增长的根本出路［J］．管理世界，2001（6）：6-13.

［68］刘胜枝，安紫薇．呈现与建构：直播、短视频中小镇青年的形象分析——以快手、抖音平台为例［J］．中国青年研究，2019（11）：37-43.

［69］刘英为，汪涛，聂春艳，等．如何应用国家文化原型实现品牌的国际化传播——基于中国品牌海外社交媒体广告的多案例研究［J］．管理世界，2020，36（1）：88-104+236.

［70］柳思维，陈薇．改革开放以来中国消费品市场的历史性变化［J］．消费经济，2021，37（3）：3-11.

［71］卢泰宏，周懿瑾．消费者行为学：洞察中国消费者（第 4 版）［M］．北京：中国人民大学出版社，2021.

［72］罗斌元，陈艳霞．数智化如何赋能经济高质量发展——兼论营商环境的调节作用［J］．科技进步与对策，2022，39（5）：61-71.

［73］毛中根，谢迟．习近平关于消费经济的重要论述——现实依据、理论基础与主要内容［J］．消费经济，2019，35（3）：3-11.

［74］毛中根，谢迟，叶胥．新时代中国新消费：理论内涵、发展特点与政策取向［J］．经济学家，2020（9）：64-74.

［75］孟繁怡，傅慧芬．中国品牌利用文化元素改善外国消费者品牌态度的路径研究［J］．外国经济与管理，2016，38（4）：49-62+89.

［76］牟宇鹏，郭旻瑞，司小雨，等．基于中国非遗品牌可持续性成长路径的案例研究［J］．管理学报，2020，17（1）：20-32.

［77］彭新敏，刘电光．基于技术追赶动态过程的后发企业市场认知演化机制研究［J］．管理世界，2021，37（4）：180-198.

［78］齐延平．数智化社会的法律调控［J］．社会科学文摘，2022（4）：4-7.

［79］任保平，杜宇翔，裴昂．数字经济背景下中国消费新变化：态势、特征及路径［J］．消费经济，2022，38（1）：3-10.

［80］任增吉．新媒介：新消费发展的重要动力［J］．出版广角，2020（12）：74-76.

［81］单宇，许晖，周连喜，等．数智赋能：危机情境下组织韧性如何形成？——基于林清轩转危为机的探索性案例研究［J］．管理世界，2021，37（3）：7+84-104.

［82］苏成玮，张艳．老年消费市场特点、消费心理与市场开发策略［J］．上海商业，2022（8）：40-42.

［83］孙早，许薛璐．产业创新与消费升级：基于供给侧结构性改革视角的经验研究［J］．中国工业经济，2018（7）：98-116.

［84］谭英俊．柔性治理：21 世纪政府治道变革的逻辑选择与发展趋向［J］．理论探讨，2014（3）：150-153.

［85］唐小飞，张克一，苏浩玄．互联网虚拟品牌社区产品创新绩效研究［J］．科研管理，2019，40（6）：215-224.

［86］陶红，卫海英．抢雷策略对品牌危机修复效果的影响研究——品牌危机类型、品牌声誉的调节作用［J］．南开管理评论，2016，19（3）：77-88+97.

［87］汪涛，周玲，彭传新，等．讲故事塑品牌：建构和传播故事的品牌叙事理论——基于达芙妮品牌的案例研究［J］．管理世界，2011（3）：112-123.

［88］王秉．何为数智：数智概念的多重含义研究［J］．情报杂志，2023，42（7）：71-76.

［89］王菲．我国城市老年人消费行为的实证研究［J］．人口与发展，2015，21（3）：101-112.

［90］王福，刘俊华，长青，等．场景链如何赋能新零售商业模式生态化创新？——海尔智家案例研究［J/OL］．南开管理评论，［2023-12-27］．http：//kns. cnki. net/kcms/detail/12. 1288. F. 20230510. 1615. 004. html.

［91］王文京．数智创造商业［J］．经理人，2022（10）：6-8.

［92］王新新，徐伟，单臻．老字号真实性对购买意向的影响——口碑与自

我概念一致性的作用［J］. 经济问题，2019（7）：62-68.

［93］王郁彪．聚焦数智未来！“破译”消费场景创新与重构［N］. 每日经济新闻，2023-03-16（5）.

［94］韦鸣秋，白长虹，张彤．旅游目的地精益服务供给中的组织关系演进逻辑——基于重庆、西安、杭州的跨案例比较研究［J］. 管理世界，2021，37（7）：9+119-129+144.

［95］吴军，叶裕民．消费场景：一种城市发展的新动能［J］. 城市发展研究，2020，27（11）：24-30.

［96］吴声．场景革命：重构人与商业的连接［M］. 北京：机械工业出版社，2015.

［97］伍麟，张莉琴．数字技术纾解老年人精神孤独的层级与功能［J］. 华中师范大学学报（人文社会科学版），2022，61（1）：182-188.

［98］杨昊．建构与区隔：小镇青年土味文化消费探析［J］. 东南传播，2020（7）：85-88.

［99］杨霞光．我国老年市场的消费特点与营销策略［J］. 山东纺织经济，2008（3）：70-72.

［100］杨媛媛，王卫红．工业 4.0 时代企业品牌传播路径创新研究［J］. 企业经济，2017，36（3）：29-33.

［101］杨芸，彭千芮．“中国百年消费变迁与美好生活”消费经济专题论坛综述——（中国）消费经济学会庆祝中国共产党成立 100 周年［J］. 消费经济，2021，37（4）：94-96.

［102］杨志浩，王德胜，李婷婷．品牌故事素材来源真实性对消费者品牌态度的影响机理研究［J］. 经济与管理研究，2023，44（6）：132-144.

［103］姚朔影，张德鹏．老年人消费市场的特点及营销策略［J］. 经济论坛，2003（13）：43-44.

［104］应斌．我国老年消费者消费行为的演进［J］. 商业时代，2005（26）：22-23.

［105］应斌．我国老年消费者心理年龄研究［J］. 管理世界，2009（5）：182-183.

［106］曾雪云，郝宁华，时准．小微企业如何提升信息沟通绩效——基于社会化客户关系管理能力与社交媒体可见度的研究［J］. 经济理论与经济管理，2021，41（2）：98-112.

［107］张丽霞．浅析老年人消费心理与消费行为［J］．当代经济，2013（11）：32-33.

［108］周芳．关于我国老龄化问题的研究——我国老年消费市场特征分析及其个性化营销策略选择［J］．未来与发展，2008，29（11）：29-32.

［109］周密，朱俊丰，郭佳宏．供给侧结构性改革的实施条件与动力机制研究［J］．管理世界，2018，34（3）：11-26+37.

［110］周奇美，张朝枝．因伴而游，还是因游而伴？——老年人出游动机模型探索［J］．旅游学刊，2018，33（9）：70-82.